당신은
사업가
입니까

The Entrepreneur Equation

창업 전
스스로에게
물어야 할
질문들

THE ENTREPRENEUR EQUATION

당신은 사업가입니까

캐럴 로스 지음 | 유정식 옮김

RHK
알에이치코리아

이 책을 매일 인내하며 사시는 나의 어머니 셰리에게 바친다.

당신의 사랑, 타고난 호기심, 그리고 뒤틀린 유머 감각은 내 안에 있다

(비록 주부로서의 능력은 이어받지 못했지만).

"나는 사업가가 될 수 있을까?"와 "나는 사업가가 되어야 하는가?" 중 어떤 것이 진짜로 가치 있는 질문인지 알아내기 위해 오랫동안 막대한 돈을 쓰고 싶은가? 그런 게 아니라면 당장 이 책을 읽어라. 사업의 달고 쓴 측면을 모두 경험한 캐럴은 당신에게 현실의 냉험한 진실을 객관적으로 제시한다. 이 책을 읽고 자신감과 힘을 얻기 바란다. 사업가가 되고자 하는 사람과 될 수 있다고 믿는 사람 모두가 반드시 읽어야 할 책이다.
- 샤마 카바니, 베스트셀러 『소셜 미디어 마케팅 젠The Zen of Social Media Marketing』 저자

왜 그토록 많은 사업가들이 실패할까? 그 이유는 어떻게 사업을 시작하고 어떻게 성장시켜야 하는지에 대한 얼토당토않은 조언에 휘둘렸기 때문이다. 그런 조언에 당신의 재산을 걸지 말고 대신 이 책에 투자하라. 비즈니스 오너로서 앞으로 어떻게 해야 사업을 번창시킬 수 있을지 깨닫고자 한다면 말이다.
- 엘리자베스 마셜, 『반대자 효과Contrarian Effect』 저자

이 책은 현실을 있는 그대로 보여줄 뿐만 아니라 사업가로서 성공하기 위한 방법들을 제공한다. 꼭 읽어라! 사업에 관한 모든 것을 알려주겠다며 많은 이들이 아이디어를 쏟아내는 요즘, 중요한 것은 결국 실행이다. 캐럴은 독자들에게 그들의 꿈을 가시적인 사업으로 전환시키기 위한 로드맵을 제시한다. 사업가를 꿈꾸고 있는 자들과 소기업 오너들은 이 책을 통해 성공적이고 수익성 있는 사업을 구축하기 위한 최고의 기회를 잡을 수 있을 것이다.
- 캐머런 헤롤드, BackPockectCOO.com CEO

절친한 친구의 따뜻한 조언 같은 이 책은 리스크 관리의 지침뿐만 아니라 자신이 사업가가 되기에 적합한지를 스스로 평가하는 데 필요한 체크리스트를 모두 담고

있다. 사업의 최전선에서 활동해온 저자는 사업가를 꿈꾸는 자들에게 진심을 담아 이야기를 풀어간다. 캐럴은 당신이 알아야 할 것을 말해줄 뿐만 아니라, 당신이 결정을 내리기 전에 현실을 냉철하게 바라보라고 주문한다.
- 폴 니제레, Windsor Park CEO

내가 사업을 시작할 때 이 책을 읽었더라면 좋았을 것을! 나 혼자서 성장시키느라 얼마나 많은 시간 동안 스트레스받고 골치 아팠던가! 캐럴 로스는 도발적이면서도 때론 불손하지만 현실을 있는 그대로 드러내는 질문을 던진다. "사업가가 되는 건 당신 마음이지만, 진짜로 사업가가 되어야만 하는가?" 당신이 사업을 계획 중이거나, 돈 안 되는 사업체를 경영 중이거나, 사업을 다음 단계로 발전시키지 못하고 있다면 이 책을 읽어라.
- 지니 디트리히, 아르멘트 디트리히 CEO

장래의 사업가들과 소기업 오너들은 그저 이 책을 읽는 데 시간을 투자하기만 해도 최대의 성과를 얻을 수 있을 것이다. 캐럴의 솔직하고 익살맞은 문체로 쓰인 이 책은 성공확률을 높이는 데 필요한 핵심 툴을 선사한다.
- 로럴 랭마이어, 베스트셀러『당신도 부자가 될 수 있다 The Millionaire Maker 』저자

약간의 행운과 고된 인내를 통해 기업을 성공적으로 일군 사업가로서 나는 사업체 오너들이 캐럴 같은 사람으로부터 조언을 듣는 게 얼마나 중요한지를 잘 안다. 이 책은 '나는 사업가가 되어야 하는가?'란 질문에 고민하게 하고 성공을 위한 잠재력을 스스로 평가하게 함으로써 당신을 올바른 길로 인도할 것이다.
- 퍼시 뉴섬, Integrity Toys CEO

캐럴 로스는 사업가이자 전략가인 자신의 경험을 바탕으로 오늘날의 비즈니스 환경 속에서 기업가 정신의 의미에 관해 독특하고 가치 있는 시각을 제공한다. 당신이 사업가를 꿈꾸고 있든, 지금 기업체를 경영하고 있든, 이 책은 '아메리칸 드림'을 이루는 데 당신에게 사업경영이 해법인지 아닌지, 그리고 그 방법은 무엇인지에 관한 로드맵을 제시한다.
- 애덤 캐플란, Banyan Mezzanine 최고 포트폴리오 책임자

나는 항상 '내가 사업을 해야 하나?'란 질문을 나 자신에게 던지지만 아직까지도

어떻게 답해야 할지 모르겠다. 막연히 사업을 계획 중이라면 캐럴 로스의 책을 무조건 읽어야 한다. '당신은 할 수 있다' 식으로 기분을 들뜨게 하는 책들은 쓸데없는 사업 아이디어를 구상하느라 가뜩이나 부족한 시간과 자원을 낭비하게 만들 뿐이다. 이 책은 가히 독보적인 책으로서 심각한 위험을 무시하려는 모든 예비 사업가들에게 현실을 올바르게 판단하도록 완벽한 체크리스트를 제공한다.
- 레스 맥케온, 베스트셀러 『예측 가능한 성공 Predictable Success 』 저자

주식시장에 공개된 기업을 경영하는 사람으로서 나는 성공전략 수립에 시간을 투자하는 것이 얼마나 중요한지 잘 알고 있다. 이 책을 읽음으로써 당신은 사업가가 당신에게 어떤 의미인지 다시금 돌아볼 수 있을 뿐만 아니라 투자 수익을 극대화할 수 있는 기회를 창출할 수 있을 것이다. 이 책은 모든 예비 사업가들이 반드시 읽어야 할 책이다.
- 해리 슐만, New Vitality 이사회 의장

이 책에서 캐럴은 성공적인 사업가가 되기 위해 당신에게 진짜로 필요한 것이 무엇인지 직시하도록 돕는다. 이 책을 읽는 동안 당신은 '사업가가 나의 길인가?'란 질문을 스스로에게 끊임없이 던지게 될 것이다. 사업을 고려하는 자나 현재의 사업을 재평가하려는 자에게 이 책은 매우 중요한 첫 단추가 될 것이다.
- 마틴 침스, Unistraw International 회장

창업을 하든 현 사업을 재평가하든 이 책을 읽는 것은 당신이 할 수 있는 최고의 투자다. 캐럴과 가까이서 일해본 사람으로서 나는 있는 그대로를 이야기하는 그녀의 스타일은 물론, 모든 사업가들의 성공을 기원하는 그녀의 진정한 마음과 기대가 이 책에 가감 없이 드러났다고 믿는다.
- 로라 프로벤잘, Raymond James 소매금융 부문 책임자

내게서 듣기 좋은 서평 따위는 기대하지 마라. 당신이 '성공을 위한 10가지 단계' 따위의 사탕발림 같은 책에 질렸다면(그런 책은 성공 근처에 가게 하지도 못한다) 이 책에서 진정한 가치를 찾을 것이다. 솔직하고 참신하며 신뢰할 수 있는 이 책은 성공에 필요한 실용적인 정보를 줄 뿐 '이렇게만 하면 사업가가 될 수 있다'와 같은 말은 절대 하지 않는다.
- 스콧 스트라텐, Un-Marketing 사장

캐럴은 이 책에서 사업가들의 성공을 위해 현실을 직시하는 방법을 일러준다.
- J. J. 램버그, MSNBC 'Your Business' 진행자

캐럴은 사업에 관한 오해를 깨뜨리는 혁신적이고 견고한 사상을 전달한다. 이 책에서 그녀는 오늘날 기업가 정신이 진정으로 의미하는 바를 새롭게 제시한다. 사업에 뛰어들기 전에 이 책을 읽어라.
- 리즈 스트라우스, LizStrauss.com 전략가

세 개의 기업체를 설립하고 수많은 사업가에게 조언해오면서 나는 고리타분한 '어제의 조언'이 빠르게 변화하는 경제 속에서 사업을 성장시키는 데 도움이 안 될 거라는 사실을 깨달았다. 당신이 지금 그리고 미래에 사업을 성공시키고 싶다면, 이 책에 투자하라.
- 베리 몰츠, 『바운스Bounce!』 저자

3부 어떻게 원하는 것을 얻는가?

4부 사업가의 길

THE
ENTREPRENEUR
EQUATION

나는 이 책을 사랑한다. 경험 많고 신뢰할 수 있는 조언자이면서
다양한 캐릭터와 고결한 여성성을 지닌 이 책의 저자는 당신이 사업
가로서 성공하는 데 필요한 것들을 또박또박 직설적으로 폭로한다.
내가 이 책을 사랑하는 이유는 바로 현실을 있는 그대로 이야기하기
때문이다. 사업가Entrepreneurship에 관한 대부분의 책들은 사업가가 되고
자 원하는 사람이라면 누구나 소위 '3단계 절차'와 같은 간단한 과정
을 밟아나가기만 하면 된다고 말한다. 하지만 사업을 성공시킨 사람
이라면 진실이 무엇인지 안다. 하루 매출 100만 달러짜리 사업을 뚝
딱 만들어내는 3단계 절차 따위는 세상에 없다는 것을.

캐럴 로스는 당신만의 사업을 시작하라고 설득하기 위해 이 책을
쓴 것이 아니다. 그녀는 당신이 무엇을 선택하든 간에 그저 성공하기

를 바라지만, 그와 동시에 당신을 위험으로부터 보호하고 싶어 한다. 캐럴은 사업가가 '될 수 있는가, 없는가'라는 질문보다는 사업가가 '되어야 하는가, 말아야 하는가'라는 질문에 대해 숙고하라고 당신에게 충고한다. 언뜻 보면 두 질문의 차이는 거의 없는 것 같지만 사실 매우 뚜렷하다. 누구나 사업가가 될 수 있겠지만, 될 수 있다고 해서 반드시 사업가가 되어야 하는가? 당신은 사업가가 되어야 하는가?

저자는 지난 70년 동안 사업가의 개념이 얼마나 변화했는지 명료하고 정교한 문장으로 꼬집는다. 대부분의 창업자들은 맹목적으로 아메리칸 드림을 좇던 1945년에 머물러 있는 듯하다. 이제는 유효하지도 않고 어울리지도 않는 패러다임에 여전히 갇혀 있는 것이다. 그 패러다임은 이미 오래 전에 바뀌었음을 당신이 이 책을 통해 깨닫게 된다면 그 가치는 책값의 100배 이상일 것이다. 아메리칸 드림은 그녀가 폭로하는 개념에 관한 여러 오해들 중 단지 하나일 뿐이다. 관성적인 사고에 반기를 들고 지금껏 들어왔던 모든 것들이 틀렸다고 말하는 것쯤은 사실 별로 어렵지 않은 일이다(내가 잘하는 일이다). 틀렸다고 말했으면 뭔가 옳은 것을 제시해야 하는데, 캐럴은 이 일을 훌륭하게 해냈다. 이 책은 무엇이 옳고 무엇이 옳지 않은지에 관한 이야기들로 채워져 있다. 재미있게 읽을 수 있으나 당신의 생각에 도전을 걸어오기도 할 것이다.

나는 사업가로서의 역할을 매우 좋아한다. 거의 매일 그렇다. 그렇지 않은 날이면 나는 사업체를 소유해서 미치도록 일하고 싶어진다. 많은 사람들이 사업을 성공시키려면 전략적 개념 같은 여러 가지 기술적 스킬에 통달해야 한다고 말한다. 맞는 말이지만, 나는 내 감정과

정신이 성장하는 속도에 따라 사업의 성장도 결정된다는 것을 경험으로 깨달았다. 많은 벤처 캐피털리스트들의 말에 따르면 그들은 사업가의 사업 아이디어를 검토하기도 하지만 그보다는 그 사업가가 누구인지를 보고 투자 여부를 결정한다. 그 이유는 이렇다. '사람은 자신이 감당할 수 있는 것만 감당할 수 있기 때문이다.' 내가 목격한 바에 따르면, 사업상 발생하는 많은 문제들은 알고 보면 사실상 개인의 문제들이다. 개인 문제를 다루는 능력이 향상되면서 나는 내 사업의 문제를 더욱 잘 관리할 수 있게 되었고, 그 결과 내 사업이 성장하는 모습을 계속 지켜볼 수 있었다.

사업가가 된다는 것은 엄청난 책임을 요구한다. 다행히 이 책『당신은 사업가입니까』는 당신에게 닥쳐올 것이 무엇인지 정확히 일러주고 당신이 그것에 준비되어 있는지 판단할 수 있도록 도와준다. 준비되어 있다면 당신은 어떻게 성공을 준비해야 하는지 정확하게 배울 것이고, "준비하는 데 실패한다면 실패에 대비해야 한다."라는 캐럴의 말이 무엇을 뜻하는지도 깨닫게 될 것이다. 또한 이 책은 이미 사업가이거나 더 나은 길을 창조하기 위해 자신의 현 상황을 재평가하고 싶은 이들에게도 유용한 길잡이가 되어줄 것이다.

사업가적 성공이 당신이 열망하는 그 어떤 것이라면, 스스로에게 이렇게 물어라.

- 내가 원하는 바가 생계를 유지하는 것인가, 변화를 일으키는 것인가, 아니면 유산을 남기는 것인가?
- 나라는 개인은 성장이 끝났는가, 아니면 나 자신을 지속적으로

변화 및 발전시키기 위해 기꺼이 내 사업에 나를 바치겠는가?

　내 경험상, 많은 사람들은 이 두 개의 핵심 질문을 제쳐두고 그 대신 "성공을 보장하기 위해 나는 무엇을 할 수 있는가?"라고 묻는다. 캐럴처럼 신뢰할 수 있는 조언자들은 당신에게 "아무것도 보장할 수 없다."라고 이구동성으로 말할 것이다. 하지만 이 책을 읽는 동안 위의 두 질문을 염두에 두고 그녀의 진실한 조언을 따른다면, 당신은 '보장된 성공'에 꽤 가까이 다가설 수 있다. 내가 '꽤 가까이 다가설 수 있다'고 말한 점에 주목하라. 미래는 항상 불확실해서 결과를 예단할 수 없으니 말이다. 그러나 당신은 사업의 성공, 개인적인 만족 그리고 심지어 마음의 평온까지도 발견할 수 있다. 당신이 바꿀 수 없는 것들이 있음을 받아들임과 동시에 당신이 변화시킬 수 있는 것들을 변화시키는 용기를 발휘한다면 말이다.

　내 말이 당신에게 도움이 되길 바란다. 크게 생각하라.

마이클 포트 Michael Port
베스트셀러 『배짱으로 서비스하라 Book Yourself Solid』 저자

갈색 머리칼을 텁수룩하게 기른 서른세 살의 매튜는 장난스러운 표정을 띠고 재무설계사와 마주 앉았다. 재무설계사는 '꿈의 회사'란 제목이 달린 반짝거리는 책자를 탁자 너머로 매튜에게 건넸다.

"얼마나 투자해야 하죠?" 매튜가 물었다.

투자할 금액은 2만 5,000달러로 매튜의 통장에 쌓인 액수와 맞먹는 수준이었다. 하지만 그게 전부가 아니었다. 매튜는 예금액과 함께 매년 자신의 연봉 전부를 투자해야 하기 때문이었다. 재무설계사는 '꿈의 회사'에 대해 연신 찬사를 늘어놓으며 어떻게 그 회사가 매튜에게 더 나은 삶과 더 많은 권한, 더 많은 돈과 더 높은 인지도를 가져다줄지 설명하는 자료들을 계속해서 디밀었다.

급기야 설계사는 비슷한 투자를 했던 다른 고객들을 매튜에게 소개했다. 미혼모인 캐런은 '꿈의 회사'에 초기투자할 금액이 충분치 않아서 자신의 집을 담보로 내놓았고, 50대에 접어든 전직 변호사 샘은 자수성가한 재산가라서 수십만 달러의 투자를 진행 중이었다. 모든 이야기들은 하나같이 각 고객들이 '꿈의 회사'가 자신들에게 약속한 것을 뽑아내기 위해 연봉은 물론 상당한 돈과 열정을 투자했다는 식이었다. 미국에서만 매년 600만 명에 이르는 사람들이 '꿈의 회사'에 투자할지의 여부를 고민한다.[1] 이들 투자자들 중 소수는 그런대로 재미를 보고, 1%만이 엄청난 성공을 거둔다. 그러나 '꿈의 회사'에 투자하는 사람들 중 무려 90%는 몇 년 안에 투자금의 일부를 잃거나 몽땅 날려버린다. 그럼에도 매년 또 다른 수백만 명의 사람들이 투자를 하겠다고 달려든다. 당신은 아마 '꿈의 회사'가 신용 사기 또는 컬트적 추종이라고 생각할지 모르지만, 그것은 우리에게 매우 친숙한 것이다. '꿈의 회사'는 바로 '사업가'다.

당신은 분명 내 말에 놀랐을 테니 방금 말한 문장의 의미를 명확하게 해두어야겠다. 나는 사업가가 신용 사기, 컬트 혹은 폰지Ponzi 사기(다단계 금융사기의 일종-옮긴이)와 마찬가지라고 말하려는 게 아니라, 잠재적 사업가들이 사업가에 관해 잘못된 그림(혹은 적어도 총체적인 오해)을 가지고 사업이라는 미끼에 계속 걸려든다는 점을 분명히 말하고자 하는 것이다. 많은 사람들은 자신들의 투자가 리스크를 이겨낼 수 있는지 혹은 그 기회가 자신들에게 적절한지에 대해서는 전혀 평가하지 않은 채, 그저 사업을 시작하면 큰돈과 함께 여러 보상을 얻을 수 있으리라는 비현실적인 약속에 속아 넘어간다.

사업가들은 자신들에게 묻는다. "내가 지금 사업가가 될 수 있을까?" 만일 그 답이 "그렇다."라면 누구라도 언제나 사업을 시작할 수 있다. 하지만 그것은 옳은 질문이 아니다. 당신이 대답해야 할 옳은 질문은 "내가 지금 사업가가 되어야 하는가?"다. 왜냐하면 많은 경우 당신이 모을 수 있는 자금이 당신에게 닥칠 리스크를 이겨내지 못하거나, 성공 확률을 높이기 위해 당신이 할 수 있는 모든 것을 완료해 낸 것이 아닐 수도 있기 때문이다. 이것은 이론적인 이야기가 아닌 현실이다. 모든 사업가들은 성공을 꿈꾸겠지만, 통계를 보면 대부분의 신규 사업이 실패로 막을 내리고 대부분의 사업가들이 성공하지 못한다는 엄혹한 현실이 그대로 드러난다. 이는 대부분의 신참 사업가들이 자신들의 사업에서 기대하는 결과는 절대 아닐 것이다.

사업가에 관한 오해는 도처에 만연해 있다. 스콧 셰인Scott A. Shane 교수는 『사업가라는 환상The Illusions of Entrepreneurship』에서 이렇게 말했다. "결혼하고 아이를 갖는 사람들보다 많은 이들이 매년 사업을 시작한다. 스타트업Start-up 대부분은 전혀 혁신적이지 못하고, 성장을 위한 계획도 갖춰지지 않았으며, 고작 한 명의 직원으로 1년에 10만 달러 미만의 매출을 올릴 뿐이다." 더욱이 대부분의 사업가들은 날개를 펴보지도 못하고 주저앉는다. 분명 여러 선택이 가능한데 왜 사업가가 되기에 부적절한 사람들이 그렇게나 많이, 게다가 제대로 준비하지도 않은 채 잘못된 정보를 가지고 사업에 뛰어드는 걸까? 우리는 어떻게 이 문제를 바라봐야 할까?

당신은 아마도 성공하는 방법에 대한 충분한 정보가 그들에게 없기 때문이라고 생각할지 모른다. 그러나 이미 세상에는 사업을 성공적으로 시작하고 운영하는 방법에 관한, 수천 종까지는 안 되겠지만 수백 종에 달하는 책들이 나와 있다. 사업을 성공시키기 위해 필요한 정보가 그렇게 많은데도 왜 성공하는 기업들은 더 많이 생겨나지 않는 것일까?

잘못된 가정들

■   어떤 문제에 대한 해답은 때때로 매우 명백해서 아무도 그게 무엇인지 알아차리지 못하는데, 보통은 가정이 옳지 않을 때 그렇다. 사무실의 복사기가 고장 나서 곤란해졌던 경험은 누구에게나 있을 것이다. 당신의 동료는 복사기에 달린 모든 버튼을 눌러보고 덮개를 들어 올려 내부를 살피기 시작한다. 내부의 부품들을 들여다보면 고장 난 이유가 뭔지 알 수 있는 것처럼 말이다. 그는 기계는 때려야 말을 잘 듣는다는 듯이 급기야 복사기를 거칠게 흔들기까지 한다. 종이가 떨어진 것도 아닌데 작동을 하지 않으니 아무도 그 빌어먹을 복사기가 왜 먹통인지 알아내지 못한다. 그러다 누군가 다가와 매우 자명한 해답을 일러준다. "전원 스위치를 안 눌렀잖아!(혹은 전원 코드가 빠졌잖아!)" 이런 종류의 일들은 항상 발생한다. 사람들은 기본 가정(예를 들어, 복사기가 켜져 있다는 가정)하에서 문제에 대한 해결책을 찾기 시작한다. 고쳐야 할 것은 문제의 대상이 아니라 바로 그 기본 가정인데도 말이다.

이것이 사업가가 되고자 하는 이들에게 의미하는 바는 무엇일까? 나는 사업가에 관한 책들 중 가장 존경받고 가장 영향력 있는 하나를 소개하고자 한다. 마이클 거버^{Michael E. Gerber}의 『내 회사 차리는 법^{The E-Myth Revisited}』은 내가 매우 경의를 표하는 책으로, 사업가를 언급할 때마다 자주 추천하곤 한다.

1995년, 많은 사업가들이 성공을 거두지 못한다는 것을 알게 된 거버는 몇몇 고객들의 이야기를 토대로 자신의 논지를 분명하게 제시했다. "모름지기 사업이란 누구나 버튼 하나만 누르면 자동으로 작동해서 발전되는 것이 아니다. 사업을 궤도에 성공적으로 안착시키려면 사업운영을 자동화하는 시스템을 만드는 데 주력해야 한다." 나는 사업의 각 기능을 자동화하는 것이 사업운영을 향상시킨다는 거버의 의견에 전적으로 찬성할 뿐 아니라, 이 책 곳곳에서 인용할 정도로 사업가와 사업 소유권에 관한 그의 여러 통찰에 동의를 표한다. 하지만 나는 15년 전 『내 회사 차리는 법』이 출판된 이래로 사업이 성공하지 못하는 이유에 포함시킬 수 있는 두 가지 요소가 더 존재한다고 굳게 믿고 있다. 첫째는 사업가에 관한 잘못된 가정들이 판치고 있다는 것이고, 둘째는 사업환경이 예전과 다르다는 것이다.

거버는 자신의 고객인 세라[Sarah]의 이야기를 들려준다. 빵 굽기를 좋아했던 세라는 파이 가게를 열었는데, 3년 뒤에는 실의에 빠진 채 (엄청난 빚은 말할 나위도 없었다) 무엇을 해야 할지 모르고 있었다. 거버는 세라에게 그날그날의 잡다한 운영은 직원들이 담당하게 하고 그녀 자신은 운영보다 사업 자체에 집중해야 한다는 해결책을 제시했다.[2]

세라의 이야기를 읽는 동안 나는 좀 더 조사가 필요한 기본 가정 몇 개가 있음을 직감했다. 나는 거버의 책에 대고 큰 소리로 이렇게 말하기 시작했다(맞다. 나는 가끔 그렇게 한다. 책은 아무런 대꾸를 하지 않지만 말이다).

당신은 사업가입니까

"다른 무엇보다 빵 굽기를 좋아한다면 왜 세라는 매일 빵을 구울 수 있는 곳에서 일하지 않는 걸까? 왜 자기 사업을 위한 대부분의 시간을 마케팅, 장부 정리, 직원 감독, 절차와 시스템 구축에 쓰는 걸까?"

"세라는 자신이 열정을 가지는 일에 특별히 더 많은 시간을 보내야 더 행복해지지 않을까?

"사람들은 이 세상에 파이 가게 하나가 더 생기기를 진심으로 원할까? 어느 곳에서나 단것을 먹을 수 있고, 어느 식당이나 전문점에서든 좋은 파이를 먹을 수 있다면 말이야."

"파이 가게에 투자하면 어떤 이득을 얻을 수 있을까? 그 이득은 세라에게 닥칠 모든 리스크를 감수할 만큼 클까?

"파이는 살찌기 매우 쉬운 음식인 데다 탄수화물 덩어리야. 그런데 사람들이 과연 파이를 더 많이 먹으려고 할까? 파이 가게는 현재의 소비 트렌드에 정말 적합한 아이템일까?"

이러한 생각의 조각들을 정리하는 순간 나는 갑자기 깨달았다. 모든 사람이 사업가에 대한 잘못된 가정을 가지고 사업에 뛰어들고 있다는 사실을. 뭐, 모든 사람이 그렇지는 않을 것이다. 그러나 분명한 점은 그저 전원이 꺼져 있을 뿐인데도 기계 고장인 줄 알고 복사기를 체크하는 사람이 굉장히 많다는 것이다.

당신은 모든 사람이 프로 가수로 성공하지 못한다는 것에 동의할 것이다(〈아메리칸 아이돌American Idol〉이란 오디션 프로그램을 본 적이 있다면 더욱 그럴 것이고). 나는 사이먼 코웰Simon Cowell(〈아메리칸 아이돌〉 심사위원이자 유명 프로듀서 – 옮긴이) 역시 이 말에 동의할 것으로 믿는다. 누구나 프로 운동선수, 의사, 소방관 혹은 엔지니어로 성공할 수는 없다는 말에도 당신은 공감할 것이다. 이런 이유로 나는 모든 사람이 사업가에 적격인 것은 아니고, 누구나 사업가가 될 수 있다는 오해가 많은 신규 사업들과 창업자들에게 중대한 영향을 끼친다고 믿는다. 점점 더 많은 기업 소유주들이 고생하다가 결국 실패하는 모습, 또 대다수 조언자들이 성공하는 방법에 관한 정보만을 제시하는 현상을 목도할 때 나는 개인적으로 그 기본 가정이 의심스럽다. 당신은 당신이 마음 먹은 대로 무엇이든 할 수 있다. 하지만 당신이 '할 수 있다' 해도 그것이 곧 당신이 '해야 한다'는 것을 의미하는 것은 아니다.

내 주장이 너무 과격하다고 생각할지 모르지만 이는 많은 경험을 근거로 하고 있다. 비록 머리는 아직 백발이 아니지만(사실 나는 새치가 많아서 자주 염색을 한다), 나는 지난 18년간 1,000명이 넘는 사업가들과 함께 일하면서 10억 달러 이상의 자본을 모으는 일을 도왔고, 수억 달러 가치의 인수 합병 건을 진행했으며, 사업전략을 수립하거나 여러 사업계획들과 사업기회를 검토했으며, 때때로 사업의 현실을 사람들에게 일깨워주는 등 다양한 분야의 일을 해왔다.

당신이 사업을 '할 수 있다'는 것과 당신이 사업을 '해야 한다'는 것은 별개의 문제이다. 당신은 자신을 냉정히 평가할 준비가 되어 있는가?

여러 동료들과 함께 겪은 경험뿐 아니라 많은 사업가들과의 다양

당신은 사업가입니까

한 경험을 근거로 판단한 결과, 대부분의 조언자들은 종종 자신들의 조언을 수용하는 사람이면 누구나 사업가가 되어야 한다는 기본 가정하에 사업 성공에 대해 조언한다. 내가 감히 말하건대, 많은 사업들이 실패하는 가장 큰 이유는 사업체를 시작하거나 인수해 경영하는 대부분의 사업가들이 애초부터 사업가가 되지 말았어야 했기 때문이다. '사업가 적합도'에 영향을 미치는 요소는 다양하다. 개인의 성격적 특성이 사업에 적합하지 않거나, 사업가를 열망하는 사람의 재무적 상황, 맡고 있는 일들, 경험 부족 등으로 인해 적합하지 않은 시기에 사업을 시작하기도 한다. 이유가 무엇이든 간에, 문제는 그 기본 가정 안에 도사리고 있다. 당신이 사업가로서의 소질이 없다면, 사업가라는 직업이 당신에게 맞지 않는다면, 혹은 창업 타이밍이 삶의 다른 일들과 잘 맞아떨어지지 않는다면, 얼마나 많은 조언을 들었든 간에 당신의 사업은 악전고투를 거듭하다가 십중팔구 실패하고 말 것이다.

사업가가 당신이 할 일인가?

■   이 책의 최종 목적은 당신에게 먼저 사업의 현실을 이해시킨 다음, 당신이 처한 특별한 상황과 당신이 저울질하고 있는 특별한 사업기회에 입각하여 창업의 리스크와 보상을 평가하는 데 있다.

또한 이 책은 '내가 지금 사업가가 되기에 전체적으로 적합한가?'를 스스로 평가하는 방법을 제시할 것이다. 지금은 경쟁이 매우 치열한 시대임을 감안할 때 이 책은 당신만의 사업을 시작하는 데 충분한 가치(재무적인 가치와 그 밖의 가치)가 있을 것이다. 이 책이 당신에게 주는 가치는 다음과 같다.

- 사업가에 관한 사회적 통념을 배제하고 현실의 맨얼굴을 보여 준다.
- 경영과 진짜로 관련된 것이 무엇인지 이해하게 한다.
- 사업의 뜻을 제시하고, 사업인 듯 보이는 두 가지 일(뒤에 나오겠지만, 각각 죠비 ʲᵒᵇᵇⁱᵉ 와 잡-비즈니스 ʲᵒᵇ⁻ᵇᵘˢⁱⁿᵉˢˢ 라 한다)과의 차이를 알게 한다.
- 창업하고자 하는 욕구 이면에 숨은 개인적 동기를 파악하게 한다.
- 자금 상황, 경험, 맡은 일들, 우선순위, 여러 의무들을 충분히 살펴서 당신이 창업하기에 적합한 상태인지의 여부를 평가하게 한다. 적합하지 않다면 나중에라도 사업가로 성공하는 데 더 좋은 상황이 될 수 있을지 평가하도록 한다.
- 당신의 성격이 기업 소유주가 되는 데 적합한지 가늠하게 한다.
- 특정 사업기회 및 창업의 잠재적 리스크와 보상을 전체적으로 측정해보도록 한다.
- 위의 모든 것들에 근거하여, 당신이 신규 사업을 실행하기 위해 앞으로 나아가야 하는지 아니면 재고해야 하는지 결정하도록 한다.

이러한 프로세스가 『내 회사 차리는 법』의 속편에 해당한다고 생각해도 좋다. 이것은 사업가가 되어 사업을 시스템화하거나 자동화하려고 분투하기 전에 자기 사업을 충분히 검토하는 데 필요한 일련의 평가요소이기 때문이다. 베스트셀러 저자인 마이클 포트는 최근 내게 이렇게 말했다. "만일 확장성과 수익성도 없고 독창성도 없는 사업 모델이라면 시스템화하려는 모든 노력들은 성공에 도움이 안 될 것이다."

나는 개인적인 상황, 기회, 목표에 근거하여 사업가로서의 '적격성'을 따지는 것도 필요하다고 생각한다. 당신은 자신만의 사업가 방정식을 완성하기 위해 이 책에서 제공하는 연습과 정보를 활용하여 '내가 얼마나 사업가에 적격인 사람인지' 평가할 수 있을 것이다.

이 책을 쓴 이유

■   지금까지 사는 동안 사람들은 다양한 물건에 빗대어 나를 불렀다. 어떤 것은 좋았지만 어떤 것은 미심쩍었고 또 여기에 쓰기 곤란한 것도 있다. 별명은 또 얼마나 많았는지(역시 어떤 것은 좋았지만 어떤 것은 정말 터무니없었다) 모른다. 그중 수십 년 동안 꼬리표처럼 따라붙었던 내 별명은 '루시'였다. 루시는 〈피너츠 Peanuts(스누피와 찰리 브라운이 나오는 만화영화 – 옮긴이)〉에 나오는 여자아이, 루시 반 펠트 Lucy Van Pelt를 말한다.

루시는 재치 있게 말을 잘하고 자신감에 넘치며(우두머리 행세하길 좋아한다거나 자만심이 강해 보일 수도 있다) 상담 부스를 운영할 정도로 다양한 속임수를 쓰는 것으로 유명하다. 그녀는 부스처럼 생긴 레모네이드 판매대에 "박사님이 계십니다."라고 쓰인 팻말을 붙여놓고는 찰리 브라운과 스누피를 비롯한 여러 친구들에게 몇 센트씩 받으며 다양한 주제에 대해 조언하곤 한다.

내 주변 사람들에게 나는 항상 루시 반 펠트로 통했다. 아주 오래 전부터 친구, 가족, 동료들 그리고 심지어 모르는 이들까지 내게 다가와 조언을 구하곤 했다. 어떤 주제든 상관없이 나는 '조언 박사'였고 언제 어느 곳에서든 대개 그들의 요청을 들어주었다. 멍청하게도 루시처럼 상담해줄 때마다 5센트씩 받을 생각은 미처 하지 못했지만 말이다.

사람들이 항상 내게 조언을 구하는 이유는 내가 다양한 것들에 대해 호기심이 충만하고 언제든지 조언 요청을 환영하기 때문이다. 그리고 그 무엇보다 나는 진실하다. 나는 루시처럼 있는 그대로 말한다. 사탕발림 따위는 없고, 에둘러 말하는 법도 없다. 나는 사람들이 듣고 싶어 하지 않을지라도 여지를 두지 않고 거침없이 솔직하게 진실을 말한다. 나는 매우 일반적이지 않은 견해를 주장하기 때문에 내 방식은 사람들의 이목을 재빨리 끌 수 있다. 누군가 내게 뭔가를 이야기한 다음 내 의견을 물을 때면, 나는 보통 이렇게 대답한다. "진짜 답을 원하나요, 아니면 제가 당신의 생각에 동의하길 원하나요?"

그들이 진짜 답을 원하거나 진실을 듣고 싶어 한다는 느낌이 들면, 나는 마음껏 내지른다. 이것이 '당신의 이에 낀 시금치'라는 내 철학의 뿌리다. 당신의 이에 시금치가 끼었거나, 코에 코딱지가 붙어 있거나, 바지 엉덩이 밖으로 화장실 휴지가 삐져나와 있다면 나는 당신에게 그것을 일러줄 것이다. 물론 그런 걸 지적하면 처음엔 좀 불편하겠지만 당신에게는 사실을 아는 편이 좋다. 아는 게 힘이라고 하지 않는가? 당신은 당신에게 정보를 주지 않는 사람에게서 조언을 구하고 싶은가? 당신 이에 시금치가 끼었다고 말해주지 않는 사람이 조언해주 길 바라는가?

살아오면서 내 몸에 깊이 밴 또 다른 습성은 탁월해지기 위해 최선을 다한다는 것이다. 평범함은 나를 가장 짜증나게 만드는 것 중 하나이자 가장 큰 두려움 중 하나이기도 하다. 나는 내 일을 100% 완벽하게 해내길 원한다. 그래야 내 일에 자부심을 가질 수 있기 때문이다. 마찬가지로 나는 다른 사람들 역시 최선을 다해 노력함으로써 스스로를 자랑스럽게 여기기 바란다. 그렇기 때문에 나는 조언할 때마다 항상 탁월함을 엄청나게 강조한다.

사업과 관련된 책들을 보면 '처녀성을 이제 막 상실한', 쉽게 말해 엄청난 성공을 거둔 사업가들이 쓴 것들일 경우가 많다. 책에서 그들은 매우 흥미롭지만 보통 그들이 처했던 상황에서만 특별할 수 있는 자신의 개인적 이야기를 한다. 당신은 무언가를 한 번에 성취한 사람에게서 조언을 구할 때 필히 조심해야 한다.

사업전략가와 조언자로서 나는 1인 기업부터 거대 다국적 무역회사에 이르는 수천 개의 사업들이 갖가지 고난을 겪는 모습을 지켜봐 왔다. 그리고 내가 당신에게 말할 수 있는 것은 각각의 성공은 모두 독특하다는 것이다. 성공은 타이밍을 잘 잡았다는 등의 행운과 함께 다양한 요인에 따라 결정된다. 몇 가지 공통적인 성공요인을 발견할 수야 있겠지만, 성공을 복제해내기란 대단히 어렵다. 한편, 실패는 항상 동일한 몇 가지 이슈들로 압축된다. 나는 그동안 수천 개 이상의 성공 및 실패 사례를 관찰해왔기에 사실상 모든 사람들의 마음을 울리고 그들이 쉽게 따를 수 있는 조언을 해줄 수 있다.

경험의 폭뿐만 아니라 내게는 사업가의 속마음에 공감할 수 있는 경험의 깊이 또한 있다. 나는 수많은 신규 사업체에서 투자자로 일해 왔고, 몇 번의 실패를 경험했지만 큰 성공도 맛보았다. 투자자로서의 내 경험은 '루시 반 펠트'의 역할(사업가에게 조언하는 역할)을 수행할 때와는 비교할 수 없는 지적 기반을 마련해주었다.

비록 루시가 '상담 부스'를 연 이유는 모르지만, 그런 이유로 내가 이 책을 쓰고 싶었던 것은 아니다. 나는 이 책을 쓸 수밖에 없었다. 이 책이 여러분이 언제든지 찾아와 내게 조언을 구하는 '상담 부스'라고 생각하기 바란다.

누가 이 책을 읽어야 할까?

■　　　　　나는 성공한 사업가들(그리고 대부분의 활동적인 사업가들)이라 해도 이 책에서 가치 있는 것들을 뽑아낼 수 있다고 믿지만, 5년 내에 1억 달러의 매출을 올려서 원하기만 하면 벤처 자금을 투자받을 수 있는 엔지니어와 첨단기술을 갖춘 슈퍼스타들에게는 이 책의 의미가 별로 크지 않을 것임을 인정한다. 만약 당신이 그런 사람이라면, 사업가들 중에서 적은 비율에 속할 것이다(사실은 극소수다. 매년 벤처 캐피털리스트들은 모든 스타트업 기업들 중에서 1% 정도에만 투자하니 말이다). 그러나 만일 현재 작은 기업의 소유주이거나 다음과 같은 상황에서 사업가가 되길 꿈꾸고 있는 사람에게라면 이 책이 매우 유용할 것이라고 생각한다.

- 현재 한 회사의 직원인데 창업을 위해 퇴사를 고려 중이다.

- 특별한 스킬을 가지고 있는데(마이클 거버의 표현대로라면 '기술자'인데), 누군가를 위한 일보다는 나만의 일(웹 개발자, 미용사, 마사지 치료사, 자동차 정비공 등)을 시작하고 싶다.
- 정리해고당한 상태인데 구직보다 창업하는 쪽을 고려하고 있다.
- 자식들을 양육하거나 뒷바라지하는 동안에도 사업체를 운영하는 '맘프러너^{Mompreneur}(엄마^{Mom}와 사업가^{Entrepreneur}를 합친 단어로 경쟁력을 갖춘 '주부 사업가'를 일컫는 말 – 옮긴이)'가 되길 꿈꾸고 있다.
- 비즈니스 코치, 컨설턴트, 어드바이저, 기술교육자 등과 같은 서비스 사업모델로 다른 사람들에게 의미 있는 가치를 전달하고 싶다.
- 현재 대학생인데, 졸업 직후 혹은 몇 년 이내에 기업에 취직하기보다는 창업을 고려 중이다.
- 취미에 쏟는 열정을 사업으로 확장해보면 어떨까 생각중이다.
- 사업체 소유주로 직행하길 바라며 그 방법(예를 들어 프랜차이즈 가맹점이 되거나, 부모로부터 가업을 물려받거나, 혹은 기존의 사업체를 인수하는 등의 방법)을 찾고 있다.
- 현재 여러 어려움을 겪고 있어서 지금의 사업환경을 재평가하고자 하는 '솔로프러너^{Solopreneur}(혼자^{Solo}와 사업가^{Entrepreneur}가 합쳐진 단어로 '1인 사업가'를 뜻함 – 옮긴이)'이거나 소기업의 소유주다.

당신은 이 책의 내용을 토대로 사업가가 될 준비가 갖춰졌는지 스스로를 판단할 수 있고, 준비되지 못했을 경우에는 어떻게 리스크에 대처해야 하는지 배울 수 있다. 만약 애초부터 사업가가 될 생각이 아니었다면 당신은 그런 지식을 습득하여 당신에게 완벽히 맞는 것을 탁월하게 수행하는 데 초점을 맞출 수 있다. 당신은 자신만의 '사업가 방정식'을 구축함으로써 사업가가 될지 말지를 결정할 수 있다. 사업가 방정식을 통해 당신이 얻는 혜택은 다음과 같다.

- 수십에서 수십만 달러에 이르는 돈, 즉 당신이 피땀 흘려 번 돈을 절약할 수 있다.
- 빚이 엄청나게 불어나거나 가장 중요한 자산(집이나 예금액)을 날려버릴 리스크를 피할 수 있다.
- 노력과 시간 투자로 얻는 결과를 극대화할 수 있다.
- 예금된 돈을 현명하게 사용할 수 있다.
- 스트레스를 줄이고 마음의 평안을 얻을 수 있다.
- 여러 가지를 시도하면서도 자신감을 얻을 수 있다.
- 나 자신에게 가장 좋은 방안을 자율적으로 선택할 수 있다.
- 성공을 위한 내 능력을 크게 향상시킬 수 있다.

이러한 혜택을 얻으려면 당신은 어떻게 해야 하는가?

- 오늘날의 환경에서 사업가가 되는 데 필요한 것들을 이해하라.
- 시기가 좋지 않다면(혹은 당신의 성격이 사업가에 전혀 적합하지 않다면) 사업에 돈을 투자하지 마라.
- 당신의 목표 및 환경과 관련된 사업기회의 리스크와 보상의 정

도를 규명하고 평가하라.

- 취미, 직업, 사업이 각각 당신의 꿈을 최고로 실현시킬 수 있을지 평가하라.
- 당신의 성공을 극대화하는 데 필요한 도구를 확보하라.

나는 이 책이 당신에게 있어 매우 강력한 '가치 제안^{Value Proposition}'의 도구라는 사실을 당신이 깨닫기 바란다. 이 책의 가격은 레스토랑에서의 2인 식사비보다 저렴하다. 세상에서 이보다 더 싼 보험이 어디 있겠는가?

당신이 어느 소기업과 관계를 맺고 있거나 작은 사업체를 창업 혹은 인수하거나 프랜차이징을 염두에 두고 있다면(또는 당신이 창업을 생각하는 누군가와 관련되어 있다면), 나는 이 책이 앞으로 몇 년간 중요한 참고서가 되기를 희망한다. 솔직히 말해 이 책에는 내가 대학에 다닐 때, 아니 적어도 내가 나의 경력을 시작할 때 사업에 대해 누군가 내게 말해줬더라면 좋았을 모든 내용들이 담겨져 있다. 모쪼록 이 책을 사업의 실체를 체크하고 평가하는 도구로 활용하기 바란다.

자, 이제 시작할 준비가 되었는가? 하지만 성공을 위한 당신만의 사업가 방정식을 구축하기 전에 조금 더 알아둘 정보가 있다. 먼저 '아메리칸 드림'이 대체 무엇인지, 그리고 그것이 어떻게 사업가에 대한 환상을 확산시키는 데 영향을 끼쳤는지 알아보자. 당신만의 사업체를 경영하는 것이 당신의 진짜 꿈인지, 아니면 최악의 악몽 그 이상일지 깨달을 수 있을 것이다.

1부

THE ENTREPRENEUR EQUATION

당신이 사업가가 되기에 적합한 사람인지의 여부를 평가하는 것보다 중요한 것은 그런 평가가 필요한 이유를 이해하는 것이다. 1부에서는 아메리칸 드림이 사업가에 대한 환상과 오해를 만들어내는 데 어떤 영향을 끼쳤는지, 그러한 환상과 오해만 가지고 검증 절차 없이 누구나 사업에 뛰어들었던 것이 사업의 성공과 실패에 관한 통계에서 어떤 양상으로 나타나는지 살펴볼 것이다(힌트: 물론 성공보다 실패가 훨씬 많다). 더불어 당신이 이 책을 읽는 동안 스스로 수행할 수 있는 자기 평가의 기본을 소개하려 한다. 당신은 '나는 사업가가 되는 데 적합한 사람인가?'와 함께 '사업가는 내게 맞는 일인가?'라는 질문을 가지고 양방향으로 평가해볼 수 있을 것이다.

착각하는
사업가

1

꿈을 좇는 사람들

90% 이상의 신규 사업체들은 창업한 지 몇 년 만에 실패의 쓴맛을 본다. 그럼에도 매년 600만 명 이상의 사람들이 사업가가 되겠다고 결심한다. 그들은 사업이 자신을 벼락부자로 만들어주고 자신에게 더 나은 삶을 선사할 '마법의 총알'이라고 확신하며 말 그대로 '꿈의 회사'에 몰려들고 있다.

실패 확률이 90%인데도 기꺼이 뛰어드는 경력이나 인생행로가 사업 말고 무엇이 있을까? 만일 의사의 90%가 몇 년 이내에 한 건 이상의 사고를 저지른다거나, 경찰 열 명 중 아홉 명이 업무를 제대로 수행하지 못한다면 어떤 생각이 드는가? 뭔가 제대로 돌아가지 않는 게 분명하다고 생각할 것이다. 그렇다면 왜 그처럼 성공 확률이 낮은 여정에 그토록 많은 사람들이 자신의 시간과 돈, 노력을 바치려는 걸까? 왜 기업가 정신만 있으면 된다고 믿고 있는 걸까?

사람들은 기업가 정신을 미국에서 태어나면 당연히 갖게 되는 권리라고 여기는 듯하다. 나는 이러한 믿음이 '아메리칸 드림'이라는 개념의 확장판이라고 본다. '아메리칸 드림'은 우리가 무엇을 해야 하는지를 좌우하는 이상으로, 특히 재무적인 번영을 추구하는 사람들의 노력과 깊이 관련된다.

모든 사람들은 '아메리칸 드림'이 무엇이고 그것이 자신에게 있어 어떤 의미인지에 관한 각자의 정의를 가지고 있다. 사람들은 대부분 '아메리칸 드림'이라는 용어가 어디에서 유래했고 그 출처는 어디인지 알지 못한다. 나 역시 이 책을 쓰기 위해 찾아볼 때까지는 몰랐다.

'아메리칸 드림'이란 말은 역사학자이자 작가인 제임스 트루슬로 애덤스James Truslow Adams가 1931년에 쓴 『아메리카의 서사시The Epic of America』란 책에서 처음 언급됐다.

> 아메리칸 드림이란 모든 사람들이 각자의 능력과 성취를 발휘할 수 있는 기회를 부여받고, 그에 따라 보다 나은 삶과 부를 이뤄야 한다고 여기는 나라의 꿈이다. 그것은 유럽의 상류계층 사람들로서는 정확한 의미를 해석해내기 어려운 꿈이고, 힘겹게 성장하여 그것을 의심쩍어하는 우리 자신도 이해하기 어려운 꿈이다. 그것은 단순히 자동차를 소유하고 높은 임금을 받고 싶다는 꿈이 아니라, 출생이나 지위와 같은 우연한 환경과 상관없이 모든 남녀가 선천적으로 유능하다는 위치를 완전히 획득해야 하고, 타인을 존엄한 존재로 인식해야 한다는 사회적 질서를 구축하려는 꿈이다.

간단히 말해, 아메리칸 드림은 당신 가족의 신분이 아니라 당신만

당신은 사업가입니까

의 활동과 자유의지를 통해 번영(금전적으로든 무엇으로든)을 성취할
수 있는 능력을 말한다.

　당신의 재능과 에너지로 당신의 운명을 창조할 수 있다는 발상이
미국의 자본주의 시스템과 혼합되면서 아메리칸 드림은 '사업체 소
유'라는 말로 종종 번역되곤 한다. 아마도 당신은 주머니에 달랑 돈
몇 푼만 지닌 채 꿈만 가지고 (　　　)에서 미국으로 이주해 왔다는 식
의 가족사를 들어본 적이 있을 것이다(괄호 안에 마음에 드는 나라 이름
을 넣어보라). 미국에 정착한 가족들은 대개 곧바로 (　　　) 사업을 시
작했다(괄호 안에 세탁소, 식당, 이발소 등의 자영업 종류를 넣어보라). 수
십 년이 흐른 지금, 금전적으로든 무엇으로든 이런 가족들은 번창해
서 환상적인 집과 두 대 이상의 자동차를 소유하고 있으며 매년 디즈
니 월드에 다녀오는 등 자신만의 아메리칸 드림을 영위하고 있다. 가
난뱅이에서 부자가 됐다는 이야기들은 아메리칸 드림의 의미와 그것
을 성취하는 방법에 관한 집단적인 사고를 형성했다. 이제 이것은 단
지 미국에서만 나타나는 현상이 아니다. 많은 나라들은 기업가 정신
을 불어넣기 위한 자신들 고유의 브랜드를 만들 목적으로 아메리칸
드림을 차용해왔다.

　하지만 우리는 이제 다른 시대에 살고 있다. 수없이 많은 사람들이
수십 년간 기업가 정신이라는 이름으로 자신만의 아메리칸 드림을
추구하는 동안, 사업환경은 빠른 속도로 크게 변해버렸기 때문이다.

게임 규칙은 바뀌었지만 선수는 바뀌지 않았다

■   아메리칸 드림이란 말이 처음 등장했던 1931년, 산업의 지형은 지금과 매우 달랐다. 미국만 봐도 경제상황은 오늘날과 비교했을 때 아무런 공통점이 없었다. 그때는 세계화라는 말조차 없었고, 사람들은 각 지역에서 생산한 재화를 기껏해야 자국 안에서 유통시키는 농업과 제조 중심의 경제 속에서 살았다. 소비자들은 컴퓨터는커녕 자기 소유의 텔레비전도 없었다(광고 산업의 환경이 현재와 어떻게 달랐을지 상상해보라). 1930년대 말까지 대학진학률은 15%(대략 150만 명)에 불과했다.[3] 게다가 수십 억 달러를 벌어들이는 월마트Walmart, 맥도날드McDonald's, 마이크로소프트Microsoft, 나이키Nike, CVS와 같은 거대 기업(즉, 거대 고용주)도 당시에는 없었기 때문에 기업에 들어가 경력을 쌓을 기회도 매우 희박했다.

아메리칸 드림이란 용어가 만들어진 이래로, 우리는 사회적으로 엄청난 진보와 변화를 경험했다. 오늘날의 경제는 이제 지구 구석구석에서 공급자를 찾아 역시 지구 곳곳으로 물건을 판매하는, 세계화된 경제다. 우리는 농업과 제조업 본위의 사회를 떠나 대단위로 서비스를 공급하고 제품을 아웃소싱하는 사회로 이동해왔다. 케이블 텔레비전 같은 미디어 플랫폼(수백 개의 채널을 가진 플랫폼)과 광범위하게 연결된 인터넷은 비즈니스와 상호작용의 양상을 변화시켰다. 이러한 전환 과정에서 빠르게 성장하여 엄청난 돈을 벌 수 있는 창업 기회들은 넘쳐났고, 거대 기업들이 설립되고 번창하면서 구직자 개인들에게도 상당히 많은 기회가 주어졌다. 미국 노동통계국의 조사에 따르면, 그런 기업에서 일할 기회를 잡기 위해 대학진학 가능 연령대의 50%

가 대학에 입학한다고 한다.

　이러한 진화는 너무나 많은 상품과 서비스(그리고 아마도 너무나 많은 기업)가 넘쳐나는 곳으로 우리를 데려다 놓았다. 은행업부터 미용실, 레스토랑, 선물 바구니 회사에 이르기까지 당신이 상상할 수 있는 사업이라면 무엇이든 떠올려보라. 얼마나 많은 선택지가 있는지 머리가 어지러울 정도다. 우리가 의식하지 못하는 순간에도 상품과 서비스 광고를 퍼부으며 우리의 관심을 끌려고 경쟁하는 기업들은 매우 많다. 우리는 이제 세상에 족적을 남기기조차 어려운 '초超경쟁'의 사업 환경에 직면해 있다. 너무나 많은 상품과 서비스가 동일 고객들에게 자신을 알리려고 애쓰는 통에, 창업할 때 얻게 된 리스크를 감당할 정도로 가치 있는 이익은커녕 이윤을 내는 것조차 점점 더 어려워졌다.

> 희박한 성공 가능성을 가진 초경쟁 사회에서도 엄청난 성공을 일구어내는 사람들은 항상 존재한다. 그들의 놀라운 성공 스토리는 우리의 창업 DNA를 여지없이 자극한다. 하지만 그들에 대해서 우리는 얼마나 알고 있는가?

　그러나 이러한 초경쟁 환경에서의 희박한 성공 가능성과 변화된 산업 지형에도 불구하고 엄청난 성공을 일구어내어 언론의 주목을 한 몸에 받는 기업들(이를 미디어 달링Media Darlings이라고 부름 – 옮긴이)은 항상 예외로 존재한다. 조심해야 할 것은 그런 기업들이 따분하고 일상적인 실제의 모습과는 달리 사람들에게 엄청난 흥미를 유발하는, 할리우드적인 배경 스토리를 가진 기업으로 그려진다는 점이다.

　언론은 이베이eBay의 창업자인 피에르 오미드야르Pierre Omidyar가 취미에 열중하던 프로그래머 시절, 페즈 디스펜서Pez Dispenser(막대 모양의 사탕 분배기로 귀여운 모양 때문에 수집하는 사람들이 많다 – 옮긴이)를 모으는 여자친구를 위해 소박한 상거래 웹사이트를 만들었던 것이 계기가 되어 '우연히' 거대한 전자상거래 '장터'를 창조했다고 소개한다. 하지만 몇 년 전 이 이야기는 엉터리임이 밝혀졌다. 그는 자기가 한 일이 무엇인지 정확히 알고 있었고 이미 프로그래머로서 성공적인 경력도 있었다.

유튜브^{YouTube}의 창업 신화는 어떠한가? 스티브 첸^{Steve Chen}과 채드 헐리^{Chad Hurley}가 디너 파티를 찍은 비디오 영상을 업로드하는 게 잘 안 되자 그 길로 회사를 차렸다는 이야기 말이다. 이것 역시 믿을 것이 못 된다. 첸과 헐리는 모두 페이팔^{PayPal}에서 직원으로 일하며 경력을 쌓았다(헐리는 페이팔의 초기 멤버 중 하나이고 우연히도 실리콘 그래픽스^{Silicon Graphics}와 넷스케이프^{NetScape}의 창립자인 제임스 클라크^{James Clark}의 사위가 되었다).

미국 전역의 여느 지점보다 상대적으로 새로 오픈한 지점인데도 더 많은 전자제품을 판매한다는, 중서부 지역의 전자제품 유통업체 ABT의 '하룻밤의 센세이션'은 또 어떤가? 놀라운 이야기로 들리는가? 현재 운영 중인 지점이 고작 몇 년밖에 되지 않았지만 사실 그들의 사업이 72년 동안 계속됐다는 말은 들어보지 못했을 것이다.

자, 아메리칸 드림에 대한 잘못된 정보로 무장한 채(환경이 변했다는 것은 무시하고 제2의 이베이를 꿈꾸면서) 귀족으로 태어나지 않았어도 금전적 풍요를 누리는 데 필요한 경력과 여러 선택지를 가진 똑똑하고 재능 있는 미국인들은 아메리칸 드림을 이루기 위한 수단으로 창업을 선택하고 있다. 그들은 엄청난 시간, 에너지, 돈을 사업을 시작하는 데 투자하지만 돌아오는 수익은 암울한 수준이다. 총총한 눈으로 비현실적인 꿈을 꾸는 사업가들 중 대부분은 완전히 실패하거나 바라던 성공을 이루지 못한다.

아메리칸 드림이라는 개념을 잘못 수용하는 문제는 다음과 같이 두 가지 양상으로 나타난다.

1. 사업가를 꿈꾸는 사람들은 수십 년 전에나 먹혔던 접근 방법에 기초하여 창업을 통한 풍요로운 미래를 그리고 있다.
2. 그들은 보통 검증 프로세스를 거치지 않은 채 사업을 시작한다. 분명히 사업가를 둘러싼 게임의 룰은 변했지만, 아무도 선수를 교체하지 않는다. 오늘날 사업가(특히 성공하는)가 된다는 것은 과거 어느 때보다도 어렵다.

사업의 실제 현장에서 무엇이 변했는지 알게 됐다면 이제 사업가를 위한 검증 프로세스(당신의 사업가 방정식을 구축할 때 착수해야 할)가 역사적으로 왜 부재했는지에 대해 이야기할 차례다.

2

사업가는 아무나 하나?

검증 프로세스는 매우 중요하다. 그것이 있어야 키스를 못하는 사람과의 결혼을 피할 수 있고 반사회적 인격장애자에게 당신의 아파트 방을 빌려주는 일을 미연에 방지할 수 있기 때문이다. 대부분의 '고위험 고성과' 직업들은 검증 프로세스를 갖추고 있다. 그 프로세스는 누가 크게 성공할 자질을 갖추고 있는지 밝혀내고 누가 그 직업을 평생 수행할 사람으로는 적합하지 않은지 가려낸다.

예를 들어 내셔널 풋볼 리그에는 향후 대성할 선수를 선발하기 위한 수많은 단계의 검증 프로세스가 있다. 당신이 32개 팀의 선수 명단 중 하나에 이름을 올리려 한다고 가정해보자. 그 전에 당신은 입단 자격을 심사받을 만한 대상이 되기 위해서라도 당연히 유명대학에 다니는 동안 리그에서 뛰어난 성적을 보여야 한다. 대학 리그에서 돈

보이는 선수가 되려면 대학 팀에 입단하여 코치로부터 경기에 출장할 기회를 얻어야 하고, 대학 팀에 들어가려면 뛰어난 운동 능력(그리고 때로는 학업 능력도)을 입증해 보여야 한다. 이러한 단계들을 거치면서 재능을 가졌으나 프로 풋볼 선수로 적합하지 않은 사람들이 걸러진다(고맙게도 키가 168cm이고 몸무게가 60kg이면서 1.6km를 12분에 주파하는 많은 남자들이 자신이 가장 좋아하는 프로팀에 매년 지원한다).

이와 마찬가지로, 당신이 소방관이 되고 싶다면 철저한 학교 시험과 체력 검정을 통과해야 한다. 변호사가 되려면 로스쿨을 졸업한 후에 변호사 사무실을 개업하고자 하는 주州에서 사법고시를 치러야 하고, 로스쿨 입학 전에 입학시험LSAT에 합격해야 하며, 그러기 위해서는 먼저 입학 지원서를 잘 작성해야 한다. 학부 성적이 탄탄해야 하는 것은 기본이다.

의사가 되기 위해서는 더욱 엄격한 과정을 거쳐야 한다. 인턴으로 병원에서 여러 해를 근무해야 하고, 인턴이 되려면 의과대학을 졸업해야 하며, 의과대학에 입학하려면 입학시험MCAT에서 좋은 성적을 얻어야 한다. 의사를 위한 검증 프로세스는 좀 더 일찌감치 시작된다. 세스 고딘Seth Godin이 『더 딥The Dip』에서 언급했듯이 "학계는 동기부여가 되지 않은 사람들이 대거 의과대학에 지원하기를 원하지 않기 때문에 검증 프로세스를 마련했다. 유기화학은 의사와 심리학자를 '한 큐'에 분리해내는 과목이다. 유기화학 성적이 엉망이라면 글쎄, 의과대학에는 갈 수 없다." 이러한 검증 프로세스는 유용하다. 큰 수술을 받게 됐다고 생각해보라. 당신은 가장 뛰어나고 가장 열성적인 의사에게 수술을 받고 싶지, 피를 보면 토하거나 수전증 걸린 사람한테 집도를 맡기고 싶지는 않을 것이다.

맞다. 금전적인 보상이나 성취욕이라는 보상이 주어짐과 동시에 리스크도 큰 대부분의 직업들은 이렇게 검증 프로세스를 갖추고 있다. 검증 프로세스는 해당 직업을 수행하는 데 필요한 재능과 소질이 없는 사람을 걸러낼 뿐만 아니라, 그 직업에 헌신하기로 결심하기 전에 무엇을 배우고 준비해야 하는지 알려준다. 그래야 당신이 그 직업에 진정으로 흥미를 느끼는지 판단할 수 있을 테니 말이다. 검증 과정 전체를 통과하는 데 소요된 시간과 노력은 당신에게 그 직업이 추구할 만한 가치가 있는지, 그리고 당신에게 그 직업이 정말 적합한지를 생생히 보여준다.

하지만 사업가가 되는 과정에는 다른 직업과 달리 표준화되고 효과적인 검증 프로세스가 없기 때문에 유감스럽게도 당신의 돈은 위험에 처할 수밖에 없다(소요된 시간과 노력도 마찬가지다). 검증 프로세스가 없다는 말은 본질적으로 당신이 어느 정도의 돈을 가지고 있다면 언제라도 창업을 시도할 수 있다는 의미다. 사업가로서 당신이 얼마나 적합한 사람인지 알지 못한다 해도, 또는 이론적으로는 훌륭해 보이지만 한 번 해본 뒤엔 금세 흥미를 잃어버릴 일시적인 아이디어라 해도 말이다. 검증 프로세스가 없으면 당신은 사업가로서의 경력을 시작하기에 좋은 타이밍을 알아차리지 못할 것이므로 성공에 필요한 당신의 능력은 상당 부분 제한받을 수밖에 없다.

나는 당신이 단지 사업가 검증 프로세스가 부재하다는 이유로 벤처회사 창업에 돈과 시간, 에너지와 분별력을 몽땅 투자했다가 날려버리지 않기를 바란다. 처음에 나는 이런 문제에 대응하기 위해 내가 특허를 가지고 있는 '파이어드-업FIRED-UP®'이란 평가법을 활용했다.[4] 이 평가법은 창업 타이밍이 적기인지, 또 사업가를 꿈꾸는 사람들이 그에 적합한 마인드를 가지고 있는지를 평가하는 기본 테스트다. 이 책에서 나는 파이어드-업 평가법을 확장하여 좀 더 깊이 있는 검증 프로세스를 제공할 것이다. 사업을 시작 혹은 인수하거나 프랜차이징을 하려는 사람이라면 매우 신중하게 이 검증 프로세스를 따르기 바란다.

┃ 사업가 검증을 위한 양방향의 질문 ┃

(각자의 개인적 환경에 기초하여)

사업가가 되는 것이
당신에게 좋은가?

당신은 사업가가
되기에 적합한가?

위 그림에서 보듯이, 사업가 검증 프로세스는 양방향으로 이루어진다. 먼저 당신은 자신의 스킬, 강점, 개인적 환경이 사업체 경영에 적합한지를 평가해야 한다('사업하는 데 필요한 마인드, 동기, 경험을 갖추었는가?'). 동시에 사업가란 직업이 특정 사업기회에 헌신하겠다는 당신의 순수한 욕망을 불러일으키는지, 또한 그 사업기회가 앞으로 닥칠 리스크를 감당할 만큼 충분히 큰지도 평가해야 한다.

만약 이 검증 프로세스를 거치는 동안 어딘가에서 '결함' 판정이 나온다면, 당신은 그것이 타이밍 문제인지(그렇다면 고려 중인 사업에 좀 더 만전을 기할 수 있다), 기회 문제인지(그렇다면 다른 사업기회를 다시 평가할 수 있다), 아니면 개인적 이슈인지(그렇다면 사업가란 직업은 당신에게 맞지 않을 것이므로 당신에게 적합한 다른 무언가로 관심을 돌려야겠다고 결정할 수 있다) 판단해야 한다.

사업가의 리스크와 보상 사이의 역학 관계를 평가하는 동안 당신은 "내가 사업가가 될 수 있을까?"가 아닌, "내가 사업가가 되어야만 할까?"라는 질문을 자신에게 던져야 한다. 베리 몰츠^{Barry Moltz}는 『바운스^{Bounce!}』에서 이렇게 말했다. "많은 사업가들이 부담하는 리스크는 매우 크다. 그들의 잠재적인 수익은 그들이 그토록 낮은 성공 확률을 감당할 만큼 크지 않다. 그들은 자신들의 열정에 눈이 멀어 있다."[5]

3

창업을 권하는 사회

　　사람들은 종종 "사업은 누구나 할 수 있다."라는 말을 툭툭 내뱉곤 한다. 모든 사람이 가수, 카레이서, 웹 프로그래머, 우주비행사, 요리사라는 직업이 자신과 맞다고 생각하는 게 아니라면, 모든 사람이 자신을 사업체 경영과 맞다고 여기는 것은 말이 되지 않는다. 당연하지 않은가? 왜 그토록 많은 사람들이 이렇게 완벽하게 논리적인 결론을 무시할까? 왜 사업의 성공을 말하는 책들은 수천 종이 넘는데 당신이 사업가로서 이상적인 후보가 아닐지 모른다고 말하는 책은 (지금까지) 사실상 없는 걸까? 왜 사업가를 위한 검증 프로세스는 존재하지 않을까?

　　내가 보기에 가장 큰 이유는 사람들이 희망적인 조언을 주고받기를 좋아한다는 데 있다. 솔직해지자. 우리 사회는 서로 비위를 맞추고 아첨하는 사람들로 가득하다(특별한 이유도 없고 마음에도 없는 찬사나 호의가 얼마나 많은가?). 현실을 직시하는 것은 기분을 잡치게 만드는 일 중 하나이고, 진정제는 각성제만큼 팔리지 않는다. 그러나 현실의 직시를 꺼리는 공통적인 습성 때문에 우리는 곤경에 빠지고 만다.

서로의 허튼소리를 기꺼이 믿으려는 우리의 마음은 2008년부터 2009년 사이에 벌어진 미국 경제의 붕괴에서 쉽게 찾아볼 수 있다. 그 사태의 부분적인 원인은 사람들이 구입하기에 버거웠던 평면 TV와 명품 핸드백 등의 물건들을 살 수 있도록 신용카드 회사가 카드 사용자들의 신용 한도를 확대한 것이었다. 두 번째 원인은 모기지 대부업체들이 굉장히 많은 사람들에게 역시 그들이 구입하기 힘들었던 주택을 사들이도록 신용을 늘려주었기 때문이다. 모기지 대부업체들은 주택 구입자들에게 걱정할 필요가 없다고 이야기하면서 주택의 가치는 과거에 그랬듯이 계속 오를 것이고 자산 가치의 상승으로 주택 이외의 것들을 소유할 수 있을 거라고 유혹했다. 과대광고에 속은 사람들은 갚을 능력이 없는 빚을 끌어다 주택을 구입했다. 그것은 엄청난 허풍 잔치였다. 아무도 현실을 직시하자고 외치지 않았고 미국 경제는 그 때문에 고통받았다.

우리는 지금껏 듣기 좋은 말만 듣다가 곤경에 빠지곤 했기에 이제는 기꺼이 실상을 좀 더 수용할 준비를 해야 한다. 나는 왜 그토록 많은 조언자들이 현실을 있는 그대로 보여주지 않는지 그 이유를 모르

우리는 모두 창업을 권하는 사회에 살고 있다. '다른 사람은 힘들어도 당신이라면 분명 잘될 거야.'라는 달콤한 유혹에서 '이제 내게 남은 건 독립밖에 없어.'라는 자조 섞인 결심에 이르는 것들이 우리를 행동하게 하는 말들이다. 하지만 현실을 직시하지 않은 성급한 결정은 우리를 곤경에 빠뜨리고 만다.

당신은 사업가입니까

겠다. 아마도 실상을 말하면 조언하는 사람과 조언받는 사람 모두가 불편해지기 때문일 수도 있겠다. 아니면 '성공적인 사업을 위한 37가지 비밀'과 같은 제목을 붙인 그들의 책으로는 학자인 체할 수 없어서 '성공적인 사업을 위한 39가지 비밀: 당신의 성공에 필수적인 2가지 새롭고 획기적인 비밀 추가' 따위의 책을 내기 위해 계속해서 에너지를 쏟아붓고 싶어서일지도 모른다. 어떤 이유에서든, 그들 대부분은 내가 이 책에서 이야기하려는 현실의 '맨 얼굴', 즉 "이봐요, 당신들 중 90%는 사업을 하지 말아야 합니다."란 말을 전달하지 않는다.

검증 프로세스가 부재하고 자칭 '구루guru'라 하는 수많은 이들이 성공에 관한 조언을 엄청나게 쏟아내는 바람에, 사업가가 되려는 당신 같은 사람들에게 자신만의 사업체를 갖는 것이 결코 올바른 길이 아닐 수 있다는 말을 해주는 사람은 아무도 없다. 만약 스타트업 기업을 성공시키기에 적합한 성격과 마인드, 적절한 타이밍과 좋은 기회를 가지고 있는지 평가하는 도구가 주어지지 않는다면, 당신처럼 똑똑한 사람들은 시기가 좋지 않을 때 앞으로 나아가려는 오류를 저지른다. 당신은 당신의 핵심역량과 경험이 사업가와 잘 맞지 않는다는 점을 깨닫지 못하거나, 새롭긴 하지만 이상적이라고 보기 힘든 사업에 당신의 현 상황이 맞춰져 있다는 사실을 깨닫지 못할 것이다.

검증 프로세스가 없거나 본격적으로 사업을 시작하기 전에 '시운전'을 해보려는 용기가 없다면, 당신이 사업이란 모험을 감행해야 하는지의 여부는 어떻게 알 수 있을까? 또 당신의 열정을 사업에 쏟기보다 그저 취미로 남겨 놓는 편이 좋은지는 어떻게 판단할 수 있을까? 사업가의 성공 스토리들은 미디어에 의해 미화되기 때문에 '사업가'라는 경력은 매력적일 것'이라는 환상을 심어주기 쉽다. 당신이 제품 생산, 고객 발굴 또는 현금흐름 관리에 뛰어나지 않을지도 모른다는 메시지는 당신에게 설득력 있게 받아들여지지 않는다. 단지 당신이 무언가에 열정적이고 아이템을 만들어 서비스를 제공하는 데 뛰어나다는 이유로 말이다.

　게다가 대단한 성공 스토리에 대한 '도시 전설'과 일반적인 오해들도 너무나 많다. 1장에서 이베이와 유튜브의 홍보 스토리를 잠깐 이야기했었다. 빌 게이츠[Bill Gates]에 대해 광범위하게 퍼져 있는 믿음은 무엇일까? 대부분의 사람들이 빌 게이츠의 성공에 관해 알고 있는 스토리는 그가 하버드 대학교 중퇴라는 엄청난 리스크를 지고 세계에서 가장 부유한 사람이 되고자 마이크로소프트를 설립했다는 것이다. 이 스토리는 진실의 많은 부분을 놓치고 있다. 다음이 릭 스미스[Rick Smith]가 『더 립[The Leap]』에서 밝힌 빌 게이츠의 실제 스토리를 요약한 것이다.

- 빌 게이츠는 부유하고 영향력 있는 친지가 많은 집안에서 태어났다.
- 고등학교에 진학한 그는 이른 나이에 컴퓨터를 접했다.
- 학교에 다니는 동안 게이츠는 폴 앨런[Paul Allen](마이크로소프트의 공동창업자)과 함께 보안 시스템을 해킹하는 등 컴퓨터를 가지고 놀며 많은 시간을 보냈다.
- 게이츠와 앨런의 해킹 실력 덕택에 시스템 관리자는 시스템 버그를 잡아내달라는 조건으로 그들에게 컴퓨터의 무제한 사용을 허락했다. 이 덕분에 게이츠와 앨런은 더 많은 경험을 쌓을 수

　　　　　　　　　　　당신은 사업가입니까

있었다.

- 그들의 경험을 높이 산 고등학교 당국은 게이츠와 앨런에게 일정관리 시스템을 컴퓨터로 만들어달라고 요청했다.
- 졸업 후에 게이츠는 하버드에 입학했다.
- 새로운 마이크로컴퓨터에 관한 어느 잡지 기사를 보고 게이츠는 그 제조사에 전화를 걸어 자신이 그 컴퓨터에서 돌아가는 프로그램을 이미 만들었다고 허세를 부렸다.
- 허풍을 믿은 그 회사는 프로그램을 보여줄 것을 요청하며 게이츠를 회사로 초대했고, 그들이 관심을 보인다는 걸 알자마자 게이츠와 앨런은 프로그램을 만들기 시작했다.
- 게이츠는 한 학년을 더 다니다가 마이크로소프트를 창업하기 위해 학교를 떠났다. 그러나 곧바로 자퇴하지는 않고, 일이 잘 돌아가지 않을 때를 위한 사전 대책으로 휴학계를 냈다.
- 게이츠의 어머니는 IBM의 전 CEO이자 자신의 친구인 존 오펠John Opel을 통해 게이츠를 IBM에 소개했다. IBM은 당시 자사 컴퓨터에서 실행될 운영체계를 찾고 있던 중이었다.
- 게이츠는 협상을 통해 자신의 회사(마이크로소프트)가 소프트웨어에 대한 권리를 보유한다는 조건을 얻으며 IBM과 시스템 개발 계약을 맺었다(와우!).
- 이렇게 게이츠는 10년가량의 경력을 거치는 동안 불리한 리스크를 줄이면서 거대한 잠재력을 알아차렸고, 적절한 인맥을 형성하면서 리스크와 보상의 균형을 잡으며 자신에게 유리한 가능성을 가져다줄 여러 아이템을 창출했다.

이처럼 대부분의 사람들이 믿고 있는 내용과 현실은 매우 다르다. 이러한 뒷이야기를 듣고 나서 우리가 분명하게 알 수 있는 사실은 빌 게이츠가 세계에서 가장 유명하고 가장 성공한 사업가가 되기까지 수많은 검증 프로세스를 거쳤다는 것이다.

사업가로서의 적합성

■   평가로 넘어가기 전에 나는 '결과'에 대해 먼저 이야기하고 싶다. 나는 사업가의 운명을 타고나지 않는 것이 정말 행운이라는 점을 강조하고 싶다. 누구나 사업가가 될 수 있다는 생각이 팽배해 있지만, 모든 사람이 사업가로 성공하는 것은 아니다. 사업가는 매우 힘든 직업이다.

사업가와 관련 없는 직업에서 두각을 나타내는 편이 좋다는 것이 내가 여기에서 하고 싶은 말이다. 다니엘 핑크Daniel Pink는 『프리에이전트의 시대Free Agent Nation』에서 이렇게 썼다. "사업을 스스로 하기에 스킬과 지식과 욕망이 부족하다면, 그리고 사업을 좋아하는지 그렇지 않은지 모른다면, 회사의 보호막 안에 있으면서 돈을 버는 게 낫다."[6]

나는 어떤 사람이 사업가로 적합한가를 평가하는 일이 남녀 간의 궁합을 따지는 것과 같다고 본다. 서류상으로 볼 때는 꿈에 그리던 이상형인 것 같았지만 막상 그 사람을 만나 이야기를 나눠보니 영 아니다 싶은 경우가 많지 않았는가? 또 당신은 서로 사귀던 두 사람이 어느 날 헤어졌다는 소식을 듣고서 "나는 걔네들이 항상 붙어 다니는 이유를 통 알 수 없었어."라고 말했던 적이 있을 것이다. 둘 중 누군가 질 나쁜 사람이라기보다는 둘이 서로 어울리지 않아서였을 것이다.

만약 두 사람이 각자 서로에게 가졌던 처음의 감정이 진짜인지 따져봤다면 자신들이 절대 어울리지 않는다는 것을 깨달았을 텐데 말이다.

이것이 바로 (술 진탕 마시고 그다음 날 바로 결혼해버리는 라스베이거스 같은 곳은 제외하고) 대부분의 사람들이 결혼하기 전에 서로 일정 기간 사귀어보는 이유다. 그들은 서로에게 맞는 짝을 찾고 싶어 한다. 직업을 고르는 것도 마찬가지라서 당신 자신만의 사업체를 소유하고 싶을 때에도 그렇게 해야 한다. 모든 사람은 보통 적어도 하나 이상의 핵심 강점과 스킬을 가지고 있고, 사업체를 경영하는 일이 모든 이들에게 적합한 것도 아니다. 사실 성공적인 사업운영에 필요한 역량의 개수로 보자면, 대부분의 사람들에게 사업은 부적합하다. 팝 가수보다 컨트리 가수가, 미식축구 선수보다 미국 프로농구 선수가, 주방장보다 컨설턴트가 되는 편이 전반적으로 더 낫다고 말할 수 없는 것처럼, 경험적으로 봤을 때 사업가가 되는 것은 당신이 고려 중인 다른 어떤 선택지보다 더 좋거나 더 나쁜 것이 아니다. 그저 사업가란 직업은 다른 직업과 다른 것이고 사업가로서 일을 잘 해내기 위해서는 당신이 사업가에 꼭 맞는 사람이어야 할 뿐이다. 때문에 당신은 사업가를 꿈꾸고 있는데 그것이 당신의 최상의 선택지는 아니라고 해서 기분 상할 필요는 없다. 당신은 당신에게 자연스럽게 적합한 무언가를 할 때 더 빛날 것이기 때문이다.

자, 이제 사업가가 되기로 한 동기 차원에서 당신이 사업가에 꼭 맞는 사람인지 평가해볼 시간이다. 먼저, 무엇이 당신으로 하여금 창업을 원하도록 만들었는지 살펴보자.

2부

THE ENTREPRENEUR EQUATION

당신만의 사업가 방정식을 계산할 수 있으려면 사업가가 된다는 게 무엇을 의미하는지 이해할 수 있어야 하고, 당신의 개인적 환경에도 부분적으로 근거하여 당신이 사업가가 되기에 적합한 사람인지 평가할 수 있어야 한다. 이를 통해 당신의 영감과 마인드부터 타이밍에 영향을 미치는 요소에 이르기까지 사업가와 당신을 연결 짓는 데 어떤 강점이 있는지 평가할 수 있다.

이러한 평가과정을 통해 스스로를 솔직하고 사려 깊게 바라보는 시간을 갖기 바란다. 사업을 시작한다는 것은 사실 당신의 돈을 위태롭게 만들고 시간과 노력을 헛수고로 만들 가능성이 큰 일이다. 그러므로 당신은 시간을 들여 신중하고 냉철하게 각각의 평가에 임해야 할 책임이 있다. 만약 당신이 자신에게 정직하지 못하다면 당신은 앞으로 오랫동안 스스로를 속이게 된다.

사업의 동기를
평가하라
—

앞으로 이어질 여러 장들은 당신이 창업을 원하는 이유가 뭔지 스스로 깨닫게 해줄 것이다. 사업가에 대한 오해가 매우 많기 때문에 나는 사업이 무엇이고 사업가가 된다는 것이 진정 어떤 의미인지 분명히 하고자 한다. 또한 사업체를 소유한다는 것에 대해 여러 측면에서 부정확하지만 매우 만연해 있는 믿음이 뭔지를 당신이 이해하도록 도우려 한다. 이를 통해 당신은 사업가가 실제로 갖춰야 할 기초가 무엇인지를 깨달은 뒤 일할 수 있을 것이다.

사업가가 되기 위한 기초를 이해하면 곧바로 당신의 마인드를 평가할 수 있다. 당신의 사업가 방정식에서, 당신의 동기는 사업으로 얻는 금전적 및 비금전적 보상 모두의 측면에서 당신이 얻고자 하는 것을 보여준다. 당신의 사업가 방정식에 있어 이러한 보상은 여러 종류의 리스크를 뛰어넘을 정도로 매우 충분해야 한다. 앞으로 이어질 장은 당신의 개인적 욕구와 니즈 혹은 시장의 니즈에 근거하여 당신이 사업가를 추구해야 하는지의 여부를 평가하게끔 도울 것이다. 만약 전자(개인 욕구와 니즈)라면, 사업가가 당신의 니즈 실현에 있어 최상의 옵션인지를 평가하는 데 도움이 될 것이다.

4

게임의 룰

많은 사람들은 인생을 살면서 몇 번은 자신이 뛰어난 사업 아이디어를 떠올렸다는 것에 감명을 받곤 한다. 그러다가 실제로 창업을 통해 그 아이디어를 추진하고 싶다고 결심한다. 어쩌면 그들의 동기는 자신의 경력과 삶에 존재하는 문제를 해결하거나 꿈을 구현하거나 혹은 약간은 그 둘 모두를 이루고자 하는 욕망의 영향을 받는다. 사업가를 꿈꾸는 사람들과 사업체 소유주들이 창업의 이유로 제시하는 일반적인 것들은 다음과 같다.

- 내 아이디어가 날 부자로 만들어줄 것이다.
- 내 아이디어가 날 '빨리' 부자로 만들어줄 것이다.
- 따분한 회사 업무에서 탈출할 수 있다.

- 내가 좋아하는 것들을 더 많이 할 수 있다.
- 내가 보스니까 원하는 것을 원할 때 할 수 있는 자유가 있다.
- 일을 적게 할 수 있고 나의 취미나 가족, 기타 여러 가지 다른 것들에 더 많은 열정을 쏟을 수 있다.
- 내가 사업을 한다면 누구보다 잘할 수 있다.
- 세상에 나의 발자취를 남길 수 있다.
- 나의 경력이나 운명을 스스로 통제할 수 있다.

이러한 동기들은 사업과 사업가에 대한 총체적인 오해로부터 비롯된다. 사실 '사업'과 '사업가'는 영어에서 가장 남용되고 가장 잘못 사용되는 단어들이다.

만약 당신이 참여하는 게임이 뭔지 모른다면 그 규칙을 이해할 수 없을 테고, 어떻게 점수를 얻고 어떤 도구를 사용해야 하는지(알다시피 축구 경기에서 야구 방망이는 무용지물이다)도 모를 것이며, 경기에 어울리는 유니폼을 선택할 수도 없을 것이다. 자, 오늘날의 '사업가 게임'이 의미하는 바가 무엇인지 지금부터 조금씩 살펴보자.

사업가란 단어의 가장 기본적인 의미는 자신의 자원(돈, 시간, 노고 등)을 기꺼이 걸며 사업을 시작하고 경영하는 자를 뜻한다. 사업가가 되는 방법으로는 신생 벤처 설립, 프랜차이징, 기존 기업의 인수가 있다. 이러한 방법들은 감수해야 하는 위험, 미래에 얻을 금전적 보상, 자본의 요구조건, 경험 등과 같은 측면들에서 제각기 다르다. 그러나 이 방법들 모두에는 공통적인 특징들이 존재하는데, 그것들은 사업과 연관된 요소들 중 가장 중요한 것에 해당한다. 새로 창업을 하든 프랜차이징을 하든 기존 기업을 인수하든, 당신에게 필요한 능력은 바로 '경영'이다.

사업은 무엇이고, 직업은 무엇인가?

■　　　　　　　　간단히 말하자면 사업은 상품이나 서비스를 고객에게 팔고 그 대가로 돈을 받는 행위다. 그러나 나는 사업의 정의가 다음과 같이 바뀌어야 한다고 생각한다. 사업은 상품이나 서비스를 팔아 그 대가로 돈을 받는 행위지만, 그 행위가 한 명 혹은 몇 명의 직원들에게 의존되지는 말아야 한다. 당신이 월마트 같은 사업을 수행한다고 가정해보자. 다니던 직원들이 종종 퇴사하더라도 사업은 아무런 충격을 받지 않고 계속 유지될 것이다. CEO나 마케팅 담당 임원, 혹은 어느 매장의 캐셔든 누가 회사를 그만둬도 문제될 것은 없다. 맞다. 누가 그만두더라도 월마트는 계속 월마트로 남을 것이고 가치도 유지할 것이며, 주주들 역시 자신들의 투자 대가로 계속해서 이익을 챙길 것이다.

알고 보면 사업이라 부르기 어려운데 사업체라 불리는 업체들이 상당히 많다. '토미 마사지 테라피Tommy's Massage Therapy Inc.'란 업체가 있다고 가정해보자. 토미는 '마사지 치료'라는 서비스를 제공하고 그 대가로 돈을 받는다. 그런데 이 업체의 직원이라고는 토미 한 명뿐이다. 그래서 토미가 더는 마사지 치료를 하지 않겠다고 결정한다거나 그가 버스에 치이는 사고를 당한다면, 토미 마사지 테라피라는 업체는 절대로 가치를 발생시키지 못한다. 다시 말해 사실상 소멸되는 것이다. 그렇기 때문에 표면상 사업체로 불리든 그렇지 않든 토미는 사업체를 소유한 게 아니라 그저 직업을 가지고 있을 뿐이다. 이를 '사업처럼 보이지만 알고 보면 직업'이라는 의미로 '잡-비즈니스Job-Business'라 부르자.

이것은 일반적인 것과는 다른 모습의 직업이다. 일반적인 직업이라면 토미는 많은 리스크를 짊어지지 않아도 된다. 출근하기 위해 유니폼 값을 지불하거나 자동차에 기름은 넣어야 하겠지만 그게 그가 감당하는 리스크의 전부다. 그리고 해고되어 다른 직업을 찾아야 하는 것이 그가 감수해야 하는, 발생 가능한 최악의 상황이다.

하지만 자신의 잡-비즈니스에서 토미는 직업을 가지고 있다는 특권에 대해 돈을 지불해야 한다(더불어 그는 경영에 따르는 여러 이슈를 다뤄야 하는데, 이에 대해서는 나중에 이야기 하기로 한다). 그는 자신만의 잡-비즈니스를 갖기 위해 자신의 돈을 실제로 걸었다.

잡-비즈니스에는 돈, 시간, 노력이 소요되지만, 그렇다고 해서 자본 가치가 만들어지지는 않는다. 잡-비즈니스가 아닌 진정한 사업이라야 소유주인 당신은 당신으로부터 독립된 자본 가치를 소유할 수 있다. 나는 자본 가치야말로 사업을 하고자 하는 강력한 동기라고 생각한다. 자본 가치는 당신이 계속해서 사업을 전개하리란 가정을 전제로 하는 가치로서, 자산에서 부채를 뺀 값(즉, 자본 가치)이 0보다 크다면 사업체를 소유할 충분한 가치가 있는 것이다. 이 말은 당신이 (여러 해 동안 열심히 일한 후에) 갑작스레 사업에서 손을 뗄 수 있거나 사업체를 매각할 수 있다는 것을 의미한다. 그것이 바로 대부분의 성공적인 사업가들이 사업의 가치를 자본화함으로써 큰돈을 버는 방법이다.

당신은 사업가입니까

미래에 당신의 사업체를 매각하려면 팔릴 만한 사업을 가지고 있어야 한다. 이것은 당신 스스로 모든 일을 다 잘해서는 안 된다는 뜻이다. 당신이 '원 맨 밴드'이고 사업이 유지되는 유일한 이유가 당신의 인맥과 재능 때문이라면 당신의 사업을 사겠다고 나서는 사람은 아무도 없을 것이다. 어떻게 그럴 수 있겠는가? '토미 마사지 테라피'의 토미처럼 당신 자체가 사업의 전부라면, 당신 없이는 그 사업도 아무런 가치가 없을 텐데 말이다. 이러한 원 맨 밴드 사업은 당신이 충분히 자부심을 가질 만한 것이지만 언제 재정이 도산될지 모르는 상황에서 당신은 엄청난 스트레스를 느끼게 되고, 끝내는 '리스크와 그에 따른 보상'이라는 웅대한 계획도 실패로 돌아갈 가능성이 있다.

자본 가치를 창출하지 못한다면 당신은 가치 있는 사업을 만들어내지 못하는 것과 같다. 만약 당신이 스스로 일자리를 만들어낸다면(즉, 잡-비즈니스를 시작한다면), 당신은 자본 가치를 포기하는 것뿐만 아니라 잡-비즈니스를 하지 않았다면 가질 수도 있었을 직업보다 더 많은 시간과 에너지가 필요한 직업을 갖게 되는 것이다.

매우 많은 사업가들이 사업을 한창 진행하고 나서야 이러한 사실을 깨닫는다. 믿기 어렵겠지만 미국 내 약 2,800만 개의 소기업들 중 단지 한 명의 직원, 즉 소유주만으로 구성된 '개인 기업'은 2,170만 개에 달하는 것으로 추산된다. 1장 서두에서 언급한 사업의 성공 확률을 떠올려보면 이러한 잡-비즈니스 업체 중 상당수가 성공하지 못한다는 걸 알게 될 것이다. 사업가들은 자주 직업과 사업의 차이를 깨닫지 못하는데(또는 너무 늦은 후에야 깨닫는데), 이는 사업가가 진짜로 무엇을 하는지 파악하지 못하기 때문일 것이다.

아래의 '직업-사업 스펙트럼Job to Business Spectrum'은 당신이 어떤 게임에 참여하는지 이해하는 데 도움이 될 것이다. 스펙트럼의 오른쪽으로 갈수록 자본 가치와 상승 잠재력이 증가한다고 보면 된다.

| '직업 – 사업' 스펙트럼 |

	죠비Jobbie	잡-비즈니스Job-Business	진정한 사업
정의	직업이나 사업으로 가장한 취미	한 명 혹은 몇 명이 수행하는 사업. 그래서 규모가 크지 않고 자본 가치를 형성하지 못한다.	자본 가치를 가지며 특정 개인에 의존하지 않는 사업
장점	취미로 돈을 벌 수 있다. 시간 투자는 당신이 결정할 일이다.	보통 자본적 요건이 까다로운 사업에 비해 시작하기 쉽다. 개인적인 목표를 이룰 수 있게 해준다.	자본 가치를 창출하고 확장할 기회가 있다. 시간이 흐를수록 당신이 사업을 위해 일하는 게 아니라 사업이 당신을 위해 일하도록 만들 수 있다. 더 많은 사람들을 도울 수 있고, 목적을 이룰 수 있다.
단점	수입으로 생계를 유지할 수 없다. 이것을 진정한 사업이라고 오해할 경우, 불필요한 비용에 발목이 잡힐 수 있다.	자본 가치가 없다. 당신 자신이 바로 사업이기 때문이다. 당신이 사업을 위해 일하기 때문에 사업이 당신을 위해 일하게 만들기 어렵다. 리스크와 보상 간의 트레이드-오프(성취할 수 있는 것을 위해 포기하는 것)가 어긋날지 모른다.	충족해야 할 자본 요건들이 까다롭다. 리스크가 높다. 상당한 시간을 들여야 하고 스트레스가 많으며, 실행상의 어려움도 크다.

※ 주: 프랜차이즈를 소유하는 것은 잡-비즈니스와 진정한 사업 사이에 놓인다.

당신은 사업가입니까

당신이 어떤 게임에 참여하는지를 알게 됐으니, 지금부터는 게임을 수행하고 게임에서 이기는 데 무엇이 필요한지 배워야 한다. 또한 당신은 각 게임의 리스크와 보상을 이해했을 테니, 이제는 전혀 다른 게임에 참여할지 말지를 고려하고 싶을 것이다.

그렇다면 …… 사업가는 무엇을 할까?

■   물어보나마나 이 질문은 이미 답이 나와 있는, 멍청한 질문일 수도 있다. 하지만 사업가에 대한 가장 큰 오해는 이 질문과 관련이 있다고 해도 과언이 아니다. 대개 사람들은 사업가가 되면 대부분의 시간을 자신이 원하고 좋아하는 것을 하는 데 쓸 수 있고, 무언가에 시간을 쏟으면 그 결실로 사업가가 될 수 있다고 여긴다. 당신이 맞춤 보석 제작에 흥미를 느낀다면 보석 사업체를 창업할 수 있다고 생각할지 모른다. 그러나 실제로 사업가가 되는 일은 쉽지 않다.

기본적으로 사업가가 된다는 것은 여러 개의 모자를 써야 함을 뜻한다. 당신에게는 어떤 모자를 쓸지에 대한 선택권이 없다. 또한 당신이 그 모자들을 좋아하지 않는다거나 혹은 자신에게는 특정 모자가 어울린다고 생각해도, 경우에 따라서는 여러 모자를 바꿔 써야 한다. 제품을 잘 만들거나 훌륭한 서비스를 제공할 재능이 있다는 것이 경영에도 재능이 있다는 것을 의미하지는 않는다. 『내 회사 차리는 법』에서 마이클 거버는 이를 가리켜 '치명적인 가정'이라고 표현한다. 그는 이렇게 말한다. "어떤 사업의 기술적인 업무를 이해하는 것이 곧 그 사업을 이해하는 것이라는 생각은 오해다."

간단한 예를 두 가지 들어보자. 당신은 헤어드레서이고 훌륭한 미용실에서 일하고 있다고 가정하자. 당신은 커팅, 염색, 헤어 스타일링 등의 일을 좋아하지만 미용실 원장이 당신의 급여를 너무나 많이 깎아버렸다. 그래서 당신의 생각은 '내가 내 미용실을 연다면 좋아하는 일을 할 수 있고, 누구에게 지시받을 필요도 없으며, 버는 돈의 100%를 모두 챙길 수 있고, 직원을 고용하면 더 많은 매출을 올릴 수 있다.'라는 데 이른다!

이번엔 당신이 큰 회사에서 일하는 카피라이터라고 가정해보자. 회사가 당신이 행한 서비스의 대가로 고객에게 얼마의 금액을 청구하는지 알게 된 당신은 자신이 그 금액의 반도 급여로 못 받는다는 사실에 실망한다. 그리고 뒤이어 자신의 카피라이터 사업을 시작하여 계속 광고 카피를 쓴다면 더 많은 돈을 벌 수 있으리라 생각한다.

자, 이 시점에서 경고음을 울려야겠다. 왜냐하면 이것은 현실과 거리가 멀기 때문이다.

위의 두 가지 사례가 가진 공통점은 바로 '가정이 잘못되었다'는 것이다. 직원으로 있을 때나 사업을 시작할 때나 자신의 직업이 변하지 않을 것이라는(자기 자신과 더 높은 수입을 위해 좋아하는 일을 계속할 수 있다는) 가정은 엄청나게 잘못된 것이다. 당신이 사업을 시작한다면 당신의 직업은 이제 '사업체를 경영하는 것'이 된다. 현실이 그렇다.

사업체를 경영한다는 것은 기꺼이 돈을 지불하는 고객들을 찾기 위해 마케팅하고, 불만에 가득 찬 의뢰인에게 서비스를 제공하며, 직원들을 관리하고, 인건비를 감독하며, 전문 서비스 제공자들을 관리하고, 판매자 및 공급자와 협상하는 등의 많은 일들을 의미한다. 그래서 사업가가 되면 대개는 자신이 좋아하는 일을 예전보다 적게 할 수밖에 없다.

웨딩 및 이벤트 플래너이자 뉴욕 시에 위치한 '심플리 대즐링 이벤트 Simply Dazzling Events'란 회사의 소유주이기도 한 스텔라 인세라 Stella Inserra 의 이야기를 들어보자. 지난 5년간 그녀는 이벤트를 기획하고 설계하는 본연의 일을 하면서 스타일 네트워크 Style Network (미국 패션 전문 케이블 채널 - 옮긴이)의 히트 프로그램인 〈그것은 대체 누구의 결혼식인가? Whose Wedding Is It Anyway?〉와 〈결혼해버리기 Married Away〉에 출연했다. 그러나 사람들의 인지도와 찬사에도 불구하고 스텔라는 창업 시 자신이 할 수 있으리라 기대했던 것을 하지 못하고 있다. 그녀는 이렇게 말했다.

"저희 엄마는 '울타리 저편의 잔디가 항상 더 푸른 것은 아니다(남의 떡이 커 보이는 법이라는 뜻 - 옮긴이)'라고 제게 충고했었는데, 그 말이 옳았어요. 상투적인 말 같지만 사실이에요. 제가 웨딩사업으로 성공한 것처럼 보이지만, 결코 쉽지 않았답니다. 지금도 그런 건 마찬가지죠. 사람들은 웨딩 플래닝이 아주 화려한 일이라고 생각하지만 모든 사람이 상상하는 것처럼 그런 직업은 아니에요. 저는 관리, 마케팅, 블로그 작업, 인맥 구축, 판매, 장부 정리 등의 일에 제 시간의 90%를 온전히 바칩니다. 그런 뒤 남은 10%의 시간에는 어떻게 하면 창의적인 이벤트를 만들 수 있을지 고민하죠. 이것이 사업경영의 현실입니다. 웨딩 플래너가 되고자 하는 사람들은 테이블보, 청첩장, 꽃 장식 등 웨딩사업의 아기자기한 것들에 반하곤 하지만, 진실을 말하자면 웨딩사업은 몸으로 부딪치는 사업이에요."

그렇다. 스텔라의 말처럼, 헤어드레서가 미용실을 열면 직접 손님 머리를 만지는 시간은 줄어들 수밖에 없다. 신규 고객을 유치하기 위해 마케팅을 하고, 물품을 주문하며, 다른 헤어드레서도 충원하고, 모든 사람들이 가장 좋아하는 일인 회계 업무(보통 '장부 정리'라고 부르는)를 하느라 바쁘기 때문이다. 아침에 미용실 문을 열기로 했던 사람이 아프거나 지각하면 대신 가서 열어야 하고, 고객이 불편함을 이야기하면 그것을 해결하는 것도 자신의 몫이다. 또 비록 관리 업무를 담당하는 사람이 있더라도 모든 것이 올바르게 이루어지는지를 확인해야 한다. 남에게 책임을 전가할 수도 없거니와, 각 기능들이 잘 돌아갈 것이라 맘을 놓아서는 안 되니 말이다. 게다가 너무나 많은 조력자들을 뽑았다면 그들은 이익을 갉아먹을 것이고, 반대로 조력자의 수가 너무 적으면 주인은 더 오래 일해야 하고 미용실을 유지하느라 허덕일 수밖에 없다. 휴가를 가고 싶다 해도, 자신이 없는 동안 미용실 관리를 맡겨도 될 만큼 믿음직한 사람이 누구인지 재빨리 찾아야 한다. 일과가 끝나고 나면 자신이 좋아하는 일(손님의 머리를 손질하는 일)을 너무나 적게 하고, 사업체를 경영하는 데 많은 시간을 썼다고 느낄 수밖에 없다.

사업가가 된다는 것의 의미는 무얼까? 좋아하는 일에서 특별한 재능을 보여준다는 것과 그 사업을 잘 이해하고 있다는 것은 별개의 문제다. 창업하는 순간 당신은 원래 하고자 기대했던 것을 거의 하지 못하면서도 상상하지도 못했던 많은 일에 시간을 써야만 하는 자신을 만나게 될 것이다.

이것이 바로 사업가가 된다는 것이 의미하는 바다. 아, 물론 예전과 비슷한 정도 혹은 그보다 적은 돈을 벌기 위해 더 많은 시간을 일한다는 뜻일 수도 있겠다.

웨딩사업을 시작할 때 스텔라는 예전에 자신이 큰 조직의 음식 공급 매니저로 일할 때와 비슷한 돈, 아니면 좀 더 많은 돈을 벌게 될 것이라 예상했다고 한다. 그러나 그녀는 "그건 사실이 아니에요. 그런 위치에 이르기까지는 오랜 시간이 걸리죠. 매출은 훨씬 크지만 비용도 늘어났기 때문에 제 주머니로 들어오는 돈은 더 적습니다."라고 말한다. 성공했다고 인정받고 있는 지금도 그녀는 자신이 피고용자로 일했을 때보다 사업가로 일하는 지금 더 많은 시간을 일하고 더 적게 번다는 사실을 숨기지 않는다.

카피라이터 역시 마찬가지다. 일단 고객 유치를 위해 상당한 시간을 마케팅에 쏟아야 한다(똑같은 사람이라 해도 1인 기업으로 일할 때는 멋진 회사에서 일할 때보다 고객의 선택을 받는 것이 쉽지 않다). 많은 시간을 마케팅에 쏟는다는 것은 마케팅에 '전적으로' 시간을 쏟는다는 뜻이다. 의뢰인이 없다면 돈을 못 벌기 때문이다. 영업사원을 채용한다면 그 사원에게 나가는 인건비는 이익을 갉아먹는다. 웹사이트를 자주 업데이트해야 하고, 정기적으로 장부를 정리해야 하며, 분기마다 세금 관련 서류를 제출해야 하고, 브로셔를 디자인하고 인쇄해야 하며, 고용한 직원들을 관리해야 한다. 그래서 카피라이팅이라는 일 자체에 쓰는 시간보다 훨씬 많은 시간을 사업체 경영에 쏟게 된다. 잠시 쉬고 싶다 해도 예전 직장에서처럼 유급 휴가는 받지 못할 것이고, 휴가를 간다 해도 해변에 앉아 칵테일을 홀짝거리는 동안에는 아무도 당신 일을 해주지 않으니 결과적으로 돈도 들어오지 않을 것이다. 복리후생 요건(건강보험 등)을 충족시키는 어려움과 스트레스는 또 어떤가? 사업은 식은 죽 먹기가 아니에요, 여러분!

자, 핵심은 이렇다. 당신이 무언가 몸소 하는 것(헤어컷, 글쓰기, 자동차 정비 등)을 좋아한다면, 실제 그 일에 대부분의 시간을 쏟는 것이 당신의 행복을 극대화하고 잠재적으로 당신의 지갑을 보호하는 길이다. 사업체를 경영하겠다는 생각이 간절하다면 사업가란 직업을 받아들여야 한다. 사업가는 머리를 자르거나 신발을 팔거나 광고 문안을 작성하는 등의 일을 하는 사람이 아니다. 다시 말하지만, 사업가의 일은 '사업체를 경영하는 것'이다.

이제 당신이 지닌 환상적인 사업 아이디어로 돌아가자. 당신이 그 아이디어로 돈을 벌고자 한다면, 조직을 구축하고 시스템과 절차를 마련해서 누구라도 담당할 수 있게 해야 한다. 하지만 그렇게 만드는 것은 모두 당신의 임무다. 물론 쉽지는 않다(당신이 잘하는 것을 당신과 동일한 방식으로 수행하도록 누군가를 가르쳐본 적이 있는가?). 그런 조직과 시스템, 절차를 마련하는 동안 당신이 좋아하는 것을 언제나 할 수 있는 것도 아니다. 당신은 당신이 생각할 수 있는 모든 것은 물론 당신이 상상한 적 없었던 수많은 일들까지 해야 하니 말이다.

창업하거나 사업체를 인수하거나 아니면 프랜차이징하는 것이 당신의 문제를 해결하는 방법인가? 아니면 새로운 종류의 문제를 떠안는 것인가? 이 질문에 대답할 수 있는 사람은 오직 당신뿐이다.

'기본 동기 목록' 만들기 : 파트 1

아래에 제시된 표를 가이드 삼아 당신이 왜 사업하기를 원하는지 먼저 생각해보라.

A	B
빨리 부자가 되고 싶다.	잠재적인 리스크와 보상은 내게 적절한 수준이다. 내가 위험에 처할 때에도 매년 상당히 크게(100%, 200%, 300% 이상) 성장할 수 있는 기회가 있다.
현 직업이 지루하게 느껴지고 성취감을 주지 못한다.	시장에는 어떤 솔루션에 전혀 신경을 쓰지 않는 고객이 있는가 하면 그 솔루션에 기꺼이 호주머니를 여는 고객이 있다.
매일 내가 좋아하는 일을 더 많이 할 수 있을 것이다.	나는 상황에 따라 여러 역할을 수행하기를 좋아하고, 사업의 모든 측면을 관리하는 일은 내 스킬과 경험에 딱 맞는다.
항상 '그 일'을 하고 싶었고 지금도 그렇다.	나는 다른 이와 비교할 수 없을 정도의 경험, 지식, 인맥을 가지고 있으므로 이 시장에서 영향력을 발휘할 최강의 후보다.
더 많은 자유시간을 원한다.	이러한 노력이 성공으로 연결되는 데 필요한 모든 것을 하고 싶다.
뭔가 멋진 일로 유명해지고 싶다.	다른 사람들에게 긍정적인 영향을 미치고 싶다.
누구의 지시도 받지 않고 독립적으로 일할 수 있다.	나는 고객에게 서비스하는 일을 즐길 것이다. 고객의 생활이 더 나아지고 고객이 내 사업에 애정을 느끼도록 만들기 위해 고객에게 뛰어난 서비스를 제공하고 싶다.
모든 사람이 돈을 버는, 새롭고 '핫한' 영역에서 한몫 잡고 싶다.	독특한 경쟁 우위를 가진 영역에서 경쟁하고 싶다.
나는 한 가지 놀라운 아이디어가 있다.	상당한 투자 이익을 산출하는 탄탄한 사업모델을 가지고 있다.

1. A와 B에서 당신이 사업하는 이유(동기)와 가장 가까운 것들을 동그라미로 표시하라.

2. 동그라미로 표시한 것들을 보면서 스스로에게 이렇게 물어라.
   - A와 B 중 어느 곳에 동그라미가 더 많은가?
   - 당신이 표시한 동기는 시장이 원하기 때문에 생긴 것인가, 아니면 당신 삶에서 무언가
     가 결여됐기 때문에 나온 것인가?
     B는 사업동기로서 바람직한 것들이지만, A는 합당한 사업동기라고 보기에 의심스러운
     것들이다. A에 동그라미가 많을수록 당신은 비현실적인 가정에 휘둘리고 실패를 자초
     할 가능성이 크다.

3. 앞의 표에서 동그라미로 표시한 동기들과, 표에는 없는 것이라도 당신이 생각하는 사
   업동기가 있다면 종이 한 장에 모두 적어보라. 이것이 기본 동기 목록의 최초 버전
   이다.

이 책을 읽는 동안 이 목록을 가까이 두고 당신의 가정들이 가지는 현실성을
계속 평가해보라. 그리고 만약 당신의 새로운 사업이 목적을 달성하는 데 있
어 최상의 방법이라면, 그 사업을 수행하는 동안 비현실적이라고 생각되는
동기들은 언제라도 지워나가라.

5

'보스가 된다'는 환상

사업가를 꿈꾸는 사람들에게 왜 창업을 원하는
지 물어보면 아마도 스스로 보스가 되고 싶어서, 즉 '누구의 지시도
받지 않고 독립적으로 일하고 싶어서'란 대답을 가장 많이 들을 것이
다. 자신을 위해 일한다는 말은 아메리칸 드림을 뜻하는 또 다른 정의
인 듯한데, 특히 미국 전역의 여러 중소기업에서 일하는 사람들에게
는 더욱 그렇다. 만약 당신이 〈더 오피스The Office〉에서 마이클 스
콧Michael Scott 역으로 나오는 스티브 카렐Steve Carell이란 배우를 본 적이
있다면, 독립해서 일한다는 것은 이해하기 어려운 꿈이 아니다. 이 영
화에서 마이클은 종이유통회사 던더 미플린Dunder Mifflin의 스크랜
턴Scranton 지사에서 일하는 지역관리자다. 그는 상사 때문에 괴로워하
는 여러 유형의 사람들 전체를 대변하고, 특히나 무능한 상사를 모시

고 있는 똑똑한 직원들의 좌절감을 여실히 보여준다.

직원들이 느끼는 좌절감은 '피터의 원리'라는 말로 설명된다. 이 말의 의미는 로렌스 피터Laurence J. Peter 박사와 레이먼드 헐Raymond Hull이 1968년에 쓴 『피터의 원리The Peter Principle』에 다음과 같이 설명되어 있다. "조직의 서열 구조에서 모든 직원들은 자신의 무능함 수준까지 승진하는 경향을 보인다." 이 원리는 또한 전형적인 기업 조직(기업의 계층적 서열을 생각하라)의 직원들은 일을 잘하거나 적어도 어떤 일을 능숙하게 수행한 것에 대한 보상으로 승진한다고 말한다. 결국 각 직원들은 자신이 더는 일을 잘할 수 없는 위치('무능함의 수준')까지 승진하고, 그 위치에 영원히 정체된 채 더는 위로 올라가지 못한다. 더 나아가 피터의 원리는 "머지않아 모든 자리는 자신의 임무를 제대로 수행하지 못하는 무능한 직원들로 채워지는 경향이 있"고, "조직에서 진짜로 일하는 직원들은 무능함의 수준까지 아직 이르지 못한 이들"이라고 말한다.

그래서 당신이 회사에서 일하는 동안, 회사의 서열 사다리는 어느 순간 좋은 관리자와 상관이라고 말할 수 없는 무능력한 상사들이 점령하고, 의심할 여지도 없이 직원들은 좌절감을 느낄 수밖에 없다.

무능한 사람과 일하는 것은 절대 재미있을 리 없다. 특히 그 사람이 당신의 상사라면 더욱 그렇다. 이러한 상황에서 빠져나오는 방법은 자신을 위해 일함으로써 '무늬만 보스'인 상사를 제거하는 것이라고 생각할 수도 있다. 당신은 '내가 왕이다!'라고 쓰인 티셔츠를 입고 뛰어다니는 꿈을 꾸고, 모든 사람이 당신에게 복종하게 만드는 힘을 지닌 요술 지팡이(광선검처럼 생긴)를 휘두르는 자신의 모습을 상상한다. 당신은 모든 사람에게 언제 무엇을 할지, 그리고 그 일을 하는 동안 어떤 태도를 보여야 하는지 이야기한다. 이제 보스이고 권력을 손에 쥐었으니, 당신이 "뛰어!"라고 하면 그들은 "얼마나 높이 뛸까요?"라고 묻는다. 진짜 그럴까? 천만에!

'보스가 된다'는 환상

■　　　　　　　　　믿을 수 없을 정도로 무능한 상사나 동료와 함께 일한다 하더라도, 회사에서 당신이 버는 돈에 직접적 혹은 지속적으로 영향을 미치는 사람은 그리 많지 않다. 당신이 사무실에서 고의로 남을 방해하는 아주 예외적인 사람이 아니라면, 대부분의 경우 당신의 경력과 급여에 실제적인 영향을 끼치는 사람들은 몇 명 있기 마련이다. 아마 당신의 직속상사가 그런 사람일 테고, 회사의 크기에 따라 다르겠지만 보상위원회나 그룹장 혹은 사업부장이나 사장 또한 그런 사람일 것이다. 이들에게는 당신의 일정, 급여, 같이 일할 동료, 프로젝트 등을 결정하고 계속 당신을 고용해야 하는지의 여부를 판단할 권한이 있다. 그게 전부다. 그것이 당신에게 미치는 그들 권한의 최대치이며, 만약 일이 잘 풀리지 않으면 당신은 회사를 그만두고 다른 직장을 찾는다. 취직할 곳을 찾기까지 소요되는 '돈 못 버는 시간'을 감수하면 그만이다.

그러나 직원들은 '남의 떡이 커 보이는' 증상을 보이면서 '내가 보스가 되면 얼마나 좋을까?'라는 헛된 꿈에 빠진다(꿈이라고 말하는 까닭은 현실과 거리가 멀기 때문이다). 그리고는 '멍청한 인간들과 일할 필요가 있을까?'란 생각에 이른다. 그렇지 않은가? 그러면 당신은 자신만의 의제를 주도할 수 있고 주위에서 가장 훌륭하고 가장 똑똑한 사람들과 같이 일할 수 있을 테니 말이다. 결국 무능한 바보는 당신의 '왕국'을 담당할 수 없을 테고 당신은 당신의 영역에서 주인이 될 것이다. 진짜 그럴까? 설문 결과는 말한다('삐~' 하는 버저음이 울리면서) "당신은 또 틀렸다."라고.

'남의 떡이 커 보이는' 증상의 문제는 그게 착각이라는 데 있다. 당신이 멀리서 그 떡을 볼 때는 실제보다 커 보이겠지만, 가까이 다가가면 그 떡은 그리 크지 않을 뿐더러 푸르스름한 곰팡이까지 피었다는 것을 알게 된다.

그러므로 '내가 창업하면 누구의 지시도 받지 않고 독립적으로 일하며 누구에게도 응할 필요가 없을 것'이라는 가정은 결국 '남의 떡이 커 보인다.'라는 말과 같다. 이것을 현실에서 깨닫는 경우는 그리 많지 않다. 사업을 시작하면 당신이 '모셔야 할' 사람이 더 많아진다. 그렇다. 당신은 더 많은 사람들을 대응해야 하고, 더 많은 사람들이 당신의 미래와 당신의 급여에 영향을 미친다. 당신에게 있어 그들은 회사에 다닐 때의 그 어떤 상사들보다 더 큰 영향을 끼치는 사람들이다.

> 사업을 시작하면 보스가 될 거라는 생각은 심각한 착각이다. 당신이 '모셔야 할' 사람은 더 많아지고, 당신의 급여와 미래에 영향을 미치는 사람은 기하급수적으로 늘어난다.

어떻게 그럴 수 있냐고 당신은 묻고 싶을 것이다. 그러니 이제부터 사업체의 소유주로서 당신이 모셔야 할 사람들에 대해, 그리고 그들이 어떻게 당신에게 영향을 미치는지에 대해 이야기해보자.

고객은 당신의 보스다

■   나는 항상 '회사의 가장 중요한 자산은 고객'이라고 말하는데, 이 책에서도 여러 차례 반복해서 이야기할 것이다. 고객이 없다면, 엄밀히 말해 당신에게 돈을 치르는 고객이 없다면, 당신은 사업을 하는 것이 아니다. 고객이 없는 사업이란 불가능하다. 이는 당신의 고객이 믿을 수 없을 정도로 강력한 힘을 가졌음을 뜻한다. 고객은 당신을 지배한다. 사업체를 소유하는 것이 스스로 보스가 되는 길이라고 믿는다면 그만 잊어버려라. 고객은 제1의 보스다. 예외는 없다.

당신이 예전에 가장 무능하고 끔찍하며 멍청하고 지긋지긋한 상사들과 일해본 적이 있다 해도 그들은 당신의 새로운 보스, 즉 당신의 고객 앞에서는 명함도 내밀지 못한다. 당신의 사업이 최종고객에게 서비스하는 일(즉, B2C)이라면 더욱 그러하다(하지만 B2B라고 해서 녹록한 것은 아니다). 거의 18년간 고객에게 제품과 서비스를 판매하는 사업을 했던 내 경험을 말해준다면, 고객이라는 집단은 당신의 상상을 초월한다.

고객 서비스 분야에서 일하는 사람과 이야기해본 적 있는가? 만약 현재 당신이 직업상 고객과 직접적으로 일하지 않는다면, 사업을 시작하기 전에 고객 서비스 담당자와 이야기를 나눠볼 것을 권한다. 어떤 고객들은 뻔뻔스럽게도 당신에게 사기를 치고 당신에게서 뭔가를 훔치려고 한다. 나는 많은 고객 서비스 담당자들과 이야기를 나눠봤는데, 하나같이 그들은 개가 물어뜯어 놓은 제품을 불량품이라고 우기며 환불을 요구하는 고객들에 대한 일화를 쏟아냈다. 욕실 및 주방용품 소매업체에서 일하는 서비스 담당자들은 매년 크리스마스 직후에 고객들이 이미 사용한 크리스마스용 테이블보를 엄청나게 반품한다는 이야기를 내게 들려주었다. 심지어 어떤 고객은 모양이 이상한 자기 집 식탁에 맞추려고 테이블보를 변형시키다 잘되지 않자 "내게 맞지 않아요."라며 환불을 요구하기도 했다고 한다.

당신에게 돈을 지불하지 않으려는 고객도 있을 것이고, 당신에게 깐깐하게 구는 고객, 자기가 망가뜨리고서는 고장이 났다며 제품을 반품하려는 고객, 박스에서 제품을 꺼낸 뒤 그 대신 엉뚱한 것을 집어 넣고서 전액을 환불받으려는 고객도 있을 것이다. 자신을 대하는 태도가 못마땅하다는 이유로 신용카드 청구액에 이의를 제기하는 고객, 당신이 제공하는 음식이 너무 식었다며 밥값을 내지 않겠다거나 깎아달라는 고객도 있을 수 있다. 당신에게 줄곧 전화해서 너무나 외롭다고 하소연을 늘어놓거나 이메일로 개인적인 문제들(당신의 사업과 아무런 관련이 없는)을 시시콜콜 적어 보내는 등 당신이 어디로 도망가지 못하게 꽁꽁 묶어버리려는 고객도 있을 것이다.

당신이 5월 1일부터 6일까지 하나의 품목에 50%를 할인해준다는 쿠폰을 이메일로 보낸다면, 수십 명의 사람들이 답장을 보내와 언제까지 할인 행사가 지속되는지, 자기네들에게 얼마나 이득이 있는지, 심지어 5월 10일에 구입해도 할인이 되는지 물어볼 것이다. 무슨 말인지 짐작되는가? 이 사람들 모두가 당신의 새로운 보스들이다. 당신은 운도 좋다! 사업가가 되어 이제 이런 사람들을 위해 일하게 됐으니 말이다!

내가 가장 좋아하는 에세이가 있는데, 그 글은 당신이 직면할 수 있는 완벽한 사례에 해당한다고 볼 수 있다. 조너선 리^{Jonathan Lee}가

1990년대 중반에 〈워싱턴 포스트Washington Post〉에 기고한 글인 '항공사 대리점의 예약Reservations of an Airline Agent'이 바로 그것이다. 그는 이 글에서 고객에게 항공 예약을 대신해주던 자신의 과거 경험을 이야기하는데, 다음은 그 글의 일부다.

어떤 여자 손님이 있었는데, 그녀는 시카고와 워싱턴을 오가는 비행기에서 옷을 왜 갈아입어야 하는지 알고 싶어 했다(그녀는 누군가로부터 두 도시를 오갈 때 뭔가 변화가 있다고 들었다). (…) 뉴욕에서 온 어떤 여성에게 애리조나의 어느 도시에 가고 싶냐고 물었더니, 그녀는 "아, 애리조나가 큰 곳인가요?"라고 되물었다. (…) 또 다른 여성은 단도직입적으로 뉴욕 주의 히포포타무스Hippopotamus에 곧장 가고 싶다고 말했다. 그런 도시는 없다고 이야기하자 그녀는 격분하며 그곳은 큰 공항이 있는 대도시라고 맞받아쳤다. 나는 히포포타무스가 올버니Albany나 시러큐스Syracuse 근처냐고 물었지만, 그녀는 아니라고 답했다. 나는 다시 그곳이 버팔로Buffalo 부근이냐고 물었는데, 그녀의 대답이 걸작이었다. "그게 덩치 큰 동물이란 건 나도 알아요!"

나는 당신에게 온라인에서 이런 이야기를 찾아 읽어볼 것을 강추한다(이런 이야기만을 모아놓은 공식적인 URL은 없다. 여기저기 흩어져 있으니까. 구글로 찾아보라). 그 이야기들은 당신이 고객을 대하는 과정에서 언젠가 맞닥뜨릴지 모를 '보석' 같은 사례들이다.

분명 당신은 고객은 항상 '옳다'는 말을 들어본 적이 있을 것이다. 이런 말이 나오는 까닭은 고객은 항상 자신이 옳다고 믿기 때문이고, 고객이 옳다는 것을 당신이 받아들이지 않는다면 고객은 곧 '비非고객'이 될 것이기 때문이다. 또한 기존 고객이든 잠재적인 신규 고객이든 구분할 것 없이 고객은 자신이 아는 모든 사람들에게 당신의 험담을 할 것이다. 어떤가? 이제 당신은 항상 자신이 옳다고 믿는 여러 명의 각기 다른 보스들을 모시게 된다. 그 보스들이 실제로 옳든 옳지 않든 간에.

이런 것쯤이야 거대한 체계 속에서 빈번하게 발생하는 짜증스러운 일에 불과하다고 생각한다면, 왜 당신의 고객이 최상의 보스여야 하는지 더 알아보자. 고용되어 있는 동안 당신과 당신의 급여, 그리고 당신이 함께 일하게 될 사람에 대해 영향력을 행사하는 당신의 상사나 전 직장의 고용주들과 달리, 고객들은 더욱 막강한 권한과 영향력을 가지고 있다. 직장에서 해고되면 당신은 봉급을 받을 수 없겠지만, 해고된다 해도 금세 자신을 추스르고 다른 직장을 알아볼 수 있다. 그러나 고객이 당신을 해고한다는 것은 그들이 더는 당신의 사업을 이용하지 않겠다는 뜻인데, 만일 그렇다면 당신은 쉽사리 다른 대안을 찾을 수 없을 뿐더러 봉급을 잃는 것보다 더 큰 리스크에 처하게 된다. 고객이 당신의 사업을 찾지 않는다면 당신의 수입이 위태로워지는 것은 물론이고, 사업에 쏟아부었던 투자금 전체와 사업자금을 융통하기 위해 설정했던 모든 담보물들 역시 위태로워진다. 고객은 회사 내의 그 어떤 상사들보다 더욱 막강한 권한과 확고한 통제력을 당신에게 행사한다.

마이클 포트가 『배짱으로 서비스하라』에서 '빨간 벨벳으로 만든 로프 정책'이라고 명명했듯이, 당신은 당신이 서비스할 고객이나 의뢰인을 골라냄으로써 그들에게 어느 정도 통제력을 발휘할 수 있다. 이런 과정을 통해 몇몇 잠재 고객 혹은 기존 고객과의 관계를 솎아내버

당신은 사업가입니까

릴 수 있지만, 그럼에도 사업을 유지하려면 당신에게 돈을 지불하는 고객 기반이 필요하다. 그리고 그러한 고객들은 당신의 경영방식에 계속해서 영향을 미칠 것이다. 당신의 방식이 자신들의 취향과 맞지 않으면 그들은 그 방식을 지지하지 않을 것이기 때문이다. 그렇기 때문에 고객은 여전히 당신 사업의 미래를 결정하는 중요한 위치에 있거나 적어도 일정 수준 이상의 통제력을 발휘한다. 당신의 고객이 소비자이건 혹은 다른 누구이건 간에, 이것은 있는 그대로의 사실이다.

만약 당신이 상사를 좋아하지 않는다면 부서 이동을 요청하거나 회사를 그만두고 다른 직장을 알아볼 수라도 있지만, 고객을 좋아하지 않는다 해도 바로 사업을 때려치울 수는 없다. 당신은 이미 재무적으로, 또 감정적으로 얽매인 상태이고 자기 자신을 사업에 헌신했기 때문이다. 한 명, 두 명, 혹은 손가락으로 꼽히는 보스들을 각자 자신만의 의제를 지닌 수십, 수백, 수천, 수백만 명의 보스들과 교환하는 모습을 상상해보라.

직원들도 당신의 보스다

■   당신에게 자녀가 있다면, 당신은 부모이자 가장으로서 가정을 통제해야 함에도 실제로는 그렇게 못한다는 것을 이미 깨달았을지 모른다. 그러나 아이들은 당신을 통제한다. 아이들은 당신의 행동에 영향을 미치고, 보통 당신은 자신의 요구를 우선시하기보다 아이들의 요구에 부응해야만 한다.

당신이 데리고 있는 직원들은 많은 부분에서 당신의 아이들과 비슷하다. 표면적으로 보면 당신이 보스이고, 직원들의 고용 여부에 대해서도 최종적인 발언권을 가진다. 그러나 여러모로 당신은 자신만의 요구를 우선하기보다 그들의 니즈에 부응해야만 한다. 생산성을 위해 직원들이 따를 절차를 제시해야 하고, 만약 직원들이 일을 엉망으로 만들면 그 상황도 수습해야 한다. 직원들이 출근하지 않으면 당신은 그들을 대신해야 하고, 때로는 직원들의 심리를 상담해주면서 기대어 올 수 있도록 어깨도 내줘야 한다. 직원들이 행복하지 않으면, 그들은 (노동쟁의, 태업 등의 방법을 통해) 당신의 사업을 사정없이 망가뜨릴 수도 있다.

그렇다. 당신은 직원들의 고용 여부를 통제하지만, 그들은 자신들의 성과를 통해 사업의 성공과 이익 창출 여부를 통제한다. 아, 그리고 그들은 당신보다 먼저 봉급을 받는다. 그렇다면 실제로 누가 누구를 위해 일하는 사람일까?

투자자도 당신의 보스다

■ 　　　　　　자신만의 돈으로 사업자금을 댈 수 있는 사업가들은 많지 않다. 즉, 대분분 사업을 시작하고 사업운영을 지속하기 위해 어느 정도 외부자금을 필요로 한다. 사실 대규모 사업체들 역시 진행 중인 여러 기능들을 관리하기 위해 외부자금(은행 대출금 등)을 사용한다. 자신만의 돈으로 사업이 100% 운영되는 데 필요한 자금을 댈 수 없어서 몇몇 외부자금을 끌어들인다면 그 투자자들과 대출기관들 역시 당신의 보스다.

신생 기업에 투자하는 투자자들은 두 그룹으로 나뉜다. 첫 번째 그룹은 '순수한 투자자'들로, 당신을 알거나 당신을 아는 누군가의 친

당신은 사업가입니까

구, 가족 구성원, 친척들이다. 이들은 당신의 사업을 잘 알지는 못하지만(어쩌면 전혀 이해하지 못할지도 모른다) 아마도 당신을 신뢰하거나 당신의 사업 아이디어와 사업모델에 반했거나, 아니면 주위의 보이지 않는 압력(누군가 투자하면 따라서 투자하는 경우) 때문에 당신의 사업에 투자한다.

이 사람들은 투자자로서 당신 사업의 공동 소유주가 된다. 매일 당신과 함께 일하는 것은 아니지만, 당신이 자신들의 돈을 사용하기 때문에 그들은 정기적으로 상황을 전달받기를 원한다. 더불어 자신들의 시시한 아이디어(노래하는 플라스틱 물고기를 벽에 매달면 가게가 훨씬 좋아 보이지 않을까?)가 채택되기를 바랄지도 모른다. 설상가상으로 그들은 당신의 사무실이나 사업장에 찾아와 죽치고 앉아 있기를 원할 수도 있다. 게다가 자기 친구들까지 데리고 와서 자신들이 투자한 회사를 자랑하거나, 제품과 서비스를 공짜로 달라거나 할인해달라고 요구한다. 당신은 이런 사람들을 일일이 상대할 수밖에 없을 것이다. 당신 사업의 공동 소유주인 그들을 무시할 수는 없기 때문이다. 사업에 대한 지식이 부족한 그들은 당신의 시간을 상당 부분 차지할 것이고, 최악의 경우 당신에게 말도 안 되는 요구를 할 것이다.

두 번째 투자자 그룹은 엔젤 투자자나 벤처 캐피털 투자자라는 형태로 존재하는 이른바 '전문 투자자'들이다. 언론으로부터 대대적인 스포트라이트를 받는 어엿한 투자자들로서 수많은 잡지 기사와 뉴스 프로그램을 장식하는 그들은 모든 신생 기업들 중 극히 일부에게만 자금을 지원한다. 예를 들어 벤처 캐피털 회사들은 매년 전체 업체 중 1%에 해당하는 기업에게만 자금을 댄다. 종종 그들의 투자는 엄청난 성공을 거두기도 한다(물론 전문 투자자들의 포트폴리오에 속한 대부분의 회사들은 성공하지 못한다). 이 투자자들은 두 가지 측면을 중시한다. 첫째는 경영자의 강점(그리고 사업가가 사업을 성공시키는 데 필요한 것들을 가지고 있다는 믿음)이고, 둘째는 기회의 규모다. 그들은 엄청나게 성공할 잠재력을 지닌 사업모델이라는 믿음을 가져야만 비로소 기업에 투자한다. 투자 포트폴리오 내에서 한 기업이 엄청난 성공을 거둬야만 나머지 기업들의 실패를 벌충할 수 있기 때문이다.

이제 전문 투자자들은 말 그대로 '전문가'여야 하기에 자신들이 투자한 기업들을 주의 깊게 바라봐야 하고, 투자받은 기업들은 그들에게 많은 정보를 제공해야 한다. 전문 투자자들은 기업을 경영하지는 않지만(그들의 일이 아니므로) 투자자로서 해야 할 일을 엄격히 수행한다. 사업이 정상궤도를 벗어나는 순간, 즉 당신이 애초에 기대했던 대로 빨리 성장하지 못하거나 예상보다 비용 지출이 더 큰 상황이 발생하면(이것은 매일 대부분의 기업들을 괴롭히는 전형적인 이슈다), 전문 투자자들은 당신에게 그 이유를 설명하라고 요구할 것이다. 또한 이런저런 조언도 할 것이고 사업을 더 잘 경영하는 데 필요한 것들을 당신에게 말해줄 것이며, 사업이 개선되지 못하거나 개선되더라도 그것이 원하는 수준에 미치지 못하면 뭔가 조치를 취할 것이다.

대부분의 전문 투자자들은 자신들과 자신들이 대리하는 투자자들의 이익 보호를 위해 상당한 권리(이사회에서의 권한, 의결권 등)를 보장받지 않고서는 기업에 투자하려 하지 않는다. 그들은 재량에 따라 회사의 경영진을 쫓아내거나 교체할 수 있는 권리를 거의 예외 없이 요구한다. 그렇기 때문에 당신이 문제를 여러 번 발생시킨다면 투자자들은 정말로 당신을 회사 밖으로 쫓아낼 것이다! 이것은 당신에게 심각한 딜레마일 수밖에 없다. 전문 투자자들의 명성, 개입과 관여 그리고 투자금 덕분에 많은 혜택을 입기도 하지만, 그 혜택은 리스크 없는 공짜가 아니기 때문이다. 그들은 당신에게 도움을 주는 순간부터 당신이 복종해야 할 보스임이 분명하다. 실제로 그들은 사업성과가 재무적 예상치를 만족하지 못하면 당신을 해고할 수도 있다는 조건을 투자계약서에 명시할 뿐만 아니라, 여느 보스들과 마찬가지로 당신에게 운영에 관한 책임을 지라고 여러모로 압박을 가한다.

만약 당신이 사업을 위해 대출을 받았다면, 대출기관도 그 즉시 당신의 보스가 된다. 대출기관들은 어느 정도는 회사(혹은 소유주) 자산에 대한 권리를 주장하려는 목적으로 자금을 대출해준다. 이 말은 곧 사업이 '망할' 경우 대출계약상 그들이 회사 자산에 대해 가장 먼저 청구할 권리를 가짐을 의미한다. 대부분의 신규 사업체들은 자산이나 업력이 보잘것없기 때문에 많은 대출기관들은 사업체 소유주에게 개인적으로 대출금에 대한 보증을 서라고 요구한다.

개인적인 보증은 말 그대로 회사가 대출금을 갚지 못할 경우, 또 사업이 어떤 영역에서 고전을 면치 못하는 상태에서 당신이 대출계약의 세부 조건을 준수하지 않는 경우가 발생하면, 당신 개인 돈으로 대출금을 갚거나 회사 자산을 이양하겠음을 약속한다는 뜻이다. 그래서 보통 대출기관들은 당신에게 집과 같은 개인 자산을 담보물로 제시할 것을 요구한다. 만약 사업이 곤경에 빠지면 당신의 급여는 물론이고 회사의 모든 자산, 당신이 회사에 쏟아부은 돈, 당신의 집과 같은 대출 담보물들 역시 위태로워진다.

고로 대출기관도 당신의 보스임이 틀림없다. 당신은 이 보스를 적절하게 응대해야 하고 모든 것을 잃어버릴 수 있다는 각오를 해야 한다.

프랜차이즈 업체도 당신의 보스다

■   나는 사람들에게 사업가가 되려면 천천히 그리고 체계적으로 접근하라고 항상 강조한다. 그렇다고 모든 시간을 작전을 짜는 데 쏟아붓기 전에는 절대 행동으로 옮기지 말아야 한다는 것은 아니다. 하지만 당신이 사업을 진행하는 동안 적절히 피드백해주고 사업을 평가해주는 일련의 단계는 때때로 필요하다. 프랜차이징은 사업가들이 신규 사업 프로세스의 방향을 찾도록 여러 가지를 안내한다(건실하고 성공한 프랜차이즈 업체의 프랜차이징을 한다고 가정해보라). 프랜차이징은 사업 투자 리스크를 제거까지는 못해도 상당 부분 그 리스크를 줄여준다. 그러나 리스크가 줄어드는 만큼 사업 진행 과정에서 가맹점의 성장 잠재력뿐만 아니라 선택과 의사결정도 제한을 받는다.

이것이 의미하는 바는 당신이 누구의 지시도 받지 않고 독립적으로 일하지 못한다는 것이다. 당신은 절대로 그렇게 될 수 없다. 당신의 위치를 가장 잘 표현하는 말은 '직원과 사업체 소유주 사이의 중간'이다. 스스로 자신의 보스가 되겠다는 것이 창업을 원하는 당신 이면에 존재하는 동기라면, 프랜차이징을 통해서는 그 동기를 완전히 충족시킬 수 없다. 앞서 제시한 '직업-사업 스펙트럼'에서 봤듯이, 가맹점주는 잡-비즈니스와 사업의 중간에 놓인다.

가맹점주로서 당신은 모^母회사에서 정한 여러 규정을 따라야 한다.

모회사는 브랜드, 제품, 서비스, 그리고 모든 가맹점에서의 고객 경험을 표준화함으로써 고객들이 뉴멕시코의 앨버커키^{Albuquerque}의 가맹점에서든 뉴저지의 캠던^{Camden}이나 워싱턴의 시애틀^{Seattle} 가맹점에서든 항상 동일한 경험을 하도록 만든다. 또한 여러 영역에서 당신의 의사 결정권을 없앰으로써 당신이 매일매일의 운영에만 집중할 수 있도록 한다.

프랜차이즈 업체가 가맹점들에게 의무적으로 따르라고 규정하는 것들에는 매장의 위치와 규모, 간판, 종업원 인원, 제품 공급자, 유니폼, 가격, 각종 절차, 마케팅 관행, 운영 시간, 교육, 사업의 지속적 개선 등이 있다. 프랜차이즈 업체들은 가맹점을 대상으로 종종 감사를 벌이거나 점검 활동을 하며 '비밀 고객^{Secret Shopper}'에게 몰래 서비스를 이용하도록 해서 가맹점들이 자기들이 정한 수준에 도달해 있는지 살필 것이다. 그들은 자신들의 비전을 설파하며 당신에게 그것을 따르라고 요구할 것이다. 당신의 매출이나 이익의 일부를 가져가면서 말이다. 또한 당신이 자신들의 규칙과 표준을 따르지 않을 경우 프랜차이즈 계약을 바로 해지할 수 있는 권한을 지니고, 당신이 향후에 가맹점을 누군가에게 팔려고 할 때 영향력을 행사하거나 그 방법에 제한을 가할 수도 있다. 그렇기 때문에 당신이 '대장'이 되어 누구에게도 복종하고 싶지 않다면, 프랜차이징은 당신에게 그다지 매력적인 대안이 아니다.

모든 사람들 역시 당신의 보스다

■　　　　　　　　고객, 직원, 자본 파트너, 프랜차이즈 업체만이

사업을 운영할 때 당신이 보스로 '모셔야 할' 사람들 전부라고 생각한다면 큰 오산이다! 사업을 진행하는 동안 당신이 따라야 할 보스의 명단은 계속 늘어난다. 당신이 사무실과 소매점을 열면 건물주는 당신이 준수해야 할 규칙과 제약조건을 알릴 것이다(소매점의 경우, 매장을 오픈하는 시각과 취급 가능한 상품까지 규정하려 할지 모른다). 물론 건물주들 역시 돈을 원하기 때문에 당신이 제때 임대료를 주지 않으면 당신을 쫓아낼 것이다. 공급자(벤더)도 당신의 보스 역할을 맡는다. 공급자들은 언제 물건값을 치러야 하는지, 무엇을 주문할 수 있는지, 왜 자신들이 마감일에 맞출 수 없는지, 심지어 자신들이 하기로 약속한 것을 언제 지킬 수 있는지 등을 당신에게 말한다. 규제기관들은 당신에게 서류 업무를 요구하고, 허가를 받도록 하며, 그 밖의 규칙과 규정들을 준수하라고 한다. 당신이 번 돈의 일부를 세금으로 납부하라고 요구하는 것은 말할 필요도 없다. 자, 당신은 무엇을 배웠는가? 당신이 사업을 시작하자마자 셀 수 없이 많은 사람들이 허구한 날 당신에게 무엇을 해야 하는지 일러준다. 아마도 이것은 당신이 사업을 시작할 때 처음 기대했던 미래는 아닐 것이다.

앞 장에서 언급했던 스텔라 인세라는 그녀가 심플리 대즐링 이벤트라는 회사를 설립할 때 '스스로 자신의 보스'가 될 것이라 생각했다. 그녀는 "대부분의 사람들은 웨딩 플래닝이 아기자기한 것을 디자인하는 일이라 생각하지만, 저는 의뢰인의 미적 감각과 취향에 따라 일을 해줘야 해요. 또 그들의 손짓과 부름에 항상 응해야 하고, 밤늦도록 내가 아닌 그들이 원하는 것을 해줘야 하죠. 고객은 보스예요. 저는 사업을 시작하기 전에 이 사실을 전혀 알지 못했지요. 예전에는

당신은 사업가입니까

내가 바로 내 보스가 되리라 생각했지만, 돈을 벌려면 내 의뢰인들이 나의 보스라는 현실을 받아들여야 해요."라고 말한다.

사업을 시작하는 동안 당신은 자신의 운명을 통제하기를 원한다. 그러나 사업을 위해 당신이 의존하는 다양한 종류의 관계자들에게 휘둘린다는 것이 현실이다. 물론 그들은 당신이 몇 시에 일을 시작해야 하는지, 일반적인 고용주는 어떻게 옷을 입어야 하는지에 대한 규칙을 세워놓지 않았겠지만, 만약 고객들이 당신의 브랜드 메시지를 좋아하지 않거나 당신이 그들을 위해 충분히 열심히 일하지 않는다면 그들은 당신의 사업을 외면할 것이다. 당신은 고객들이 원하는 이용 시간대를 파악해서 영업시간을 조정해야 하고, 유니폼의 느낌과 이미지 또한 고객들의 취향에 맞춰야 한다. 사

> 사업을 시작하기 전에 알아야 한다. 사장이 된다는 것은 허구한 날 당신의 일에 간섭하는 사람은 늘어나고, 누군가의 직원일 때보다 권한은 줄어들고, 실패하면 선택할 대안은 더 없어진다는 사실을 말이다.

업을 시작할 때부터 당신의 지시를 받는 직원들이 있어도 그들이 제 할 일을 다하지 않는다면 그들은 당신의 사업을 쓰러뜨릴지도 모른다. 당신은 공급자들과 협력할 수 있지만, 그들은 당신이 시의적절하게 고객에게 상품을 팔 수 있는지의 여부에 영향을 미칠 수 있다. 당신이 사업체를 소유하면 누군가의 직원일 때보다도 권한이 줄어든다.

사업을 하면 당신 스스로가 당신의 보스가 될 수 있다며 자유로움을 상상하겠지만, 그것은 사실상 자유가 아니다. 누구의 지시도 받지 않고 스스로 보스가 되어 일한다는 것이 어떤 의미인지, 추가적으로 어떤 책임과 비용이 수반되는 것인지 현실을 직시하기 바란다. 스스로 보스가 될 수 있다는 것은 결코 좋은 창업 이유가 될 수 없다.

'나의 보스' 평가하기

현 직장에 같이 근무하는 사람들을 떠올려보라.

1. 당신의 경력과 미래에 지배력을 행사하는 사람의 이름과 직책을 종이에 써라. 이를 '직업 통제 리스트Job Control List'라고 부르자.

2. 각 이름 옆에 그 사람들이 무엇에 영향력을 발휘하는지 적어라. 다음은 그 예시다.
   - 일정
   - 봉급과 성과급
   - 근무 장소(집, 사무실, 기타)
   - 조직 내에서의 승진 가능성
   - 같이 일할 동료들
   - 기타 당신에게 중요한 분야

3. 리스트(직업 통제 리스트)로 돌아가서, 의사결정에 전적인 권력과 영향력을 행사하지 않는 사람의 이름을 지워라. 이것이 끝나면 리스트의 길이는 확실히 짧아진다.

4. 남아 있는 이름 옆에, 당신의 경력 경로에 영향력을 발휘하려면 당신이 그들과의 관계를 어떻게 통제할 수 있는지 그 방법을 써라. 필요하면 언제든지 새 종이를 사용해도 된다.

5. 리스트를 검토하고, 이슈들이 당신이 다니는 회사에 독특한 것인지 또는 그 이유들이 다른 직장을 얻으면 사라질 수 있는지를 평가하라.

6. 이제 당신 사업의 성공을 좌우할 수 있는 모든 사람들이 기입된 두 번째 리스트를 만들어라. 이것을 '사업 통제 리스트 Business Control List'라 부르자. 이 리스트에는 다음과 같은 것들이 포함된다.

- 고객
- 직원(종업원)
- 투자자
- 건물주(혹은 땅 주인)
- 공급업체
- 프랜차이즈 업체
- 그 외 당신 사업의 성공에 어느 정도 지배력을 행사하는 사람

7. 이 사람들 혹은 단체가 어느 부분에 지배력을 행사하는지 표시하라.

- 일정
- 인건비나 이익을 벌어들이는 능력
- 사업장 위치
- 조직을 성장시키는 능력
- 사업의 초점에 맞게 선택하는 능력(의사결정 능력)
- 기타 영향력을 발휘하는 요소

직업 통제 리스트와 사업 통제 리스트를 서로 비교해보라. 이 리스트를 보고 놀랐는가? 당신의 동기(사업하고자 하는)를 정당화시켜 주는가? 이 두 리스트를 바탕으로 당신의 동기를 좀 더 깊이 평가하여 필요한 변화를 시도하라.

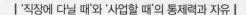

| '직장에 다닐 때'와 '사업할 때'의 통제력과 자유 |

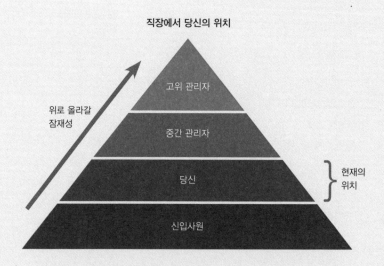

직장에서 당신의 위치

위로 올라갈
잠재성

고위 관리자

중간 관리자

당신

신입사원

} 현재의
위치

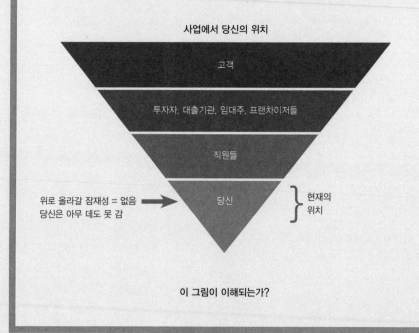

사업에서 당신의 위치

고객

투자자, 대출기관, 임대주, 프랜차이저들

직원들

위로 올라갈 잠재성 = 없음
당신은 아무 데도 못 감 ➡ 당신

} 현재의
위치

이 그림이 이해되는가?

당신은 사업가입니까

6

항상 자존심이 문제다

        요즘 나는 루시 반 펠트라는 내 별명에 걸맞게 사람들에게 종종 조언하곤 하지만, 그렇다고 해서 정신과 의사처럼 굴지는 않는다. 나는 '자존심'라는 용어에 대한 학술적인 배경과 정보에 대해서는 아무것도 모른다. 내가 아는 것은 자주 사용되는 함축된 의미와 달리 자존심이 항상 나쁜 것만은 아니라는 점이다. 부분적으로 당신의 자존심은 다른 사람들과 상호 작용하는 과정 속에서 자신에 대한 인식과 성찰로 형성된 자부심 ^{Self-Esteem}이다. 때때로 당신의 자존심은 상처로부터 자신을 보호하도록 하고 평소에는 당신 자신을 다른 사람들에게 표현하게 한다. 대개 자존심을 지키는 것은 당신에게 큰 도움을 주지만, 사업을 할 때는 항상 그런 것은 아니다.

거부에 대한 두려움

■   당신의 자존심은 자신만의 사업체를 운영하는 것이야말로 자신의 운명을 통제하는 것이라고 스스로를 납득시킴으로써 당신이 경력을 바꾸는 데 영향을 미친다. 이러한 생각은 자존심에 의한 여러 감정들과 마찬가지로 조금은 잘못된 것이다. 당신의 운명을 통제하고 싶다는 욕구는 그저 거절로부터 당신을 보호하려는 자존심일지 모른다. 당신의 자존심은 당신이 누군가를 위해 일하지 않는다면 혹은 누군가를 위해 일하겠다고 지원하지 않는다면, 그들은 당신을 해고할 수 없을 뿐더러 당신의 채용이나 승진을 막을 수도 없다고 당신에게 말한다. 무엇보다도 당신이 그들을 위해 일하지 않는다면 그들은 당신의 일을 거부할 수 없을 테니(즉, 당신을 통제할 수 없을 테니) 말이다.

앞 장에서 논의했듯이, 이와 같은 생각은 당신이 사업을 시작하면 그 누구로부터도 통제받지 않는 게 아니라 오히려 더 많은 사람들, 즉 고객들로부터 통제받는다는 사실을 외면하는 것이다. 그 어떤 미래의 고용주들이 당신을 고용하길 원치 않는 것보다 더 안 좋은 상황은 미국에 있는 모든 사람들, 즉 3억 600만 명의 잠재 고객들이 당신의 제품과 서비스를 구매하지 않고 거부하는 것이다. 하지만 목표 고객에게 접근하여 그들 각자에게 매일 당신의 제품과 서비스를 계속 판매하는 것보다, 잠재적 고용주의 직원이 되고자 당신 자신을 파는 것이 훨씬 쉽다는 것을 당신의 자존심은 이해하지 못한다.

사실 당신의 자존심은 이런 사실을 이해할 수가 없다. 고용주에 의한 거부는 직접적인 데 반해 고객에 의한 거부는 간접적이기 때문이

당신은 사업가입니까

다. 당신이 어떤 고용주를 찾아가 채용해달라고 말하거나 상사를 찾아가 연봉을 올려달라고 요구한다면, 당신은 그걸 개인적인 이슈로 받아들인다. 해고를 당한다고 해도 이는 마찬가지다. 하지만 당신이 잠재 고객들로부터 거부당할 경우, 적어도 일정 기간 동안 당신은 그 사실조차 깨닫지 못한다. 무엇보다 당신에게는 간접적으로 거부당했다는 사실에 정말로 기분이 상할 수 있다는 것을 알아차릴 아무런 사전 지식도 없기 때문이다. 당신이 고객이나 잠재 고객에게 직접적으로 거부당한다면, 당신은 회사라는 조직 뒤에 숨어버림으로써 그게 개인적인 일이 아니라고 치부할 수 있다(또는 적어도 당신의 자존심은 당신을 그렇게 유도한다).

> 당신의 운명을 통제하고 싶다는 욕구는 그저 타인의 거절로부터 자신을 보호하려는 당신의 자존심일지 모른다. 사업을 시작한다면 적어도 수백 가지의 이유로 누군가로부터 뼈저린 거절을 경험하게 된다는 사실을 명심하라.

　좀 솔직해지자. 당신이 연봉을 올려달라고 상사에게 호소할 수 없거나 미래의 고용주에게 당신을 채용해달라고 애원할 수 없다면, 어떻게 당신의 직원들에게 최고 수준의 성과를 발휘하라고 호소할 수 있으며 어떻게 고객들에게 당신의 사업을 이용해달라고 설득할 수 있겠는가? 당신이 현재의 분야에서 그런 스킬을 가지고 있지 않다면, 다른 분야로 옮긴다고 해서 없던 스킬이 생겨나겠는가? 당신이 홀로서기의 길을 걸으며 돈을 투자할 때, 당신은 적어도 수백 가지의 이유 때문에 누군가로부터 뼈저린 거부를 경험할 것이다.

화려한 삶

■　　　　　　　당신의 자존심은 사람들에게 깊은 인상을 심어 줘야 한다고 당신에게 은근히 강요하기도 한다. 남들을 능가하거나 적어도 남에게 뒤지지 않아야 한다면서 말이다. 만약 당신이 경력이나 기타 문제로 마음이 울적해지면 당신의 자존심은 '창업하는 것이 내게 삶의 기폭제 또는 신나는 인생의 시작이 될 것'이라고 속삭인다. 당신은 그 말에 혹해 '당신 회사'의 사업가, 즉 CEO가 되면 어떤 모습일지 그려보기 시작하고, "내가 왕이다!"라고 모든 사람들에게 말할 수 있다면 얼마나 기분이 좋고 얼마나 자신이 영향력 있는 사람이 될지 상상해본다.

자아도취를 위해 혹은 칵테일 파티에서 떠벌일 그럴 듯한 이야깃 거리를 위해 사업을 시작한다는 것은 정말이지 끔찍한 이유가 아닐 수 없다. 이는 사업의 성공 가능성을 논하는 것조차 의미 없을 정도로 현실을 착각하는 것이다(그리고 당신의 실패는 웃고 떠드는 이웃들의 파티에서 화젯거리로 전락하고 만다).

나는 다른 이들에게 깊은 인상을 주기 위해 무언가를 하는 사람들을 결코 이해할 수 없다. 사람들은 값비싼 여행을 하고, 감당하기 힘든 자동차를 구입하며, 자신들의 재력을 넘어선 지역으로 이사하고, 때때로 자신들이 정말로 좋아하지 않는 이들에게 과시할 목적으로 경력을 바꾸기도 한다. 당신이 멋진 이야기를 만들기 위해 산다면, 멋지고 영리한 방법으로 진실만을 말하라. 그게 매우 저렴하고 매우 쉬울 뿐더러 굉장히 리스크가 적은 방법이다. 정부에서 발행한 액면가 50달러짜리 저축채권을 구입한 후에 당신이 정부의 장기 증권 사업의 투자자가 되었다고 이웃들에게 말해보라. 아니면 재활용이 가능한 빈 병을 수집해서 하나에 5센트씩 받고 판 후에 당신이 부업으로 재활용 사업을 하게 됐다고 모든 사람들에게 말해보라. 사람들은 대부분 당신이 무엇을 말하는지 알지 못하겠지만, 사업 리스크를 하나도 부담하지 않는다는 건 정말 멋진 일이지 않은가?

나는 그들에게 보여줄 거야!

■   더욱 심각한 문제는 사람들의 생각이 잘못됐음을 증명하기 위해서 당신이 그들에게 과시하고자 한다는 것이다. 당신은 당신을 의심했던 사람들에게 복수하기를 원한다. 샐리는 당신이 무언가를 성취하겠다는 욕구가 하나도 없다고 말하며 당신에게 이별을 통보했다. 당신의 어머니는 언제나 칭찬에 인색했다. 직장 동료들은 당신의 아이디어를 전혀 존중하지 않는다. 지금이야말로 창업을 통해 그들에게 얼마나 당신이 위대한지 보여줄 때가 아닌가!

누군가의 생각이 틀렸음을 증명하려는 목적으로 창업할 동기를 가져서는 안 된다고 말하려는 것은 아니다. 그러나 그것이 창업하려는 유일한 동기라면 곤란하다. 사업은 생각보다 굉장히 복잡할뿐더러 누군가의 생각이 잘못임을 증명하기 위한 개인적인 요구가 아닌, 실제로 존재하는 시장의 요구에서 영감을 받아 시작되어야 한다. 당신의 가치를 다른 사람들에게 증명해 보이는 것은 자존심을 충족시키는 일이지만, 창업하는 이유로는 충분하지 않다.

모든 사람들은 당신이 그것을 해야 한다고 말한다

■   다른 사람들이 당신의 자존심에 기름을 붓는 경우도 있다. "당신은 매우 스마트해요", "왜 다른 사람을 위해 일하나요?"라는 말을 듣는다면 어떤가? 당신 스스로 멋지다고 생각하는 아이디어를 사람들이 듣고서는 하나같이 당신이 그것으로 수백만 달러를 벌어들일 것이라고 말한다면? 당신은 엄청난 성공을 거둘 자격이 충분하고, 모든 사람들이 이에 동의한다면?

이때 당신이 스스로에게 던져야 할 첫 번째 질문은 바로 이것이다. "그들이 진짜 '모든 사람들'일까?" 빌 게이츠나 워런 버핏Warren Buffett, 혹은 리처드 브랜슨Richard Branson(영국 버진 그룹의 CEO - 옮긴이)이 당신에게 그런 말을 해준 것인가? 아니면, 사업경험이라곤 자기 아이들의 레모네이드 가판 운영을 도와준 것이 전부인 당신의 누이동생인가? 당신은 자존심을 잠시 벗어던지고 현실을 직시할 필요가 있다. 누군가로부터 조언이나 피드백을 받을 때면 '이 사람은 사업에 대해 어떤 점을 알고 있지? 특히 내가 인수하거나 창업하려는 사업 분야에 대해서 뭔가를 알고 있나?'라고 자신에게 물어봐야 한다. 만약 이 질문의 답이 '아니오'라면, 그들의 조언은 별 도움이 안 된다. 그들은 마치 당신의 패션 감각을 맹목적으로 칭찬하는 학생들과 같아서, 그들의 조언은 얼핏 듣기에는 좋지만 실은 그냥 툭 내뱉는 평에 불과해서 실질적인 가치가 전혀 없다.

당신이 다른 사람들로부터 정신적인 지지를 구하지 말아야 한다는 뜻은 절대 아니라는 점을 말하고 싶다. 성공한 독자사업가 중 한 사람인 파멜라 슬림Pamela Slim은 자신의 책 『칸막이 나라를 탈출하라Escape

당신은 사업가입니까

from Cubicle Nation』에서 '상황이 어려워질 때 당신을 응원해줄 사람들을 만들라.'고 주장하고, 나도 모든 사람들이 그런 지지를 받을 필요가 있다고 생각한다. 하지만 어려운 도전을 견디기 위해 정신적인 지지를 받는다는 것과 사업의 리스크를 평가하기 위해 유용한 피드백을 받는다는 것 사이에는 엄청난 차이가 있다. 당신은 그 차이를 이해하고 새겨둬야 한다.

비록 당신을 띄워주는 사람이 신뢰할 만하더라도, 당신 자신에게 '이 사람은 나에 대해 무엇을 알까? 내가 위험에 처하면 나를 어떻게 대할까?'라고 물어야 한다. 그는 당신의 이에 시금치가 끼었다고 말해주는 사람인가, 아니면 친절한 사람으로 보이고 싶어서 당신이 듣기 원하는 말만 해주는 '예스맨'인가? 이 사람이 진정 당신의 사업모델, 당신의 재정적 위치, 당신의 마케팅 전략, 기타 당신의 사업 성공에 필요한 중요한 요소들을 파헤치고 분석하는 자가 아니라면, 그리고 기꺼이 자신의 돈을 투자함으로써 관여하려는 자가 아니라면, 그가 하는 듣기 좋은 말에 현혹돼서는 안 된다. 뒷받침할 만한 심도 있는 지식이 충분하지 않고, 특히나 정량적인 리스크를 고려하지 않는 조언이라면 아무런 가치가 없다.

자존심을 보호하고 고양시키겠다는 잘못된 의도를 가지고 무언가에 뛰어들지 마라. 당신이 신경 쓸 필요가 없거나 당신의 사업과는 아무런 관련이 없는 사람에게 깊은 인상을 주기 위해서라면 더욱 곤란하다. 사업과 자존심이 섞여서는 안 된다. 그보다는 현재의 직장을 그대로 다니면서 훌륭한 성공 스토리를 만들어내는 편이 낫다.

'기본 동기 목록' 만들기 : **파트 2**

이 연습을 시작하기 전에, 연습 1(69페이지)에서 작성한 기본 동기 목록을 다시 펼쳐보라.

1. 왜 창업을 원하는지 다시 한 번 곰곰이 생각해보고 그 이유를 목록에 포함시켜라. 그런 다음 4장과 5장에서 언급했던 것처럼, 비현실적이거나 도달할 수 없는 가정에 기반한다고 생각되는 것들을 없애라.

2. 다음과 같은 것들에 의해 영향받는다고 생각되는 동기가 있다면 목록에서 없애라.
   - 거부당하는 것에 대한 두려움
   - 다른 사람의 인정을 받으려는 욕구
   - 제3자에게 무언가를 증명해 보이려는 의도
   - 주로 경험이 별로 없거나 당신의 사업에 아무런 책임도 지지 않는 제3자에게서 받은 피드백

이렇게 해서 최종적으로 정리된 목록은 당신이 창업하려는 진정한 동기를 보여준다. 당신은 이 책에서 나중에 언급할 사업가 방정식의 '보상' 부분을 만드는 데 이 목록을 사용하게 될 것이다.

7

내 아이디어는 얼마짜리일까?

사업과 관련된 가장 큰 오해 중 한 가지는 사업 아이디어의 가치에 대한 것이다. 누군가(혹은 당신 자신) 뛰어난 아이디어를 실현시켜 큰돈을 벌었다는 이야기를 들어본 적이 있을 것이다. 만약 당신이 위대한 사업 아이디어를 구상하는 일로 돈을 벌 방법을 찾아낼 수 있다면 당신의 삶은 보장받은 것이나 다름없다. 그러나 문제는 당신이 그럴 수 없다는 것이다.

아이디어는 기껏해야 서너 푼짜리

■ 　　　　사업에 대해 가장 실망스러운 점은 그 이면에 존재하는 아이디어들이 아무런 가치가 없다는 것이다. 예전에 사업이랄 것이 별로 없던 시절에는 아이디어 자체가 상당한 가치를 지니고 있

당신이 생각할 수 있는 거의 모든 사업 아이디어는 이미 세상 밖에 나와 있다고 생각하라. 중요한 것은 그 아이디어를 남보다 먼저 실행할 수 있는가, 그리고 그 실행이 가치를 창출할 수 있는가의 여부다.

다고 여겨졌다. 그러나 생각할 수 있는 거의 모든 사업 아이디어가 세상 밖에 나와 있는 지금은 혁신을 이루기가 매우 어려울 뿐더러, 사업 아이디어를 실제적인 일로 구현시킴으로써 가치를 창출하는 것도 매우 힘들다. 아이디어 자체만 구상하는 것은 아무런 가치도 창출하지 못한다.

나 역시도 아이디어 자체로 가치를 만들어내면 좋겠다는 생각을 한다. 만약 그렇다면 나는 수년 전에 이미 은퇴할 수 있었을 것이다. 젊었을 때 나는 항상 뛰어나다고 믿어 의심치 않았던 사업 아이디어들을 만들어내길 좋아했고, 그 아이디어들로 분명 엄청난 돈을 벌어들일 것이라고 확신했다. 내가 낸 초기 아이디어들 중 하나는 '스토어Store'라는 사업이었는데, 사실은 게임으로 위장한 것이었다. 그때 내 나이는 8세였고 여동생은 아무것도 모르는 아이였다. 스토어 게임은 이렇게 진행된다. 먼저 여동생 방을 뒤져 인형, 스티커, 장난감 등 여동생이 가장 좋아하는 물건들을 내 방으로 가져온다. 그런 다음 상점 진열대를 흉내 내서 나름 여동생이 좋아할 만한 방식으로 재미있게 물건들을 펼쳐놓는다. 그러면 여동생은 마치 쇼핑하러 온 고객처럼 내 방으로 들어와 물건들을 구경한다. 물론 나는 최고의 서비스를 그녀에게 제공한다. 곧이어 여동생은 자신의 용돈으로 가게의 물건을 구입한다. 나의 판매 실력이 최고조에 오르는 날이면 여동생은 가게의 물건들을 몽땅 사 가곤 했다. 애초에 물건들은 여동생 것이기에 나는 재고를 떠안을 리스크가 없었고 총이익률은 100%에 달했다! 무

당신은 사업가입니까

엇보다도 부모님이 나를 대신하여 임대료를 내주는 내 방에서 가게를 열 수 있었다. 내가 이 사업을 이웃집들로 확대하겠다고 괜히 엄마에게 말했다가 가게 문을 닫아야 할 때까지는 정말로 이상적인 사업이었다.

사업을 성공시키겠다는 일념하에 만들어낸 나의 초기 사업 아이디어들은 표준화된 레모네이드 좌판을 만드는 것, 집집마다 방문하여 쿠키를 판매하겠다는 것부터 시작하여 원하는 대로 티셔츠를 디자인해주겠다는 것(당신이 내 예술적 능력을 안다면, 날 뜯어말리고 싶을 것이다)에 이르기까지 다양했다. 초기에 나는 이러한 사업들 각각을 시도했다가 금세 싫증을 내곤 했다. 나이를 먹어갈수록 사업 아이디어들은 점점 다양해졌고 그와 동시에 나는 더 게을러졌다. 나는 그저 사업 아이디어를 구상하는 일에만 관심을 두었지 실행에 옮기는 일은 등한시했다. 대학교 때 구상한 사업 아이디어들 중 하나는 전미 미식축구 리그 스타일의 피규어 세트였다. 고객에게 자신이 원하는 색깔로 팀 유니폼을 꾸미고 선수들의 등번호를 새길 수 있게 하여 마음대로 자신만의 드림팀을 구성하게 하면 얼마나 좋을까 생각했다. 그 외에도 언제나 새 지갑을 사용하는 기분이 들도록 커버 색깔을 계속 바꿀 수 있는 지갑을 팔아보자는 아이디어도 있었고, 갖가지 종류의 테마 레스토랑을 만들어보자는 등의 아이디어는 셀 수 없이 많았다.[7] 나는 이러한 아이디어들로 여러 권의 공책을 채웠는데, 내가 만약 그중 하나를 선택해 신중하게 추진할 시간을 가졌더라면 아마 성공시켰을지도 모른다.

내 사업 아이디어들 중 많은 것들은 훗날 누군가에 의해 실현됐다.

내가 알려줬거나 도와줬기 때문이 아니라, 이 세계 어딘가에 나와 똑같거나 비슷한 아이디어를 가진 사람이 리스크를 무릅쓰며 시간과 돈을 투자하고 아이디어를 성공시키기 위해 무진 애를 썼기 때문이다(어떨 때는 성공했을 테고 어떨 때는 실패했겠지만). 처음에는 이런 사실이 나를 괴롭혔지만, 이제 나는 사업을 성공시키기 위해 무엇이 필요한지 이해하게 되었다. 현실을 직시하게 된 것이다.

내가 예전에 구상했던 것과 같은 아이디어로 누군가 돈을 번다는 사실에 더는 억울해하지 않는 이유는 사업 아이디어 자체는 아무런 가치가 없다는 것을 이제 알기 때문이다. 가치는 사업을 실행하는 데서 나온다. 나는 기회가 있을 때마다 "좋은 아이디어도 실패할 수 있고 나쁜 아이디어라 해서 성공할 수 없는 것은 아니다."라는 말을 수도 없이 했다. 그 차이는 아이디어를 추진하거나, 시장에서 그 아이디어를 필요로 한다는 신호를 찾아내거나, 비용 효과적인 방식으로 잠재 고객에게 접근할 방법을 창출하거나, 그리고 고객이 감당할 수 있을 뿐만 아니라 이익을 남길 수 있을 정도의 가격으로 제품과 서비스를 만들어낼 때의 리스크, 시간, 헌신, 인내심을 감수하는 데서 나온다. 매일 끊임없이 그 아이디어의 실현을 위해 노력하고, 지속적으로 혁신하며, 돋보이는 서비스와 가치를 고객에게 제공함으로써 누군가 당신의 고객과 사업을 빼앗아가지 않게 해야 한다는 것은 두말하면 잔소리다.

아이디어 자체가 아무런 가치를 창출하지 못한다는 말에 아직 의구심이 든다면, 사업 아이디어가 사업의 성공과는 아무런 상관이 없음을 분명하게 보여주는 몇 가지 사례를 살펴보자.

온라인 식료품 유통회사: 아이디어는 같았지만 결과는 상이했다

■   사업 아이디어가 가치를 지닌다고 믿는다면 이 질문에 답해보라. 온라인 식료품 유통회사를 창업하겠다는 아이디어의 가치는 얼마일까? 이러한 아이디어를 만들고, 실행하고, 실패한 사람들은 많다. 가장 세간의 이목을 끌었던 실패 사례는 웹밴Webvan이었다. 1999년에 설립된 이 온라인 식료품점은 스포츠카 페라리Ferrari의 제로백(정지 상태에서 시속 100km까지 속도를 높이는 데 걸리는 시간 - 옮긴이)보다 더 빠르게 전국으로 유통망을 확장하자는 아이디어에서 생겨났다. 웹밴이 기업 공개를 하자 시장 가치는 최고로 높을 때 주당 30달러, 총 12억 달러를 기록했다.[8] 그러나 창업한 지 겨우 18개월이 흐른 2001년 7월에 웹밴은 망해버렸고 2,000명의 직원들은 일자리를 잃고 말았다.

다른 사람들도 온라인으로 식료품 서비스를 제공하자는 비슷한 사업 아이디어를 가지고 있었다. 몇몇은 잘나갔으나 또 몇몇은 그렇지 못했다. 피포드Peapod라 불리는 기업도 온라인 식료품 유통회사가 되겠다는 아이디어가 있었는데, 같은 아이디어였음에도 그 결과는 드라마틱하게 달랐다. 피포드 역시 부진을 면치 못하다가 덴마크의 슈퍼마켓 업체인 로열 어홀드Royal Ahold에 인수되어 자회사가 되었다.[9] 피포드의 재무적 성과라고 볼 만한 것들을 로열 어홀드의 연례보고서에서는 찾을 수 없지만, 피포드는 새로운 시장을 서비스하기 위해 계속 확장하고 있다. 확장해간다고 해서 잘되고 있는 것이라 판단할 수 있을까 의심이 들겠지만, 적어도 피포드는 아직까지 건재하다.

만약 사업 아이디어만으로 가치가 있다면, 어떻게 당신은 온라인

식료품 유통회사를 시작하겠다는 아이디어 자체에 가치를 부여할 것인가? 그 가치를 어떻게 정의하겠는가? 아무런 가치도 없던 회사가 하루아침에 12억 달러짜리 회사로 급성장했다가 18개월 후에 다시 '0'으로 되돌아온 거대 온라인 유통회사(즉, 웹밴 – 옮긴이)가 있었고, 반면에 지금까지 사업을 유지하는 회사(즉, 피포드 – 옮긴이)가 엄연히 존재하는데 말이다. 해답은 이것이다. 사업 아이디어에는 아무런 가치가 없다. 가치는 실행하는 데 있다. 동일한 사업 아이디어가 멋지게 실현될 수 있느냐, 아니면 형편없이 실행되느냐에 달린 문제인 것이다.

UFC: 파산 위기에 처했다가 화려하게 성공한 사업 아이디어

■ 이종격투기는 미국에서 가장 빠르게 성장하는 스포츠 중 하나다. 얼티메이트 파이팅 챔피언십Ultimate Fighting Championship, UFC은 이종격투기의 프리미어 리그에 해당한다. 무엇 때문에 UFC는 그렇게 놀라운 성공을 거뒀을까?

이종격투기 리그를 만들어야겠다는 사업 아이디어 때문일까? 나는 절대 그렇지 않다고 생각한다. 세머포어 엔터테인먼트 그룹Semaphore Entertainment Group이라 불리는 회사가 1993년에 UFC를 창설했다. UFC는 독특했고 사람들의 이목을 집중시킬 만큼 화려했지만 회사는 거의 파산 일보직전이었다.[10] 회사가 완전히 문을 닫기 전에 회생할 방법을 찾던 중 다나 화이트Dana White는 사업 파트너이자 카지노 거물인 프랭크 페르티타Frank Fertitta, 로렌초 페르티타Lorenzo Fertitta와 함께 UFC를 인수했다. 새로운 경영진을 영입한 UFC는 번창하기 시작했고, 〈포브스^{Forbes})의 추산에 따르면 인수된 지 10년도 되지 않아 10억 달러 가치의 회사로 성장했다.[11]

사업 아이디어가 변화됐기 때문일까? 아니다. 사실 사업 아이디어는 동일했을 뿐만 아니라 조직 역시 같았다. 회생의 힘은 회사의 운영 및 관리방식이 변화되었고 특별히 마케팅 방식이 바뀌었다는 데 있었다. 자, 사업 아이디어가 가치를 창출한다는 말이 옳은가? 결코 그렇지 않다. 같은 사업 아이디어인데 한때는 아무런 가치가 없다가 나중에 10억 달러의 가치를 가지게 된 것을 어떻게 설명할 것인가? 가치는 실행과 그 아이디어를 실행하는 사람에게서 창출된다.

변변한 아이디어 없이도 성공한 사업들

■　　　　　　　　사업 아이디어 자체로는 아무런 가치도 창출할 수 없다는 것(또는 사업의 성공에 아무런 영향을 미치지 않는다는 것)을 좀 더 확실하게 이해하고 싶다면, 참신한 사업 아이디어 하나 없이도 놀라운 성공을 거둔 다음 사례들을 읽어보는 것이 도움이 될 것이다.

- 맥도날드는 최초의 햄버거 체인이 아니었고, '레스토랑을 열어 햄버거를 팔자!'라는 사업 아이디어가 맥도날드의 성공을 일궈 낸 것도 분명 아니었다.
- 스타벅스^{Statbucks}는 최초의 커피 판매점이 아니었고 커피를 즐기는 유일한 방법도 아니었다. 사실 스타벅스가 설립되었을 당시에는 거의 모든 편의점이나 던킨 도너츠^{Dunkin' Donuts} 매장, 그것도 아니면 집에서도 커피를 쉽게 마실 수 있었다. 모든 길모퉁이에

커피숍을 열겠다는 사업 아이디어는 스타벅스를 성공시킨 원인이 절대 아니었다.

- 스너기Snuggie는 소매가 달려 있어서 목욕용 가운처럼 입을 수 있는 담요다. 이 아이디어는 그다지 새로울 것이 없다. 목욕용 가운은 오래 전부터 있어왔고 스너기 담요는 전혀 멋스럽지도 않지만(입으면 꼭 수도승처럼 보여서), 놀라운 마케팅 덕분에 1년에 1억 달러어치 이상의 담요를 팔아치우고 있다.[12] 스너기는 사업이라기보다 제품이라고 생각할지 모르지만, 어쨌든 기본적인 아이디어 자체로 스너기가 성공한 것은 아니다.

방금 제시한 사례를 통해 살펴본 바와 같이, 사업 아이디어가 기업의 성과에 미치는 영향은 매우 미미하다. 기본적으로 아이디어는 무엇에 초점을 맞춰야 하는지를 정하는 데 도움이 될 뿐이고, 가치는 그 이후에 당신이 실행하는 것들이 창출한다.

아이디어 vs. 실행

■ 　　　　사업 아이디어와 연관된 가치는 그것을 구현하는 과정에서 만들어지기 때문에, 빈틈없이 철저한 사람이라면 당신이나 그 누구로부터도 사업 아이디어를 돈으로 구입하려 하지 않는다. 아마도 당신이 누군가로부터 사업 아이디어를 사들인다면 그는 어느 날 당신에게 무료로 제품을 받을 수 있는 쿠폰을 보내주겠지만, 사실 그것뿐이다. 하나의 아이디어로부터 무언가를 더욱더 얻을수록 더 많은 가치가 존재하는 것이다. 가치를 창출하는 것은 고객, 이익, 경쟁

력 있는 진입 장벽과 같은 것들이다.

사업 아이디어 자체에 가치가 있는 것이 아니라는 사실은 '대박 사업 아이템'을 구상하는 일로 보상받으려는 수많은 사람들에게 충격과 실망을 안겨준다. 아직 내 말에 설득되지 않았다면 사업의 전체 구조 속에서 아이디어가 전혀 가치 없음을 가장 잘 표현한, 다음 페이지의 표를 살펴보라. 이 표에서 나는 사업체 경영에 필요한 몇 가지 요소를 여러 개의 세부요소로 구분했다. 몇 가지 과업들은 특정 사업에만 적용되지만, 대부분은 모든 기업체에게 필요한 것들이다.

이 표가 나타내고자 하는 것은 기업체 경영 시에는 신경 써야 할 과업이 매우 많다는 점이다. 초기의 아이디어 구상은 여러 개의 과업 중 하나일 뿐이다(이 표가 모든 것들을 포함하지는 않는다 해도 30여 개의 과업에 대해서는 점수를 매길 수 있을 것이다). 아이디어가 사업이 시작되도록 이끈다는 말은 사실이지만, 아이디어를 구상하는 일은 특별히 어려울 것도 없고 커다란 리스크를 감수할 필요도 없으며 해야 할 일이 많지도 않다. 6개월 동안 매일 밤 잠들기 전에 침대에 누워 아이디어를 다듬고 또 다듬는다 해도, 그 노력은 사업을 시작하고 성공시키는 데 필요한 일의 양과 비교하면 아무것도 아니다. 사업을 시작하고 경영하기 위해 만족시켜야 할 여러 요소들은 실행해내기가 그리 녹록지 않다. 많은 리스크를 감수해야 할 뿐만 아니라, 무엇보다 훌륭히 해내야 하기 때문이다. 또 한 번에 이루어지지 않을 뿐더러 매일같이 매우 주의 깊게 관심을 기울여야 하고 엄청나게 많은 일을 수행해야 한다.

자, 우리가 사업이라고 부르는 것의 실체를 들여다보았으니, 이제 당신은 아무런 리스크를 감수하지 않는 한때의 아이디어에 큰 가치

과 업	일시적 혹은 지속적	난이도	리스크	업무량
사업 아이디어 원안 구상	일시적	낮음	낮음	적음
사업모델 구상	일시적	낮음	낮음	적음
사업계획 초안 작성	일시적	낮음	낮음	적음
사업모델 다듬기	지속적	높음	높음	많음
사업계획 업데이트	지속적	높음	높음	많음
직원 채용	지속적	높음	높음	많음
직원 관리	지속적	높음	높음	많음
직원 교육	지속적	높음	높음	많음
자금 투자	지속적	높음	높음	많음
리스크와 기회비용 감수	지속적	높음	높음	많음
제품/서비스 설계	지속적	높음	높음	많음
가격 설정	지속적	높음	높음	많음
공급업체 선정	지속적	높음	높음	많음
제품 생산	지속적	높음	높음	많음
업자 혹은 재판매업자 선정	지속적	높음	높음	많음
매장 개설	일시적/지속적	높음	높음	많음
서비스 실행	지속적	높음	높음	많음
고객 발굴	지속적	높음	높음	많음
마케팅	지속적	높음	높음	많음
고객 대응	지속적	높음	높음	많음
고객만족 활동	지속적	높음	높음	많음
시스템 자동화	지속적	높음	높음	많음
기술 관리	지속적	높음	높음	많음
물류 관리	지속적	높음	높음	많음
경쟁자 대응	지속적	높음	높음	많음
경쟁자 제압	지속적	높음	높음	많음
혁신	지속적	높음	높음	많음
브랜드 관리	지속적	높음	높음	많음
지적자산 보호	지속적	높음	높음	많음
운영비용 감축	지속적	높음	높음	많음
서비스 제공자 관리	지속적	높음	높음	많음
행정 업무	지속적	높음	높음	많음
사업 성장	지속적	높음	높음	많음

당신은 사업가입니까

를 부여하겠는가? 아니면 매일 커다란 리스크를 감수하며 고되고 엄청나게 많은 일들을 지속적으로 수행해야 하는 30여 개의 과업에 가치를 부여하겠는가? 그 답이 유리알처럼 분명하길 바란다. 또한 옆 페이지의 표를 통해 사업 아이디어 자체는 아무런 가치가 없다는 점, 사업 아이디어로부터 보상받으려는 생각은 부질없다는 점을 깨닫기 바란다.

'일확천금'을 원한다면 '철저한 계획'을 세워라

■   사업 아이디어 자체로 보상받고 싶어 하는 사람들은 대개 일확천금을 원하는 (혹은 그저 게으르거나 착각에 빠진) 이들이다. 사업에서 일확천금이란 없다. 사업은 노력을 필요로 한다. 이제 마지막으로 충고하건대, 일확천금을 얻겠다는 아이디어에 기대면 안 된다. 그 이유는 무엇일까?

6개월 혹은 9개월마다 잊을 만하면 내게 전화하는 젊은 친구가 있다. 나와 함께 많은 일을 수행하는 변호사들 중 한 명이 그 사람을 소개해줬는데, 말이 소개지 실은 내게 책임을 떠넘기기 위해서였다. 나는 그를 소개해준 변호사 녀석을 절대 용서하지 않는다! 그 젊은 친구를 채드라고 부르자. 채드는 사업 아이디어로 돈을 벌겠다는 의지가 투철하지만, 그가 제시한 아이디어들 중에는 쓸 만한 게 없다.

내게 처음 전화한 채드는 엄청나게 매력적인 틈새를 발견했다면서 한 식품업체를 인수하고 싶다는 의향을 밝혔다. 채드는 그 업체의 이사회 멤버 하나와 안면이 있었다. 그자는 회사의 주주들이 적정 가격에 회사 매각을 고려할 거란 말을 채드에게 분명히 전달했다. 채드는 그 업체를 인수하기 위해 필요한 자금을 모으는 데 내가 도움을 줄 수 있는지 알고 싶어 했다.

전부 이야기하려면 밤을 새야 할 정도로 길지만 짧게 이야기해보겠다. 그에게 자신의 돈을 얼마나 투자할 것인지 물어봤더니 그는 아무것도 내지 않겠다고 답했다. 1만 달러도, 1,000달러도. 말 그대로 잠재가격이 수백만 달러에 이르는 기업을 인수하는 일에 본인은 한 푼도 낼 수 없다는 것이었다. 예전에 식품 사업을 해본 경험이 있냐고 묻자 이번에도 역시 없다고 그는 답했다. 식품 사업경험이 있어야 적어도 협상 과정에서 적정가로 기업을 인수하는 데 도움이 되고 사업을 성장시키면서 가치를 창출할 텐데 말이다. 예외 없이 나는 그에게 돈도 없고 경험도 없으면 그 식품회사 인수를 도와주는 그 어떤 투자자들로부터도 좋은 파트너로 인정받지 못할 거라고 말해주었다. 그는 소유권뿐만 아니라 경영권까지 자기가 가지기를 기대했는데, 도대체 사업의 성장을 위해 그가 기여할 부가가치는 무엇이었을까?

그의 답은 이랬다. "그 회사를 인수하겠다는 것은 제 아이디어에요." 나는 즉각 그 아이디어는 그리 참신하지 않고 아무것도 기여할 수 없다면 일을 성사시킬 수 없을 거라고 설명했다. 채드는 수긍했고 자신의 아이디어를 거둬들였다.

그 후에도 채드와 나는 다른 아이디어에 대해서도 비슷한 대화를 나누었다. 내가 최근에 채드와 통화한 것은 몇 달 전이었다. 전화기 너머로 들려오는 그의 목소리를 들었을 때 약간의 두려움이 엄습했지만, 나는 가능한 한 용기를 북돋우는 몇 마디를 해주기 위해 침착하게 그의 말을 기다렸다. 아니나 다를까, 이번에도 채드는 현재 곤경을 겪고 있는 어떤 업체를 인수하고 싶다는 의향을 밝혔는데, 자금 조달이 아직 완료되지 못했다고 말했다. 그는 추가적인 자금을 조달하는 데 내가 도움을 줄 수 있을지 알고 싶어 했다. 나는 그에게 자금 조달 계획을 가지고 있다는 말을 듣고 놀라지 않을 수 없었고, 나도 모르게 그의 계획을 더 들어보기로 했다.

이런 제길! 나는 그러지 말았어야 했다. 그는 인수 대상 회사가 공개적으로 거래되는 회사라고 내게 말했다. 그때 그 회사는 투자은행을 통해 매각 가능성을 탐색하고 있었다. 그의 자금 조달 계획은 이랬다. 그가 보기에 그 회사는 사업 가치를 초과하는 몇몇 값비싼 자산들을 보유하고 있었다. 그는 인수 대상 기업의 시장가치보다 더 높게 그 자산들에 값을 쳐줄 만한 제2의 회사를 알고 있었다. 그는 인수 대상 기업의 자산을 제2의 회사에 팔아치우면 인수 자금을 마련할 수 있을 뿐만 아니라 돈도 남길 수 있다는, 꿈도 야무진 계획을 머릿속에 세워두고 있었다. 당연히 투자은행은 그에게서 사업체를 인수하기 전에는 그 회사의 자산들을 자기 것인 양 팔아치울 권리는 없노라고 설명했다.

이번에도 역시나 채드는 돈도 없이 사업체를 사들이겠다는 허황된 꿈을 꿨던 것이다. 나는 회사의 특정 자산이 다른 업체에 매각할 만한 가치를 지니고 있다면 조금이라도 이득을 얻으려고 안달하는 주주들의 등쌀에 못 이겨 그 업체는 그런 조치를 취하지 말라고 해도 했을 거라고 그에게 한참이나 설명했다. 이러니저러니 따지기 전에, 자기 자신은 돈 한 푼 투자하지 않으면서 어떻게 자금 조달 파트너를 구할 수 있겠는가 말이다.

다시 말하지만, 그건 어디까지나 그 혼자만의 아이디어였다. '이제 나는 당신 머리통을 벽을 향해 날려버릴 만한 멋진 아이디어를 보여줄 수 있다고!' 채드는 수많은 예비 사업가들과 마찬가지로 자기 아이디어에 홀딱 빠져버렸던 것이다. 딴엔 매우 가치 있다고 생각했지만 실은 아무런 가치가 없는 아이디어에 말이다.

채드는 여전히 일확천금의 기회를 찾아다니고 있다. 일확천금을 노리기 전에 항상 '계획'이라는 말이 따라와야 하는 이유가 있다. 현실에서 그런 기회는 존재하지 않기 때문이다. 극히 드문 경우를 제외하고, 진정한 부^富는 각고의 노력에서 나온다. 물론 약간의 운도 따라야 하지만 부는 리스크를 감수하며 헌신하는 고된 과정 속에서 창출된다. 신규 사업 아이디어만으로 얻을 수 있는 것은 없다. 당신이 발명가라 할지라도 당신은 아이디어의 콘셉트를 잡는 것 이상의 무언가를 해야 한다. 즉, 그것이 제대로 돌아간다는 것을 보여줘야 하는 것이다. 특허 신청, 프로토타입 설계, 그리고 그보다 더 많은 일들이 행해져야 아이디어를 금전적인 가치가 있는 무언가로 변환시킬 수 있다. 채드가 계획을 염두에 두지 않고 실제로 몇 가지 일을 벌이더라도, 그는 결국 돈이나 경험 측면에서 남들에게 떳떳하게 내놓을 만한 무언가를 가지게 될지 모른다. 만약 그가 어떤 사업의 진정한 가치를 창출하기 위해 실질적이고 집중적인 노력을 보인다면 10년 내에 그가 탁자 위해 던져놓을 만한 게 무엇일지 상상해보라. 그것은 엄청 대단한 것일지도 모른다. 하지만 에이! 나는 향후 10년간 별로 기대하지 않을 것이다. 채드와 나는 여전히 그놈의 아이디어에 대해 이야기하고 있을 테니 말이다.

당신은 사업가입니까

아이디어 자체만 사들이는 사람은 없다

■   앞 장에서 언급했다시피, 노련한 투자자들이 어떤 사업의 투자 여부를 결정하기 전에 가장 먼저 살펴보는 요소는 사업 자체가 아니라 그 사업을 운영하는 사업가다. 당신이 어떤 아이디어를 가치 있는 사업체로 키워낼 수 있다고 그들이 믿는다면, 당신과 당신의 아이디어는 매력적인 투자 대상이 된다. 반면 당신이 아이디어를 사랑한 나머지 엄청난 가치를 꿈꾸고 있다면, 당신은 투자 대상이 될 수 없다. 기본적으로 당신이 너무나 게을러서 그 아이디어를 상상하는 것 이상의 무언가를 하지 않고 있다면, 사업하겠다는 꿈은 절대로 꾸지 마라. 만약 아래 항목이 당신에게 해당된다면, 당신의 머릿속에서 사업을 지워버려야 한다. 결코 이루어지지 않을 꿈이니 말이다.

- 당신은 다른 사람에게 돈을 받고 팔고 싶은 아이디어를 가지고 있다.
- 당신은 자신이 중심이 되어 일을 진행시키기보다는 누군가가 대신 실행해주길 원하는 아이디어를 가지고 있다.
- 당신은 자신의 아이디어가 당신을 빨리 부자로 만들어줄 거라고 생각한다.

사업 아이디어를 구현하기 위해 더 많은 일을 수행할수록 당신은 더 많은 가치를 얻을 수 있다. 왜냐하면 그 모든 가치는 구현을 통해 창출되기 때문이다.

당신의 아이디어에 사로잡히다

■   다른 주제로 넘어가기 전에 사업 아이디어와 관련하여 한 가지 이슈를 짧게 언급해보겠다. 당신은 때때로 자신을 사로잡을 만한 멋진 아이디어를 떠올릴 것이다. 게으름뱅이나 일확천금을 꿈꾸는 몽상가들과 달리 당신은 전적으로 그 아이디어를 실현시키기 위한 일들을 기꺼이 맡으려 한다. 사실 그것이 당신이 하기 원하는 모든 것이므로, 당신은 일이 되도록 만드는 데 필요하다면 무엇이든 할 것이다. 자신이 만든 사업 아이디어와 사랑에 빠졌기 때문에.

사업을 위해 열정을 가지는 것은 멋진 일이다. 열정은 성공에 도움이 되는 요소니까. 하지만 나는 자신들의 사업 아이디어를 현실로 구현하는 데 서투른 사업가를 수없이 많이 만났고, 그들 대부분은 사업 아이디어 너머의 것들을 충분히 연구하려 들지 않았다. 그들이 그렇게 아이디어에 사로잡히는 까닭에는 여러 가지가 있다. 사회에 발자취를 남기기를 원하거나, 그 아이디어로 돈을 벌 수 있다고 확신하는 등의 몇몇 비현실적인 이유 때문이다.

문제는 그것이 사업 아이디어에만 머문다는 것이다. 그들은 아이디어를 절대 사업모델로 발전시키지 못할 뿐만 아니라 진정한 연구나 사고를 통해 고객 니즈에 접근하지도 못한다. 그들은 단지 그 아이디어가 멋진 것인지에만 관심을 두고, 모두가 그 아이디어를 원한다면 행동에 옮길 거라고 추정한다. 그렇지 않은가? 미안하지만, 틀렸다.

고객 니즈를 만족시키기 위한 수많은 사업 아이디어들이 존재하지만 그것들은 돈으로 연결되지 못한 상태로 남아 있다. 예를 들어, 과거 닷컴 열풍이 불던 시기에 코즈모닷컴 Kozmo.com 이라고 불리던 온라

당신은 사업가입니까

인 배송업체가 있었다. 고객이 웹사이트를 통해 주문하면 이 업체는 1시간 내에 스낵이나 영화 혹은 먹을거리 등을 고객이 있는 곳까지 무료로 배달해주었다. 나는 1990년대 후반에 샌프란시스코에서 거주하는 동안 밤샘 근무를 할 때마다 종종 코즈모닷컴을 통해 아이스크림 몇 통을 사무실까지 배달받은 적이 있다. 그 서비스는 내 친구들과 동료들에게 매우 인기가 좋았다. 코즈모닷컴은 스낵과 잡다한 상품들을 필요할 때마다 주문할 수 있다는 고객의 니즈를 충족시켰지만, 수익을 창출하지는 못했다. 운전기사와 주문접수 직원의 인건비, 연료비, 마케팅 비용 등을 충당할 만큼의 돈을 벌어들이지 못했던 것이다. 코즈모닷컴은 최소 금액이긴 했지만 배송 서비스를 유료화하기 시작했다. 그러자 고객의 수요가 바뀌고 말았다. 고객들은 서비스를 이용하고자 했지만 공짜일 경우에만 그랬다. 많은 자금을 조달하고, 스타벅스라는 든든한 사업 파트너를 확보했으며, 고객을 만족시키는 사업 모델을 보유하고 있었음에도 코즈모닷컴은 수익을 내지 못했고, 결국 몇 년 만에 문을 닫았다.

고객 니즈가 없는 곳에 의미 있는 고객 니즈가 있다고 생각하는 사람들이 있다. 나는 지금까지 수천 개의 사업계획을 검토하면서 고객이 갈구하기는커녕 아무도 필요로 하지 않는 상품과 서비스를 제공하겠다고 약속하는 모든 종류의 계획서를 접해왔다. 자신이 창조적인 사람이길 원하거나, 목표 고객의 니즈를 뒤늦게 깨닫는 오류를 범하지 않고 누군가 자신이 내놓은 것을 좋아하길 희망하는 사람들이라면 이러한 문제를 가벼이 여겨서는 안 된다.

만약 당신이 사업 아이디어에 집착하게 된다면, 수익을 창출할 수 있도록 실제적인 고객 니즈를 만족시킬 수 있을 때에만 그런 집착을 용인할 수 있다. 만약 그렇지 못하다면, 당신은 지금 하고 있는 일을 계속 하는 것이 낫다.

당신은 사업가입니까

'나 홀로 브레인스토밍'
당신의 아이디어가 동기에 얼마나 영향을 미치는지 측정하라.

주의 : 당신의 답을 적어보거나, 반성하는 계기로 삼아보라.

'기본적인 동기 목록'을 보고 당신이 사업하려는 동기 중 하나가 '멋진 사업 아이디어를 가지고 있다.'인지 확인해보라. 만약 그렇다면, 당신의 아이디어가 가치 있는 것이라고 믿기 때문에 사업을 시작하겠다는 마음을 먹게 된 것인지 스스로에게 물어보라.

이번엔 당신의 사업 아이디어의 가치가 0달러라고 가정하고, 그래도 여전히 창업에 흥미를 느끼는지 자신에게 물어보라. 만약 그 답이 '아니다.'라면, '나는 멋진 아이디어를 가지고 있다.'라는 문구를 당신의 기본적인 동기 목록에서 지워버려라. 만약 여전히 흥미를 느낀다면, 지금 이 시점에 당신이 이미 보유한 '가치 있는 경험, 지식, 관계'는 무엇인지 떠올려보라. 예를 들면 다음과 같다.

- 제대로 된 프로토타입을 구축했거나, 유료 고객을 확보했거나, 특허권을 인정받았거나 하는 등 다른 것들과는 비할 수 없는 경험, 지식 혹은 관계

당신이 지금껏 창출한 가치가 충분한지 생각해보라. 사업을 성공시키고 오래 유지시키고 싶다는 동기를 가지게 만들 정도로 그 가치는 충분히 큰가? 사업가 방정식을 평가하면서 당신은 이러한 유형의 아이템들을 고려하게 될 텐데, 그 과정에서 어떻게 그것들이 사업의 리스크를 줄이고 보상을 증가시킬 수 있는 것인지 깨닫게 될 것이다. 가치 창출은 당신의 성공 확률을 높인다.

8

취미와 사업 사이

    내가 지난 18년 동안 여러 사업가들과 토론을 벌이면서 깨닫게 된 사실은 사업가들이 자신의 취미를 하루 종일 즐기고 싶다는 꿈이 '창업하는 이유 베스트 10' 중 하나라는 것이다. 그들은 온종일 맘껏 골프를 치거나 춤을 추는 등의 일을 통해 자신의 취미를 즐기는 것이 행복에 이르는 길이라고 생각한다.

    당신이 이런 꿈을 꾸고 있다면 나는 두 가지 해주고 싶은 말이 있다. 첫째, 나는 자신의 일에 열정을 가져야 성공할 수 있다는 세상 사람들의 믿음을 열렬하게 지지하는 바다. 고객과 비슷한 취향을 가진 경영진과 소유주가 자기네 회사 상품이나 서비스를 즐겨 사용해야만 고객을 더 잘 이해할 수 있고, 그래야만 성공적으로 사업을 운영해나갈 수 있다고 믿는다.

둘째, 우리가 취미생활을 즐겁게 생각하는 까닭은 취미에 자유시간을 할애하고, 재량과 통제권을 가지고 그것을 즐기기 때문이다. 간단히 말해, 취미는 일이 아니다. 우리는 취미를 즐길 때 그것으로 돈을 벌 수 있을까 따위는 걱정하지 않는다. 그저 즐기고 휴식할 수 있으면 그만이다.

'마법사'의 마스크 벗기기

■   당신이 가장 좋아하는 음식은 무엇인가? 아이스크림, 피자, 초콜릿 혹은 스테이크? 무엇이든 간에 당신에게 즐거움을 선사해주는 음식을 생각해보라. 자, 그런데 누군가 당신에게 그 음식을 매일 먹게 한다면 어떻게 될까? 아침, 점심, 저녁 모두 피자를 먹어야 한다면? 간식으로도 먹고 후식으로도 먹고, 몸이 아플 때든 건강할 때든, 집에서 식사할 때도 외식을 할 때도 매번 피자에 올인해야 한다면? 아마 누구든지 얼마 지나지 않아 피자에 질려버릴 것이다. 아무리 좋아하는 음식이라 해도 그것을 매일 억지로 먹어야 한다면 음식은 더는 음식이 아니다. 이런 원리는 취미에도 똑같이 적용된다. 취미는 억지로 하는 활동이 아니기 때문에 좋은 것이다. 취미가 생계를 위해 해야만 하는 일이 되어버리면, 취미와 당신 간의 친선 관계는 깨져버린다.

나는 장난감을 취미로 모으던 시절에 이미 이 점을 깨달았다. 열렬한 수집가였던 나는 지나친 열정으로 모든 것을 뒤지고 다녔기에 희귀한 원본이나 손에 넣기 힘든 진기한 장난감들을 여러 개 모을 수 있었다. '수집 중독'에 몇 년간 빠져 있던 나는 내 장난감을 사줄 최초의 손님을 만나게 되었다. 처음에는 짜릿한 경험이었다. 진심으로 열정을 쏟을 수 있던 일에 새로운 의미(취미로 돈을 벌 수 있다는 의미 - 옮긴이)를 부여할 수 있었기 때문이었다. 하지만 그 손님과 계속 거래하고 내가 원하는 것에는 무엇이든 접근하면서부터 (수집이라는 취미의 아주 중요한 부분이던) '사냥의 짜릿함'이 사라져버렸다. 장난감이 어떻게 인식되는지 알게 되면서 흥미를 잃어버린 것이다. 이러한 경험은 마치 도로시와 그녀의 친구들이 커튼 뒤를 들여다보고 나서 오즈의 마법사는 놀라운 힘을 가진 존재가 아닌, 그저 평범하고 작은 남자라는 것을 알아버린 상황과 비슷했다. 판타지와 마법의 실체가 만천하에 드러나자 마법사의 신비로움도 사라졌다. 나 역시 마찬가지였다. 장난감이라는 마법의 세상을 가리던 커튼이 열리자 그것은 다시는 마법이 아니었다. 통장에 돈이 쌓이는 것은 좋았지만 내 취미는 더 이상 취미가 아니었으니 말이다.

열정은 생계를 책임지지 않는다

■　　　　　　장난감 고객과의 경험을 통해 나는 취미를 사업화하는 일에 대한 새로운 통찰을 얻었다. 취미에 열심인 사람들은 자신의 취미를 잘 알기 때문에(그들은 다른 사람들에게 자신의 취미에 관해 거의 모든 것을 알려준다) 취미를 사업으로 전환하는 일이 쉬울 것이라고 믿는다. 사업을 시작한다는 것이 얼마나 어려운지를 고려할 때 그러한 믿음은 얼토당토않고 매우 순진한 생각일 뿐이다. 당신이 어떤 사업의 상품이나 서비스를 잘 안다는 것이 곧 해당 업종 내에서 사업을 효율적으로 운영할 수 있음을 의미하는 것은 아니다.

나는 여러 고객사들과 일하면서, 취미에 열심인 소비자들이 가격이 지나치게 비싸다는 문제를 공개적으로 블로그에 포스팅하는 것을 봐왔다. 소비자들은 어떤 품목의 판매가를 실제 제조원가보다 더 낮은 가격으로 정하라고 요구하기도 한다. 취미생활에 열심히 임하는 이들은 사업에 필요한 운영비와 경비의 현실, 때로는 직원들이 충분한 급여를 받아야 한다는 현실적인 필요성도 깨닫지 못한다. 하지만 소비자에게 취미거리를 제공한다고 해서 직원들이 낮은 임금을 받고 (혹은 무임금으로) 일해야 하는 건 아니지 않나? 그들은 또한 자신들이 책임을 맡으면 기업이 전혀 통제할 수 없는 일들, 예를 들어 미국 세관에 컨테이너가 압류되어 선적이 지연되는 일들을 피할 수 있다고 믿는다.

내가 취미를 사업화하려는 취미애호가들에게 또 하나 충고하고 싶은 말은, 취미라는 틈새시장의 규모는 전체 사업을 떠받칠 만큼 크지 않은 경우가 많다는 것이다. 파멜라 슬림이 『칸막이 나라를 탈출하라』에서 말했듯이 "어떤 대상에 열정을 갖는 것과, 그 열정을 사업모델로 만들어 성공시키는 것, 이 두 가지는 완전히 다른 것이다."

> 어떤 대상에 열정을 갖는 것과, 그 열정을 사업모델로 만들어 성공시키는 것은 완전히 다른 것이다.

당신이 골프 클럽헤드에 씌우는 귀여운 동물 모양의 덮개를 뜨개질로 만드는 일을 좋아한다면 그 자체로 멋진 취미지만, 그렇다고 클럽 덮개를 뜨개질로 만들어 파는 일이 사업으로서 의미가 있다고 말할 수는 없다. (나중에 25장에서 논의하겠지만) 수익성이 좋은 기업이라면 적어도 10%의 이익률을 달성해야 하는데, 당신이 1년에 5만 달러를 이익으로 남기고 싶다면 매년 약 50만 달러 상당의 클럽 덮개를 팔아야 한다. 도매가로 개당 10달러를 받는다면 당신이 목표로 해야 할 판매수량은 매년 5만 개다(매일 약 200개를 만들어야 한다는 뜻이다). 취미를 사업화하는 틈새시장에서 이런 목표는 달성이 불가능하거나, 설사 가능하다 해도 매우 도전적일 수밖에 없다.

또 다른 문제는 취미는 온전히 당신 자신의 욕구를 충족시키기 위한 활동이지만 그것이 사업이 되면 온전히 고객의 욕구를 만족시키기 위한 활동으로 바뀐다는 점이다. 대다수의 창의적인 취미애호가들은 이러한 변화를 견뎌내지 못한다. 당신이 고급 패션 의류 디자인을 좋아하지만 싸구려 스타일의 옷은 질색한다고 가정해보자. 누군가 당신에게 오렌지색과 자주색 물방울무늬가 있는 나팔바지 모양의 청바지를 만들어달라고 한다면, 당신이 취미애호가일 때는 그에게 싫다고 거절할 수 있을 것이다. 그러나 당신이 사업체를 운영할 경우라면 이야기가 달라진다. 일거리를 거절한다는 것은 곧 고객을 잃어버리는 것이기 때문이다. 당신에게 돈을 지불하는 사람은 고객이기 때문에 고객이 원하는 것을 할 수밖에 없다는 사실, 이것이 사업을 할 때 감수해야 할 문제다.

앞 장에서 말했듯이, 사업을 하게 되면 좋아하는 일을 즐길 시간이 적어질 수밖에 없다. 사람들에게 춤을 가르치는 일이 좋아서 댄스 교습소를 차린다 해도 언제든지 춤만 가르칠 수 있는 것은 아니다. 강습생을 모집해야 하고 교습비를 받아야 하며, 직원들을 채용해야 하고 각종 서류 작업에 매달려야 하며, 전화 통화로 조이 엄마에게 조이가 제2의 미하일 바리시니코프^{Mikhail Baryshnikov}(1948년 출생, 러시아에서 미국으로 망명한 무용수로 20세기를 대표하는 발레계의 스타 - 옮긴이)가 될 수 없다는 점을 수차례 설명해야 하고, 교습소를 청결하게 관리해야 하며, 회계장부를 정리해야 하는 등 수많은 일들을 처리해야 한다. 만약 진정으로 당신의 취미를 사랑하고 취미와 관련된 일을 매일 하고 싶다면, 차라리 해당 업종에서 일자리를 얻는 것이 훨씬 좋은 선택이다. 그러면 사업체를 지속시키느라 리스크를 짊어지지 않고서도 얼마든지 당신의 취미를 즐길 수 있을 테니 말이다.

죠비 현상

■   취미애호가들은 내가 죠비.Jobbie라고 명명한 방식으로 취미를 돈벌이로 발전시키려고 한다. 죠비라는 말은 일Job과 취미Hobby를 합성한 단어로, '사업으로 위장된 취미'를 뜻한다. 만약 당신이 취미와 관련된 상품이나 서비스를 판매하는 사업을 시작했지만 충분한 매출을 거두지 못한다면, 당신의 사업은 진정한 사업이 아니라 죠비일 뿐이다. 나는 죠비인지 아닌지를 판단하기 위한 리트머스 테스트를 만들었다. 당신이 사업에 전념하고 있는데도 시간당 매출(급여가 아니라)이 최저임금(현재는 미연방 기준으로 시간당 7.25달러인데, 일부 주는 이보다 높다)에도 못 미칠 뿐더러 그 이상을 벌 수 있는 현실적이고 신뢰할 만한 계획이 없다면, 당신의 사업은 죠비에 불과하다. 당신이 재미삼아 파트타임으로 일하면서 부수입을 버는 것이라면 그런 일 역시 마찬가지다.

죠비는 전업주부들, 창의적이고 기발한 사람들, 최근의 대학 졸업생들, 항상 꿈에 젖어 사는 사람들 같은 특정 그룹에서 흔히 발견할 수 있다. 죠비 그 자체는 별로 나쁠 것이 없다. 당신의 취미가 짭짤한 부수입 수단이 되고 취미생활을 유지할 돈을 충당한다면 즐거운 추억거리가 되고 진짜로 멋진 일이라 할 수 있다. 그러나 당신은 죠비의 현실을 직시해야 하고 그 실체를 깨달아야 한다. 죠비가 생계수단이 되면 안 된다는 것을 확실히 알아둬야 한다는 뜻이다. 사업자금이 없다는 이유로 사업으로 위장된 일, 즉 죠비를 하는 것은 그저 시늉일 뿐 당신이 얻는 이득은 없다. 죠비에 빠져들면 미쳤다 싶을 정도로 재료와 물품을 사들이고 웹사이트 구축에 많은 돈을 지출할 뿐만 아니라 성공 가능성에 대한 환상을 갖고 여기저기에 돈을 펑펑 써댄다. 죠비에 빠진 사람들은 언젠가는 자신이 그 일로 대박을 터뜨릴 수 있다는 꿈을 꾼다. 당신이 떼돈을 벌 생각이라면 재무제표와 합리적인 가정이 첨부된 진짜 사업계획을 제대로 만든 다음, 그 계획이 유용한 사업기회가 될지 아니면 죠비에 그칠지 냉정하게 평가해야 한다.

당신은 죠비가 언젠가는 활짝 만개한 진정한 사업이 될 거라고 스스로를 속이면서 제대로 돈 벌 수 있는 기회를 자신도 모르게 차버릴지 모르고, 죠비가 있기 때문에 진정한 직업을 구할 필요가 없다는 핑계를 댈 수도 있다. 하지만 당신은 자신에게 정직해야 한다.

앞서 말했듯이, 사업화시키지만 않는다면 죠비는 당신의 욕구를 충족시킬 수 있는 완벽한 대안이다. 죠비를 통해 당신의 열정을 발휘할 수 있고 부수입까지 벌어들인다면 (사업에 필요한 만큼의 금액을 죠비에 투자해서는 안 된다는 점을 당신이 이해한다는 가정하에) 과도한 리스크 없이도 개인적인 니즈를 만족시킬 수 있다.

물론 죠비는 사업이라는 길로 나아갈 때 좋은 징검다리 역할을 할

당신은 사업가입니까

수 있다. 당신이 제공할 상품이나 서비스가 고객의 흥미를 유발할 것인지 작은 규모로 테스트해보면 그 사업기회(그리고 고객)에 대한 열정을 유지할 수 있을지를 기존 직장을 그만두기 전에 평가해볼 수 있다. 당신이 죠비를 진정한 사업으로 발전시키고자 한다면 철저하고 정직하게 평가에 임해야 한다는 점을 명심하기 바란다. 나는 당신이 취미에 쏟던 열정을 사업으로 전환시키면 리스크를 감당할 만큼 충분한 보상이 되돌아온다고 가정하지 말 것을 충고하고 싶다. 대개의 경우 리스크와 보상의 밸런스는 잘 맞지 않는다. 밸런스가 맞지 않는다면 당신이 가진 현재의 직업을 버려서는 안 된다. 취미를 즐길 여유가 있었다는 것이 얼마나 행운이었는지 후회할 것 같다면, 당신은 취미를 죠비로 바꾸는 일에 신중해야 한다. 그래도 취미를 죠비로 전환하고 싶다면 더욱 열정을 가지되 과대망상에 빠지지 마라. 또, 심층적인 평가를 하지 않은 채 뜻밖의 대박이 터지리라 기대하지도 마라.

취미로 그쳐야 하나, 죠비를 가져야 하나?

당신이 돈벌이를 위해 취미를 죠비로 만들고 싶다면 다음의 질문에 답해보라.

1. 현재의 직업을 그만두고 취미를 추구할 때 당신이 얻을 수 있는 이득은 무엇인가?

2. 여가시간에 취미생활을 더는 할 수 없다면 어떤 기분이 드는가?

3. 취미와 관련하여 자신의 니즈보다 고객의 니즈를 기꺼이 중시할 수 있는가?

4. 죠비를 수행할 수 있는가?
   • 만약 그렇다면, 취미로 부수입을 벌기 위해 당신이 감당할 수 있는 투자 리스크는 최대 얼마인가?
   • 죠비는 '잡－비즈니스'나 진짜 사업보다 당신에게 얼마나 도움이 될 것 같은가?
   • 죠비는 타당하고 확실한 사업모델이 될 수 있는지를 평가하는 출발점의 역할을 하는가? 만약 그렇다면 구체적으로 죠비는 어떤 역할을 하는가?

위 질문들의 답을 가지고 다음을 판단하라. (a)당신은 온전히 취미를 통한 돈벌이 전략을 원하는가, 그렇지 않은? (b)만약 그렇다면, 진짜 사업을 하는 것보다 죠비가 더 낫다고 생각하는가?

9

항상 사람이 문제다

당신이 직장을 그만두고 사업을 시작하려는 이유는 그저 상사와 동료 직원들로부터 벗어나겠다는, 혹은 본인 스스로 '보스'가 되겠다는 환상 때문일지도 모른다. 또는 (이런 일은 생각하는 것보다 훨씬 빈번하게 일어나는데) 다른 사람들과 함께 일하고 싶지 않아서일 수도 있다. 당신은 혼자 있는 것을 좋아하거나 '솔로 아티스트'로 살아가길 선호할 수 있겠지만 혼자서는 사업을 할 수 없다.

나는 다른 사람과 함께 일하는 것이 얼마나 어려운지 정말 잘 알고 있다. 허구한 날 함께 부딪혀야 하는 사람들은 특히나 짜증스럽다. 그들은 지독한 냄새를 풍기거나, 너무 시끄럽거나, 엉터리로 일하거나, 당신이 바쁠 때 주위를 어슬렁거리며 방해한다. 그러나 그 사람들은 당신 삶의 일부이고, 사업으로 돈을 벌어들이려면 당신이 직원이든 오너이든 간에 그들과 어떤 방식으로든 함께해야 한다.

나는 앞에서 이미 언급했던 여러 교훈들 중 고객이 사업에서 가장 중요한 자산이라는 것을 당신이 염두에 두기를 바란다. 당연한 말이지만 당신에게 돈을 지불하는 고객이 없다면 사업은 불가능하다. 당신에게 고객이 있다면 설령 팔 만한 것이 하나도 없을지라도 돈 버는 방법을 찾아낼 수 있다. 누군가의 상품이나 서비스를 구걸하거나 빌려서라도 팔 수 있기 때문이다. 하지만 고객이 하나도 없는 상황은 사업가로서 최악의 비운이다. 당신에게 최고의 서비스나 상품, 목 좋은 장소, 멋진 마케팅 자료, 스마트한 직원 등이 있다 해도 기꺼이 돈을 지불하는 고객이 없다면 아무 의미가 없다. 사업이 망할 테니까.

앞에서 말했듯이 상품이나 서비스를 돈을 주고 구매할 능력은 사람에게만 있다. 설령 당신이 동물이나 식물과 함께 일한다 해도 결국 돈을 내는 진짜 고객은 오직 사람뿐이다. 고양이, 개, 나무가 자라서 직업을 얻고 돈을 지불할 수 있는 고객이 되는 날이 오지 않는다면, 고객이 사람일 수밖에 없다.

고객은 사람이기 때문에 사업가로서 당신은 말 그대로 '사람과 함께' 일해야 한다. 당신은 사람들과 가깝게, 아마도 예전 직장에서 일할 때보다 더 가깝게 일해야 한다. 고객만이 당신에게 돈을 지불함으로써 당신의 부를 좌우하기 때문이다. 당신은 그들에게 상품과 서비스를 팔아야 하고, 그들에게 확신을 심어줌으로써 당신 회사를 고용하게 해야 하며, 그들이 매장의 단골이 되어 당신에게 행운을 가져다주게 해야 한다. 물론 그들이 제값을 제때 내게 확실히 해두기도 해야 한다. 고객이라는 범위 안에는 정말 무수히 많은 유형의 사람들이 존재한다. 당신이 판매하는 상품이나 서비스가 '사람 지향적'이지 않더라도(가령 컴퓨터 코드를 작성하는 일) 누군가는 당신의 회사를 고용하여 돈을 지불한다. 그렇지 않다면 당신이 하는 일은 사업이 아니다. 바로 그 누군가가 사람이고, 그는 당신의 사업에 정말 중요한 존재다.

이는 사업의 다른 측면에서도 마찬가지다. 당신이 투자자, 은행, 기타 금융기관에서 자금을 구하려 해도 그곳에서 일하는 직원들은 모두 사람이다. 당신은 그들에게 당신의 사업이 계속 성장하며 이득을 거두고 있음을 확신시켜야 한다. 그렇지 않으면 그들은 당신을 달갑지 않게 여길 것이기 때문이다.

사업이 성장한다면 어느 시점에는 필히 직원을 고용해야 한다. 비록 로봇 기술의 발전 속도가 꽤 빠르긴 하지만 아직 사이보그를 만들 정도는 아니기 때문에 당신은 사람을 고용해야 한다!

사업을 하려면 변호사, 회계사, 마케터와 같은 전문가의 서비스를 받아야 하며 건물 청소와 관리를 전문으로 하는 사람의 서비스도 받아야 한다. 당신의 임대주도 사람이다. 당신의 벤더나 협력업체에서 일하는 직원들도 역시 사람이다.

실제로 당신이 함께 일해야 할 사람의 수는 사업 개시일 이후부터 매일 기하급수적으로 증가한다. 만약 사업을 결심하게 만든 동기가 사람들과 함께 일하기 싫은 것 혹은 함께 일하는 사람의 수를 최소한으로 줄이고 싶은 것이라면, 당신은 방향을 잘못 잡은 것이다. 당신의 문제가 사람을 그다지 좋아하지 않는 것이라면 정말 쉽고 저렴한 비용으로 해결할 방법이 있다. 상사에게 가서 사람들이 당신을 귀찮게 하지 못하도록 문을 닫을 수 있는 방을 달라고 요청하라. 아니면 1주일에 하루 이상 재택근무를 하며 사람들과 물리적으로 떨어져 일하겠다고 제안해보라. 이런 간단한 방법이 사업가라는 험난한 길에 들어서는 것보다 훨씬 적은 리스크로 당신의 문제(사람을 좋아하지 않는다는) 해결에 큰 도움이 될 것이다.

잠깐! 내가 당신의 말을 잘못 이해한 것일지도 모르겠다. 당신은 사람들과 함께 잘 일할 수 있지만, 팀으로 일하는 방식은 좋아하지 않는다고 가정해보자. 당신이 사

> 사람들과 함께 일하는 게 싫어서 혹은 혼자 일하는 게 좋아서 사업을 시작할 생각을 했다면 처음부터 다시 생각하라.

람들과 팀이 되어 일하기를 어려워한다면 어떻게 직원들을 관리할(그리고 어떻게 그들에게 팀워크를 촉진시킬) 것인가? 당신은 최고 수준의 직원과는 함께 일할 수 있다고 생각할지 모른다. 하지만 생각해보자. 당연한 말이지만 당신은 오직 입사지원서를 낸 사람들 중에서만 직원을 뽑을 수 있다. 만약 당신이 최고 수준의 급여를 약속하지 못한다면 최고 수준의 직원을 채용하기 어려울 것이고, 당신은 보통 수준의 지원자에 만족해야 한다.

당신이 보통 수준의 직원을 채용하고자 해도 지원자들이 당신이나 당신 회사를 좋아할 것이라 보장할 수는 없다. 현재 당신 직장에서 겪는 '사람 관련 문제'가 무엇이든 간에, 당신이 사업체 소유주가 되면 그런 문제들이 더 심각하고 중대하게 다가올 것이다. 더군다나 직원들은 당신의 모든 것이라 할 수 있는 사업의 성공과 실패를 좌우하는 중요한 패를 가지고 있다. 사람과의 상호작용을 줄이는 것이 목적이라면 창업보다는 현재의 직장생활을 어떻게 할지 고민하는 게 낫다.

다른 사람과 함께 일하기(혹은 혼자 일하기)

현 직장에서 사람들과 상호 작용하는 것을 좋아하지 않는다면 일단 다음을 적어보라.

1. 당신에게 문제를 일으키는 사람들의 이름

2. 구체적인 문제의 내용

이러한 문제가 어떤 상황에서 개선 혹은 해소될 수 있을까?

- 현 직장에서 다른 역할을 맡는다면?
- 다른 회사에서 직업을 얻는다면?
- 사업을 시작한다면?

이제 평가를 해보자.

- (사람들과 함께 일하기 힘든 문제가) 특정한 사람과 관련된 것인가, 아니면 스트레스나 불행을 야기하는 또 다른 이슈가 따로 있는가?
- 리스크를 크게 부담하지 않아도 그 문제를 개선할 방법이 있는가?
- 문제 해결을 위해 사업을 시작해야 할 것 같은가? 만약 그렇다면 사업으로 발생하는 리스크가 과연 감수할 만한 것인지 평가해보라.

객관적인 피드백이 필요하다면 당신은 내게 믿을 만한 조언을 부탁하고 싶을지도 모른다.

아, 만약 그렇다면 당신의 '사업의 기본 동기'에 쓰여 있을지 모르는, '나는 사람들과 함께 일하고 싶지 않다'라는 동기를 당장 지워버려라.

창업의 타이밍을
포착하라

—

당신이 사업가로서 적합하지 않다는 것보다는 바로 '지금 이 순간'이 사업을 시작할 적합한 시기가 아니라는 것이 때때로 창업의 이슈가 된다. 타이밍은 성공의 핵심요소라서 내가 만든 5단계의 '파이어드-업' 평가에서도 많은 부분을 타이밍의 문제에 할애했다. 사업체 경영 능력을 충분히 갖춘 사람이라 해도 타이밍이 맞지 않는다면 사업을 해서는 안 된다.

물론 창업을 위한 완벽한 타이밍은 없다. 하지만 좋은 타이밍은 확실히 존재한다. 사업을 위해서는 사전에 준비해야 할 것들이 많다. 당신이 사업계획을 성공적으로 추진하더라도 100% 성공을 장담할 수 없다면 그만큼 잘 준비하는 것만이 성공 기회를 기하급수적으로 높일 것이다.

경험이나 스킬, 개인적 책임감 같은 요소들은 모두 매우 변화무쌍하다. 당신에게 익숙하지 않은 사업의 기능적인 분야를 학습하는 것도 마찬가지다. 당신의 학습곡선과 개인적인 상황은 계속 변화한다. 그래서 앞으로 이어질 각 장은 '지금 이 순간이 사업에 노력을 기울일 좋은 타이밍인가?' 혹은 '당신의 사업가 방정식에 존재하는 리스크와 보상 비율을 좀 더 유리한 방향으로 바꿀 수 있는가?'를 평가하는 데 도움이 되는 내용들로 구성했다.

10

한 번에 두 마리 토끼를
잡을 순 없다

삶에서 가장 다이내믹한 요인 중 하나는 당신이 처하는 여러 상황별로 누구에게 어떤 책임을 져야 하는지와 관련된다. 파이어드-업^{FIRED-UP}의 세 번째인 'R'은 책임^{responsibilities}을 뜻하는데 그것으로 사업의 타이밍이 적절한지를 판단할 수 있다. 책임은 흔히 사업가들이 창업을 결심할 때 충분히 고려하지 않는 항목이지만, 이는 자신에게 진실로 정직해져야 하는 영역이다. 당신은 절대로 자신을 속이면 안 된다. 알겠는가?

지금부터 제시할 두 개의 질문에 반드시 정직하게 대답하기를 바란다. 그렇지 않으면 당신 자신에게(그리고 당신 주변 사람들에게) 피해가 갈 것이다. 당신이 다음의 두 질문과 각각의 하위 질문에 차례로 답한다면 당신의 책임감을 평가할 수 있을 것이다. 질문에 답할 때는 두 가지 일을 동시에 최우선순위로 둘 수 없다는 점을 명심하라.

스스로 답해야 할 두 가지 질문

1. 나는 사업체의 소유주가 될 만반의 준비가 되어 있고 그에 따라 책임질 각오가 되어 있는가?

사업체를 소유한다는 것은 아이를 갖는 것과 같다. 당신에게 어떤 일이 발생하든 당신은 그 아이의 유일한 책임자다. 사업은 엄청난 돈과 시간, 그리고 '피와 땀, 눈물'을 쏟아야 하는 일이다. 뭔가 일이 잘못되면 당신 스스로 감당해야 한다. 새벽 3시에 경보 시스템이 울리면 매장으로 달려가 무슨 일이 생겼는지 살펴야 하고, 고객이 이슈를 제기하면 당신이 해결해야 한다. 당신이 그 어떤 책임도 지지 않을 생각이라면 (화분에 물을 주고, 쓰레기를 치우고, 제때 정산하고, 그 외에도 수없이 많은 일을 항상 잊어버린다고 생각해보라), 솔직히 말해 당신은 사업체의 소유주가 되어서는 안 된다.

사업을 성장시키려면 당연히 사업을 보살펴야 한다. 시간과 돈뿐만 아니라 엄청난 노력을 사업에 바쳐야 하는 것이다. 가족, 친구, 취미 등 항상 당신의 삶과 함께하는 것들을 잠시 멀리하려는 이유는 사업이 당신에게 가장 중요하기 때문이 아닌가? 당신은 사업을 삶의 최우선순위에 두고 책임질 준비가 되어 있는가?

2. 내가 책임질 사람은 누구인가?

당신이 누구에 대한 책임이 있는지 살펴보지 않고서는 우선순위에 관한 질문에 답하는 것이 어려울 수밖에 없다. 당신이 늘 혼자 있는 것이 아니라면 당신의 의사결정으로 파트너나 배우자, 혹은 아이들이 어떤 영향을 받게 될지 파악해야 한다. 그들은 당신의 의사결정에 따라 금전적인 영향을 받을 뿐 아니라, 언제나 당신의 시간과 관심을 필요로 하기 때문이다. 사업 성공을 목적으로 자금을 투자할 때는 당신의 가족에게 재무적으로 어떤 일이 발생할지 고려해야 한다. 사업은 당신의 재산뿐만 아니라 가족에게까지 리스크를 지우기 때문이다. 당신은 어쩌면 미래의 보상을 위해 현재의 희생을 각오할지 모르지만, 당신의 가족들은 어떠한가?

사업을 시작하면 현재의 직장에서 잘 받던 급여가 끊기는 문제만 발생하는 것이 아니다. 다음의 질문을 던져 가족에게 미칠 부정적인 영향을 생각해보라.

- 초기 투자금을 모두 잃는다면?
- 집을 담보물이나 대출보증용으로 이용했는데, 집을 잃게 된다면?
- 사업을 시작하면 자녀의 학비를 덜 지출할 수도 있다. 만일 그렇다면 그것이 자녀에게 공정한 일인가?
- 최악의 시나리오가 발생할 경우 가족에게 무슨 일이 발생할 것인가?

당신은 성공을 장담할지 모르지만 만약 실패한다면 어떨 것 같은가? 당신이 사업의 유리한 측면을 낙관적으로 보고 있다면 불리한 측면에 대해서는 현실적일 필요가 있다. 당신이 책임지는 사람들에게 있어 특히나 그러한 측면이 좋지 않은 영향을 미칠 것이라면 말이다.

사업을 시작해서 성장시키는 것이 언제나 당신이 모아둔 재산 전부를 위태롭게 만드는 것은 아니지만, 그래도 어느 정도는 가족의 희생과 변화가 불가피하다. 대부분의 사람들은 변화를 좋아하지 않고, 꼭 필요하지 않을 경우엔 더 그렇다. 당신의 가족은 새로운 옷을 구입하고 해마다 여행을 가며 정기적으로 자동차를 업그레이드하고 싶어 하지만 당신의 사업으로 그럴 여유를 잃어버릴 수도 있다. 사업이 계획대로 되지 않으면 금전적인 문제는 가족에게 감정상으로 부정적인 영향을 미친다.

만약 당신이 사업에 필요한 신형 컴퓨터의 구입비 때문에 아이에게 수학여행을 가기 힘들겠다고 말해야 한다면 어떤 기분일 것 같은가? 또 아이의 기분은 어떨까? 자녀의 감정이 상해도 될 만큼 당신의 사업은 중요한가? 당신의 아내는 이제 번쩍거리는 신형 렉서스 SUV 대신 〈유쾌한 브래디The Brady Bunch〉(1969~1974년에 방영되었던 미국 홈 드라마 – 옮긴이)에 나오는, 나무 재질의 패널이 장착된 스테이션 왜건을 운전해야 할지 모른다. 아내는 그런 현실에 행복해할까? 아내가 행복하지 않다면 가족 전체에게 어떤 영향이 갈까? 가족이 행복하지 않아도 당신은 행복할 수 있을까?

당신이 사업에 우선순위를 둔다면 금전적인 문제 외의 또 다른 문제가 가족에게 발생한다. 당신이 사업을 돌봐야 한다는 것은 비록 사업으로 가족을 부양하더라도 대개는 가족을 위해 많은 시간을 쓸 수 없다는 것을 의미한다. 당신이 사업에 집중하는 동안 가족은 (화 한 번 내지 않고) 알아서 가정을 꾸려가며 당신에게 지원을 아끼지 않을 것이라고 생각하는가? 당신이 사업에 몰두하느라 아들의 야구 경기를

당신은 사업가입니까

매번 잊어버리고 딸의 발레 발표회에 참석할 수 없다면 아이들은 어떤 기분일 것 같은가? 시간은 돈보다 가치 있는 자원이다. 돈은 모을 수 있지만 우리가 쓸 수 있는 시간은 그저 사라질 뿐이다. 당연히 다른 대안은 없다.

당신이 져야 할 책임, 삶의 우선순위, 가족의 니즈 등을 뒤로하고 바로 지금이 사업을 시작할 때인지 스스로에게 물어보라. 오해하지 마라. 나는 누가 당신의 발목을 잡고 있는 지 묻는 것이 아니라, 당신이 책임져야 할 사람인지 누구인지 알아야 한다고 말하는 것이다. 나는 자기 아들에게 자니-킹Jani-King(1969년에 설립된 세계적인 청소대행업체 – 옮긴이)의 대리점주가 되기보다는 의

> 사업을 시작하기 전, 당신이 책임져야 할 사람이 누구인지 다시 한 번 생각하라. 당신이 져야 할 책임, 삶의 우선순위, 가족의 니즈를 뒤로하고 바로 지금이 사업을 시작할 때인지 스스로에게 물어라.

사가 되라고 말하는 엄마처럼 거짓 책임을 이야기하는 것도 아니다. 의사가 되라는 말은 엄마의 꿈을 자식에게 강요하는 것일 뿐이니 그런 식의 책임을 질 필요는 없다. 나는 당신의 파트너, 배우자, 자녀, 또는 당신이 돌봐야 할 병든 부모님에 대해 이야기하고 있다. 이들이야말로 당신의 진정한 이해관계자다.

적절한 타이밍이 아니면 단념하라

■ 현재의 책임과 우선순위로 볼 때 지금 사업을 시작하는 것이 경솔한 일임을 깨달았다고 해서 사업가라는 옷이 당신에게 영원히 어울리지 않는다는 뜻은 아니다. 단지 지금 창업하는 것이 올바른 선택이 아니라는 의미다. 재산이 모두 당신 소유라면, 또는 사

업 때문에 아이의 교육비나 어머니의 병원비를 건드리는 것이 아니라면 당신은 전 재산을 사업에 쉽게 투자할 수 있다. 사업을 시작해도 좋은 타이밍인지 평가하고 싶다면 당신의 이해관계자에게 무엇이 위태로워질지 생각해보라. 또한 그들의 관점에서 그들이 부담해야 할 리스크와 그들에게 돌아갈 보상이 얼마나 될지 평가해보라. 당신의 자녀가 자신의 미래를 망쳤다는 이유로 당신을 미워하거나 아내가 당신에게 이혼을 요구한다면 재산을 날릴 때보다 훨씬 더 괴로운 감정을 경험할 것이다.

'나 홀로 브레인스토밍'
이해관계자들의 입장에서 평가하기

당신에게는 사업의 이해관계자라 말할 수 있는 가족이 있는가? 그렇다면 당신이 사업을 시작할 경우 가족이 감당해야 할 라이프스타일의 변화나 희생이 무엇인지 숙고해보라. 답이 명확해지면 가족에게 솔직하게 털어놓고 그럴 가능성에 대해 그들이 어떻게 생각하는지 들어보라. 이런 과정을 통해 얻은 정보를 바탕으로 '지금이 창업에 좋은 시기인지' 평가하고, 향후 몇 년 동안은 창업을 생각하지 않는 편이 좋을지 판단해보라.

11

걷기 전에는 뛰지 마라

철학자 프리드리히 니체^{Friedrich Nietzsche}는 이렇게
말했다. "언젠가 하늘을 나는 법을 배우고 싶은 사람은 먼저 서고, 걷
고, 달리고, 기어오르고, 춤추는 법부터 배워야 한다. 그 전에는 아무
도 하늘을 날 수 없으니까."

고백하자면, 난 니체를 읽은 적이 없다. 이 말은 에디 머피가 1988년
에 주연한 컬트 영화 〈구혼작전^{Coming to America}〉에 나오는 대사를 인용
한 것이다(내가 알기로 이 영화에는 철학적 소재가 무궁무진하다). 내가
처음 어디에서 들었건 간에, 니체의 이 말은 사업에 대한 사람들의 태
도에도 적용할 수 있는 중요한 지적이다.

대개의 사람들은 곧바로, 아니면 최소한 걷다가 날기를 바란다. 사
람들은 다른 이들의 현재만을 바라볼 뿐 그들이 그전에 겪었던 수많

은 경험을 겪으려 하지 않는다. 완벽한 달인이 되기까지 오랫동안 헌신해야 한다고 생각하지 않는 것이다.

빅 리그에 들어가려면 연습이 필요하다

■ 나를 아는 사람이라면 미식축구 선수들의 뛰어난 기량 때문에 내가 얼마나 전미 미식축구 리그the National Football League를 사랑하는지 알고 있을 것이다. 세계적인 수준의 NFL 선수들은 하룻밤 사이에 스타로 떠오른 것이 아니다. 많은 선수들이 초등학교 때부터 팝 워너 리그Pop Warner league(9~15세 소년들을 위해 열리는 주니어 풋볼 리그-옮긴이)에서 선수생활을 시작했다. 그들 대부분은 고등학교나 대학 풋볼팀 혹은 비슷한 레벨의 외국 리그에서 경기했고, 자신의 스킬을 향상시키기 위해 줄기차게 오래 연습했다.

> 대개의 사람들은 제대로 걷기 전에 날기를 원한다. 사업에 지름길 따윈 없다. 지금까지 경험하지 못한 새로운 배움이 당신을 기다릴 뿐이다. 그것도 더 뼈저린 방식으로.

NFL에 입성한 뒤에도 최고의 선수들은 자신의 기술을 연마하기 위해 끊임없이 노력한다. 그들은 1주일 중 상당 시간을 지속적으로 연습에 할애한다. 녹화한 경기를 보며 경쟁자를 분석하고, 다음 경기에 구사할 전략들을 새로 만들며, 블로킹이나 태클처럼 오랜 시간 연습해왔던 모든 기술을 고도로 단련시키고, 기나긴 연습을 통해 경험을 축적하고 정교하게 다듬어간다. 누구도 어느 날 아침에 눈을 떠서 '이제 NFL에서 경기를 하겠어,'라고 결심하고 다음 일요일 경기를 위해 유니폼을 입을 수는 없다. 그런 식으로 했다가는 완패만 당할 뿐이다.

사업도 마찬가지다. 어느 날 눈을 뜬 다음 여태 경험해본 적 없는 업종이나 사업에 발을 들여놓고 거기에서 즉각 스타가 되기를 기대할 수 없는 노릇이다. 미안하지만, 당신은 실패할 뿐이다.

나는 NFL 선수들이 미식축구 연습장에서 무릎 높이 들기, 달리기, 역기 들기, 블로킹 연습용 썰매를 어깨로 미는 훈련 등에 시간을 보내는 것을 좋아할 것이라 확신한다. 그러나 그런 훈련은 다음 레벨로 올라가는 데 필요한 기초일 뿐이다. 사업을 할 때도 똑같다. 당신은 빅리그로 나갈 준비를 위해, 즉 당신 자신의 사업을 시작하기 위해 재무제표나 회계처럼 당신이 아직 익숙하지 않은 다양한 사업 분야와 업종, 이 두 가지를 모두 배워야 한다.

지금까지의 경험은 사업경험과 다르다

■ 당신이 경험 쌓기를 원한다면 사업의 관점에서 배워야 한다. 당신이 위젯widget(컴퓨터나 모바일에서 작은 화면으로 구동되는 독립적인 애플리케이션 – 옮긴이)에 익숙하다고 해서 위젯 사업을 경영하는 방법을 안다는 뜻은 아니다. 당신이 모형 자동차를 수집한다면 지난 10년간 생산된 모든 모델을 알고 있겠지만 그렇다 해서 모형 자동차 제조법을 아는 것은 아니고, 벤더와 협상하거나 유통점을 관리하거나 물건을 판매할 영업 조직을 구축할 수 있다는 의미 또한 아니다. 당신이 지금까지 두 달에 한 번씩 머리를 잘랐다고 해서 미용실을 운영할 수는 없다. 즉, 무엇인가에 익숙하고 자신만의 관점을 가지고 있다 해서 그런 경험을 사업경험과 동일시할 수는 없다는 것이다.

경험은 나이와 상관없다. 경험은 스킬 갖추기, 연습하기, 관련 지식 쌓기로 이루어진다. 나는 대학을 졸업하기도 전에 어떤 업종에서 일을 시작한 사람들을 알고 있고, 또 마치 금붕어처럼 한 업종에서 상당한 경험을 쌓은 40대 직장인들도 알고 있다. 어쨌든 좋다. 경험과 관련해 좋은 점은 당신이 원하기만 하면 언제든 경험을 쌓을 수 있다는 점이다. 시간과 노력을 기울인다면 말이다.

나의 고객이자 친구인 제이슨 우^{Jason Wu}를 예로 들어보자. 뉴욕에서 패션 디자이너로 활동 중인 제이슨은 2009년에 영부인 미셸 오바마^{Michelle Obama}가 첫 취임식 무도회장에서 입을 옷으로 그가 만든 아름다운 드레스를 선택하자 전국적으로 명성을 얻었다. 당시 그는 불과 26세였다. 당신은 현재 스미스소니언 박물관에 보관되어 있는 흰색 시폰 드레스를 디자인한 이 26세의 젊은이에게 '하룻밤 사이에 일어난 센세이션'이라는 딱지를 붙일지 모른다. 하지만 그 추측은 틀렸다.

제이슨은 16세 이후부터 패션 산업에 종사했다. 그가 패션 인형용으로 유명 디자이너의 미니어처 의상을 처음 디자인하자 수집용 패션인형 제조업체인 인터그리티 토이스^{Integrity Toys}가 관심을 보였다. 제이슨의 재능은 특정 인형을 위해 첫 디자인을 내놓자마자 즉각 부각되었다. 제이슨은 주도적으로 사업의 다른 측면들을 접하려고 했다. 그는 사업에 관해 더 많은 것들을 배웠고 얼마 안 가 회사의 크리에이티브 디렉터의 자리로 승진한 이후 지금까지 그 자리를 지키고 있다.

제이슨이 궁극적으로 디자인하고 싶었던 것은 여성을 위한 실물 크기의 패션의류였기 때문에 파슨스 디자인 스쿨(〈프로젝트 런웨이^{Project Runway}〉의 팬이라면 다들 알고 있겠지만, 팀 건^{Tim Gunn}이 학장으로 재직했던 뉴욕의 명망 있는 패션 학교다)에 입학했다. 그는 자신의 디자인 스킬을 정교하게 다듬는 것뿐만 아니라 사업에 대해서도 더 배우고 싶어 했

당신은 사업가입니까

다. 이 목표를 달성하기 위해 제이슨은 나르시소 로드리게즈^{Narciso} Rodriguez 밑에서 인턴으로 일했다. 제이슨은 당시의 경험에 대해 이렇게 말한다. "그곳은 작은 규모였고 저는 다른 인턴 한 명과 함께 일했는데 (중략) 일을 하면서 패션 산업에 관해 조금 더 많은 것을 볼 수 있었습니다. 디자인 회사의 운영에 대해 그전에는 전혀 몰랐던 것들을 배울 수 있었죠."

이 경험을 통해 그는 디자이너가 된다는 것이 현실적으로 무엇을 의미하는지 깨닫게 되었다. 그는 "저는 디자인만 했기 때문에 인턴을 하기 전까지는 디자인 쇼를 열어서 구매자들에게 판매하는 일이 얼마나 힘든지를 몰랐어요. 그 과정을 보고 이해할 수 있었던 경험이 제게는 정말 소중했습니다." 나르시소 로드리게즈 밑에서 제이슨과 함께 일했던 또 한 명의 인턴이 사업을 시작하기보다 패션산업의 디자이너로서 의상 디자인에만 집중하겠다고 결심했던 것과 비교해봤을 때, 제이슨의 말은 참 흥미롭다. 23세가 되었을 때 제이슨은 이미 사업가로서의 준비가 되어 있었다. 그는 패션 산업과 패션 사업에서 모두 경험을 쌓은 이후에 자신의 이름을 딴 여성의류를 제작하기 시작했다. 그는 '패션 그룹 인터내셔널의 떠오르는 스타상^{The Fashion Group International's Rising Star Award}'을 수상했고, 2008년에 '보그/CFDA 패션 펀드^{Vouge/CFDA Fashion Fund}' 결승전에 진출하기도 했다. 제이슨을 잘 모르는 사람들은 그를 하룻밤 사이에 센세이션을 일으킨 26세짜리 햇병아리로 보겠지만 그 '하룻밤 센세이션'의 뒷면에는 실제 사업경험을 쌓는 데 몰두한 10년의 세월이 있었다.

많은 대학생들이 사업을 시작하겠다는 희망을 품고 기업가 정신을 공부한다. 그러나 제이슨 우의 경우와 달리 대부분의 졸업생들에게는 사업의 성공에 도움이 되는 경험이 없다. 바로 이것이 재무적인 리스크가 아주 낮더라도 '당신이 맨 처음에 해야 할 것은 일을 통해 다른 이의 경험을 배울 수 있는 현실 세계에 발을 들여놓는 것'이라고 충고하는 이유다. 제이슨 우는 수집용 패션인형회사에서 일을 시작한 뒤 매우 유명한 여성패션회사에서 인턴으로 일했다. 대학에서는 돈을 내고 배우지만 이렇게 인턴으로 일하면 오히려 돈을 받으며 배울 수 있다는 점을 생각해보라(그렇게 하는 것이 훨씬 나은 방법이라고 생각되지 않는가?).

당신이 겪는 모든 경험은 긍정적이든 부정적이든 일하는 데 큰 도움이 되는 '공구 박스'가 될 것이다. 당신은 사업의 내부 움직임을 지켜보며 얻는 정보를 통해 자신이 진정 사업하기를 원하는지 판단할 수 있을 뿐 아니라 롤 모델로 삼고 싶은 관리자와 일할 수 있는 데다가 절대 따라 하고 싶지 않은 스타일을 가진 동료들도 경험할 수 있다.

이보 전진을 위한 일보 후퇴

■   당신은 사업경험뿐 아니라 '업종 경험'도 축적할 필요가 있다. 내가 항상 주장하는 것은, 당신이 어떤 업종 내의 사업을 희망하고 있지만 관련 경험이 변변치 않다면 반드시 그 업종에 대해 배워서 사업할 자격을 갖추어야 한다는 것이다. 말은 쉽지만 당신이 다른 업종에서 오랫동안 일했다면 자존심 때문에 이런 조언이 고깝게 들릴지 모른다. 당신이 MBA 학위도 있는 멘사MENSA 회원인데 왜 레스토랑에서 대학도 안 나온 데다 심지어 영어도 못하는 손님들

의 시중을 들어야 할까? 그것은 당신이 레스토랑에 대해 전혀 모르기 때문이고 장차 레스토랑 사업을 시작하며 수십만 달러를 투자할 계획을 가지고 있기 때문이다. 그것이 이유다!

생계를 위해 낮은 급여를 받으며 레스토랑 서빙 일을 하라는 말은 분명 아니고, 계속 그 일을 하라는 것도 아니다. 그저 당신이 레스토랑 사업 분야에서 상당한 경험을 쌓아야 한다는 뜻이다. 비록 낮은 급여지만 돈을 받으면서 사업을 배울 수 있다는 것은 정말 멋진 일이 아닌가?

물론 대학원 학위를 따기 위해 10만 달러가 넘는 돈을 쓰고 나서, 또는 다른 업종에서 이미 오랜 세월 근무하고 나서 무언가를 새로 시작하는 것은 어려운 일이다. 그러나 내일 스물다섯 발자국 앞으로 나아갈 수 있는지 파악하기 위해서라면 당신은 오늘 두 발자국 뒷걸음치는 것을 기꺼이 받아들여야 한다. 레스토랑에서 일하는 동안 당신은 자신이 그 업종을 좋아하는지 판단할 수 있다(당신은 매일 스파게티를 서빙하는 것보다 그것을 먹는 편이 훨씬 즐겁다는 것을 쉽게 파악할 것이다). 당신이 매니저로 승진할 때면 그 역할을 잘 수행할 수 있을지도 파악해보라. 만약 당신이 다른 사람의 레스토랑에서 매니저가 될 수 없다면, 혹은 매니저로서의 능력이 형편없다면 레스토랑 사업에 뛰어들 이유가 있겠는가?

레스토랑 사업을 하려면 당연히 일상적인 업무를 어떻게 수행해야 하는지 알아야 한다. 어느 날 누군가 갑자기 출근하지 않아서 일손이 부족하다면 결원을 보충해야 할 사람이 누구인지 생각해보라. 그렇다. 바로 당신이다! 이렇게 인력 관리를 직접 수행한 경험을 통해 직원의 관점에서 그들의 일을 이해할 수 있다면 직원 관리 업무가 훨씬 용이해질 것이다. 이것이 바로 많은 레스토랑 체인들이 '관리자 필수 훈련 프로그램'의 일환으로 관리자들을 몇 주간 레스토랑에서 직접 일하게끔 의무화하는 이유다.

보조바퀴를 떼려면 연습이 필요하다

■   매우 견고한 토대를 쌓아 리스크를 최소화하길 원한다면 나는 당신에게 보조바퀴의 도움을 받을 것을 권한다. 알다시피 보조바퀴는 자전거 타는 법을 처음 배울 때 감을 익히고 자신감을 키우기 위해 사용되고, 연습을 통해 자전거 타는 데 능숙해져야 그것을 뗄 수 있다.

그런데 사업가가 되길 원하는 사람들은 이러한 방식을 좋아하지 않는다. 걷기도 못하면서 달리고 싶어 하기 때문이다. 그들은 보조바퀴 없이 자전거 타기를 원한다. 그러면 무슨 일이 일어나겠는가? 십중팔구 땅에 넘어질 것이다(게다가 헬멧을 쓰고 있지 않다면 머리도 깨질 것이고). 그 이유는 매우 고집스럽거나 자존심이 너무 강해서 (혹은 너무 멍청하거나 게으르기 때문일 수도 있겠지만) 처음부터 보조바퀴를 달지 않으려고 하기 때문이다. 골프도 마찬가지다. 그린으로 나가기 전에 골프 수업을 들으면서 스윙, 드라이브, 퍼팅을 연습해야 한다는 것은 상식이다. 처음 스키를 탈 때는 초보자용 슬로프에서 연습하다가 점점 더 어려운 슬로프에서 꾸준히 연습하고 나서야 최고 난이도의 슬로프를 탈 수 있다. 3장에서 언급한 빌 게이츠의 사례를 기억하는가? 그는 자신이 나아갈 각 단계에 집중했고, 어느 날 갑자기 '하늘을 날려고'는 하지 않았다.

만약 당신이 사업을 진지하게 생각하고 사업을 위해 당신만이 가진 고유의 자본, 즉 시간과 노력을 희생할 각오가 되어 있다면 당신은 최고의 성공 기회를 잡을 수 있을 것이다. 그러니 사업을 성공시키는 데 필요한 블록 조각을 얻으려면 먼저 '충분히 경험하라'. 너무 늦어서 배울 기력이 없다는 말은 절대로 하지 마라. 인생이라는 학교는 끊임없이 배우는 과정이다. 사업의 세계에서도 성장을 위해서는 지속적인 교육이 필요하다. 지름길을 찾으려 하지 마라. 기업가 정신에 지름길 따윈 없다.

당신의 경험 평가하기

당신이 검토 중인 새로운 사업별로 다음의 과정을 진행해보라.

1. 종이 한 장에 두 개의 열을 가진 표를 그려라.

2. 왼쪽 열에는 (a)당신이 시작하길 원하는 사업과 관련된 모든 경험과 (b)사업운영과 관련된 일반적인 경험을 모두 적어라.

3. 오른쪽 열에는 당신의 경험을 확장시킬 수 있는 모든 방법을 다음 몇 가지 제안을 포함하여 기입하라.
   - 잠재 고객과 인터뷰하기
   - 해당 업종에 종사하는 사업체 소유주를 보좌하기
   - 직간접적으로 경쟁사라 할 수 있는 회사에서 인턴으로 일하기
   - 비슷한 회사에서 한 가지 이상의 일을 해보고 잘할 수 있는지 판단하기
   - 프로토타입 구축하기
   - 회계, 마케팅, 계약과 같은 기능적인 분야에 대한 가르침 받기

4. 오른쪽 열에 적은 각 아이템들을 시도하는 것이 경험에 도움이 되는지 생각해보라.

5. 오른쪽 열에 적은 각 아이템들을 완수한다면 왼쪽 열에 새로운 사업 아이템을 적을 수 있는가?

6. 오른쪽 열에 적은 모든 아이템을 수행하는 것이 성공에 필요한 당신의 시각을 실질적으로 향상시킬 수 있는가?

당신은 이러한 질문들을 통해 자신이 가진 사업가 방정식을 더욱 면밀히 평가할 수 있고, 바로 지금 그 사업을 시작해야 할지 아니면 추가적인 경험을 쌓으면서 미래를 준비하는 것이 더 나은지 판단할 수 있다. 이 질문들은 해당 업종에서 당신이 아무런 경험이 없거나, 혹은 있어도 제한된 경험뿐이라서 책임져야 할 사업을 조금밖에 알지 못한다면 특히나 중요한 이슈다.

12

사업은 대체 언제
시작해야 할까?

앞 장에서 우리는 맡겨진 업무를 힘겹게 수행해야 한다는 압박감뿐만 아니라 무능한 동료, 불쾌한 사무 환경 등이 사람들로 하여금 사업이라는 백일몽을 꾸게 만든다는 점을 알게 됐다. 그러나 사업을 시작하거나 기존 업체를 인수하는 것도 일이라는 사실을 잊지 마라. 또한 그것이 엄청나게 큰일이라는 것도 기억하라.

사업모델을 탐색해나가며 사업의 토대를 닦으려면 엄청난 무게의 일들을 감당해내야 한다. 우선은 타깃 고객이 당신의 상품이나 서비스에 대해 갖고 있는 니즈를 조사하고, 사업계획과 기타 여러 것들을 함께 고려해야 하며, 벤더나 사무실 위치에 관해서도 많은 것을 조사해야 한다. 또한 프로토타입을 만들어야 하고, 초기의 규정 체계를 수립해야 하며, 조기에 궤도에 올라서야 한다. 자금 조달, 마케팅 계획

　　　　　　　　　　　　　당신은 사업가입니까

과 조직 구조 수립 외에도 예전보다 훨씬 많은 일을 해내야 한다. 당신이 고용되어 있을 때는 회사에 출근해 하루에 8~9시간 정도 일하면서 점심을 먹고 화장실에 다녀오고, 퇴근하여 가족들과 저녁식사를 하고 약간의 대화를 나눈 뒤 〈아메리칸 아이돌〉을 보고 잠자리에 들었을 테지만, 사업을 시작하면 그런 여가시간은 많이 사라진다.

당신이 여가시간을 이용하여 사업을 준비하는 중이라면 준비를 다 마치는 데는 수년이 소요되거나 (그때쯤이면 당신이 한 조사의 절반은 옛날 얘기가 되겠지만) 회사에서의 업무 성적이 형편없이 뚝 떨어져버릴 것이다. 어떤 식으로든 당신은 실패할 수밖에 없다.

한편으로 직장을 그만두고 월급을 포기하면서까지 창업을 시도하는 것은 신경 불안뿐 아니라 재무적 불안까지 야기한다. 희망을 품고 사업에 뛰어든 대부분의 사업가들은 그런 불안감을 전혀 헤아리지 못한다(당신이 위험을 기피하는 성향이라 몇 개월 동안 수입이 없는 리스크를 감당할 수 없다면 절대 현재의 직장을 그만두지 마라).

겸직의 법적 문제

■ 　　　　　어떤 사람들은 겸직할 수 있는 방법을 찾아내 동시에 두 가지 일을 하기도 한다. 쉽게 말해, 직원으로 일함과 동시에 새로운 사업의 기초 작업을 수행한다는 뜻이다. 나는 이런 발상을 이론적으로는 좋아하지만, 여러 가지 문제가 걸려 있다.

우선 도덕적인 이슈다. 고용주는 당신이 수행하는 업무에 대한 대가로 급여를 지급한다. 자기 일에 자부심을 가지는 많은 이들은 "나는 오랫동안 여기서 일해왔어.", "회사는 나한테 감사해야 해."라고 말하지만, 천만의 말씀이다. 회사는 당신이 일한 대가로 급여를 주고 복리후생 프로그램을 제공한다. 회사가 당신에게 빚진 것은 없다. 이는 정당한 거래다. 당신이 이런 거래에 만족하지 못한다면 언제든 회사를 떠나도 상관없다. 그러므로 업무에 써야 할 시간과 자원을 다른 목적으로 사용하는 것은 당연히 부적절하다. 당신이 점심시간이나 퇴근이후 시간에 자기 사업과 관련된 일을 한다고 해도 회사의 자원을 사용하면 안 된다. 회사의 자원은 회사의 이해관계자가 가치를 창출하는 데 사용되어야 하는 것이지 당신이 쓰라고 있는 것은 아니다.

이런 윤리적 또는 도덕적인 이슈에 신경 쓰지 않는 사람들에게는 법적인 이슈가 좀 더 잘 먹힐지 모르겠다. 당신이 고용주의 회사에서 일하는 동안에는 법적으로도 사업과 관련된 일을 할 수 없다. 그 이유는 첫째, 당신이 직장을 얻었을 때 맨 처음 작성했던 문서 때문이다. 당신은 그 문서를 읽지 않았을지도 모르지만, 거기에는 당신이 회사의 자원을 이용했든 안 했든 간에 회사에서 일하는 동안 창출한 모든 것은 회사 소유라는 내용이 적혀 있다. 그 무엇이라도 말이다. 설령 그런 문서에 서명하지 않았다 해도 당신이 당신의 사업계획을 회사의 컴퓨터로 작성해서 회사의 종이와 잉크, 프린터로 출력했거나, 회사의 전화기나 전화 서비스를 이용해 사업 추진과 관련된 협력업체와 통화했거나, 회사의 자원을 사용하여 사업 관련 정보를 조사했다면 회사는 당신에게 강력한 법적 소송을 걸 수 있다. 회사가 당신에게 급여를 지급하고 있다면 당신의 아웃풋은 무조건 회사 소유다.

이런 이슈를 제대로 보여주면서 세간의 모든 이목을 집중시켰던 소송 사례를 들어보자. 카터 브라이언트Carter Bryant는 완구회사인 마텔^{Mattel}의 바비 인형 사업부 직원이자, 마텔의 베스트셀러 인형 여러 개를 디자인했던 유명 디자이너였다. 그는 새로운 인형의 제품 라인을 구축할 목적으로 점심시간마다 스케치를 하며 제품 콘셉트를 만들어나갔다. 과장되고 만화 주인공 같은 외양의 새로운 인형은 기존의 바비 인형과 완전히 다른 것이었다. 인형의 옷은 도회적이었고 현대적인 여성들이 입는 의상의 특징을 크게 반영하고 있었다.

브라이언트는 자신의 콘셉트를 제안했지만 회사는 관심을 보이지 않았다. 이유가 무엇이었든 그의 인형들은 당시 마텔이 추구하던 콘셉트와 어울리지 않았기 때문에 채택되지 않았다. 카터는 회사 측의 거부에 당황하지 않고 자기 시간에 인형의 프로토타입을 만들기로 결심했다. 그는 근무시간이 끝난 후에 회사에서 알고 지내던 몇몇 사람들에게 부탁하여 자신이 작업하던 인형들의 모형을 제작했다. 충분한 준비 작업을 끝냈다고 판단한 브라이언트는 자신의 인형 모형을 MGA라는 이름의 소규모 완구회사에 제안했다.

그는 자신이 자유시간에 인형을 손수 디자인했다고 MGA 회사에게 말했고 MGA는 인형을 제작하고 판매하는 파트너십을 브라이언트와 맺기로 했다. 브라츠^{Bratz} 인형이 탄생하는 순간이었다.

몇 년이 채 지나지 않아 수십 억 달러의 사업으로 성장한 브라츠 인형은 완구산업 역사상 최고의 성공 사례가 되었다. 시장을 석권한 브라츠 인형은 바비 인형의 수익을 갉아먹게 되었고, 마텔은 브라이언트가 자기네 회사에서 일하는 동안 브라츠 인형을 개발했기 때문에 브라츠 인형의 소유권은 마텔에 있다며 브라이언트와 MGA를 상대로 소송을 제기했다. 물론 브라이언트와 MGA 측은 브라츠 인형을 자유시간에 개발한 것이라고 말하며 마텔의 주장을 일축했다.

이 사건은 재판에 회부되었고 법원은 마텔의 손을 들어주었다. 마텔이 브라츠 인형을 소유하게 된 것이다. 인형의 사업화 과정(제조, 브랜딩, 판매, 유통 등)은 브라이언트가 마텔을 떠난 이후 MGA의 노력으로 이루어진 것이고 그가 마텔에 있을 때는 겨우 콘셉트만 구축했을 뿐이지만, 그가 직원으로 근무하는 동안 브라츠 인형의 아이디어와 프로토타입의 기초작업을 수행했다는 것이 마텔의 승소 이유였다.

비록 1심 판결의 일부가 항소심에서 뒤집히고 결과적으로 재심에서 평결이 번복되어 브라츠 인형의 소유권이 MGA로 다시 넘어가긴 했지만 법적 다툼을 벌이느라 소송비로만 수백만 달러가 허비되었다. 또한 카터 브라이언트는 마텔과 개인적으로 따로 화해를 해야 했고, MGA는 법적 분쟁으로 인해 브라츠 브랜드 이미지에 손상을 입었다.

당신이 남의 회사에 재직하는 동안에 고용주의 자원을 어떤 식으로든 이용한다면, 비록 기초 작업에 불과했다 하더라도 당신이 시작한 사업은 당신 소유의 것이 안 될 수도 있다. 당신이 사업의 성공에 취할 시점에 이르면 대규모 소송을 당할 수도 있다는 점을 조심해야 한다. 마텔은 브라츠 인형이 큰 성공을 거둘 때까지 기다렸다가 소송을 걸었다. 당신이 큰 성공을 거둘수록 누군가가 횡재할 가능성(소송으로 이득을 빼앗아 갈 가능성 – 옮긴이)이 그만큼 커진다.

큰 도약을 시도하기 전에 사업을 테스트해보는 것은 꼭 필요하지만, 당신은 신중해질 필요가 있다. 직장에서 일하는 동안에는 사업과 관련된 일을 할 수 없고 자유시간조차 별로 없다면 당신은 언제 사업을 시작할 수 있을까?

'나 홀로 브레인스토밍'
고용된 상태에서 사업 시작하기

현재 어느 회사에 고용된 상태이거나 최근에 그 회사를 떠났다면, 스스로에게 다음의 질문들을 던져보라.

- 당신은 현재의 고용주에게 회사의 경쟁자가 되어 고객을 빼내가지 않겠다는 서약서를 제출한 적이 있는가?
- 회사는 당신이 근무하는 동안 창출한 모든 것들이 회사에 귀속된다는 정책을 가지고 있는가?
- 당신은 사업 추진을 위한 리서치와 기초 작업을 목적으로 현 고용주의 자원을 이용한 적이 있는가?
- 당신은 현 고용주의 고객을 당신의 고객으로 빼내올 계획을 가지고 있는가? 현 고용주가 가진 아이디어도 모방할 생각이 있는가?

만약 위 질문들에 하나라도 '예'라는 답이 나온다면, 당신은 새로운 사업을 시작하는 데 있어 심각한 법적 제재를 당할지 모른다.

다시 한 번, 당신의 사업을 시작하기 전에 지금 다니는 직장을 그만두는 것이 더 나은지 스스로에게 질문을 던져보라. 아마도 법적 제재가 거의 없는 비관련 산업(현 고용주와 충돌하지 않는 산업-옮긴이)에서 파트타임 일자리를 얻어 적은 돈을 벌면서 새로운 사업기회를 탐색하는 편이 더 나을지 모른다. 고용되어 있는 동안 사업을 시작함으로써 지게 될 리스크를 미리 알고자 하거나 당신이 처한 특별한 상황에 대해 가이드를 받고자 한다면 변호사의 자문을 구하기 바란다.

13

무엇을 아는가보다
누구를 아는가가 중요하다

혹시 어렸을 때 사업가처럼 행세하며 기금 모금
에 나선 적이 있는가? 당신은 아마도 농구팀을 위해서 걸스카우트 쿠
키나 캔디바를 팔았거나, 학생위원회를 위해 포장지를 판매하고 학교
도서관 신축을 위해 피자를 팔러 다니기도 했을 것이다. 모르긴 해도
모든 조직에는 이렇게 여기저기 팔 수 있는 '기금 모금용 상품'이 있
는 것 같다.

기금 모금 그룹은 포상을 내걸어 아이들이 판매에 열중하게 만들
곤 했다. 가장 많이 판매한 자는 모든 아이들이 갖고 싶어 했던 새 자
전거나 혹은 AM/FM 라디오(요즘이라면 아이팟 같은 것이겠지만 내가
어렸을 때는 그런 것뿐이었다. 그 시절엔 말이다)를 받을 수 있었다.

아마도 당신은 스스로를 사업가라 여기고 '판매 근육'을 가볍게 풀며 흥분했을 것이다. 이웃에 있는 모든 집을 찾아다니며 기금 모금용 상품들을 팔면 새 자전거는 따놓은 당상이라고 확신하며 말이다. 놀랍게도 당신은 당신이 알고 있는 (모르는 사람들도 일부 있었겠지만) 모든 친척과 이웃들을 몇 주간 찾아다닌 끝에 앞서 말한 상품들(쿠키, 냉동피자, 캔디바, 포장지)을 수백 박스나 팔 수 있었다. 당신의 승리는 황금만큼이나 값진 것이었다.

그런데 학교에 간 당신은 친구 수지가 당신보다 다섯 배나 더 많이 팔았다는 사실을 알게 된다. 그녀가 기업가 정신이 충만한 대단한 영업사원이어서가 아니라 단지 돈 많은 가족이 있었기 때문에, 그리고 그녀의 아버지가 수백 명의 직원을 거느린 로펌의 파트너여서 직원들에게 쿠키를 스무 상자씩 사게 했기 때문이었다. 따지고 보면 그녀의 아버지는 돈으로 승리를 샀고 돈으로 자전거라는 전리품(수지는 이미 자전거가 두 대나 있었기에 딱히 필요치 않은)을 획득한 것이었다.

사업도 종종 이런 식이다. 때로는 무엇을 아느냐가 아니라 누구를 아느냐가 관건이다.

당신이 몇몇 중요 인물들을 알지 못한다면 당신은 실패하기 쉽거나 최소한 약점이 큰 상태에서 사업을 시작하는 것이다. 누군가를 알지 못해 손해를 보는 첫 번째 시점은 사업자금을 구하려고 할 때다. 자금이 필요한데 자금력 있는 사람을 알지 못한다면 푼돈을 얻는 일조차 힘겨울 것이다.

투자자들은 자신이 아는 사람에게, 혹은 친구가 아는 사람에게 투자하는 경우가 많다. 아는 사람들 중에 당신에게 투자할 능력이 있는 사람이 아무도 없다면, 당연한 말이지만 누구도 당신에게 자금을 대주지 않을 것이다. 사업을 처음 시작할 때는 이런 현실에 좌절한다.

야심찬 사업계획을 갖고 있다면 전문 캐피털 회사를 찾아갈 수도 있다. 그러나 당신과 관계있는 사람의 보증이 없다면 캐피털 회사가 매년 접수하는, 산더미처럼 쌓인 사업계획서들의 좁은 문은 통과하지 못할 것이다. 캐피털 회사가 투자를 결정할 때 가장 먼저 검토하는 것 역시 자기네들이 신뢰하고 존경하는 사람이 해당 사업가를 보증하는지의 여부이기 때문이다. 매년 엄청난 수의 투자요청서를 접수받는 캐피털 회사의 입장에서 보면 당신에게 아는 사람이 없다는 사실은 심사 절차를 뚫고 투자를 유치하는 데 상당히 큰 약점이 된다.

당신은 누구를 알고 있는가?

■   '아는 사람'에 관한 이슈는 사업 구축을 위한 절차를 밟을 때 다시 고개를 든다. 당신이 좋은 업체를 소개받는다면 협력업체에서 전문 서비스회사에 이르기까지의 그 누구와도 더 좋은 조건으로 거래할 수 있다. 그래서 당신은 중요한 벤더나 법률 컨설턴트가 당신에게 낯선 사람일 때는 그들과 파트너십을 맺기 전에 평판 조회를 원한다. 그런데 아는 사람이 없다면 당신은 상품이나 서비스에 대해 더 많은 돈을 지불하거나 불리한 비즈니스 계약을 체결하거나, 아니면 협상 자체에 실패할 수도 있다.

고객을 확보하는 것 또한 당신이 누구를 아느냐의 문제와 밀접한 관련이 있다. 당신이 서비스 사업이나 B2B 사업을 한다면 새로운 고객을 확보하는 것은 아는 사람들로부터 얼마나 많은 소개를 받느냐에 달려 있다. 나는 '소개의 양면'을 모두 경험해본 적이 있다. 나는

당신은 사업가입니까

소개를 통해 고객들로부터 여러 건의 의뢰를 받았지만 동시에 많은 고객을 놓치기도 했는데, 그 이유는 잠재 고객을 잘 아는 이사회 동료가 자기가 연결해주고 싶은 친구에게 그 고객을 소개해줬기 때문이었다.

개인적으로 최악의 사례는 내가 몇 년 동안 공들였던 회사와 관련된 것이었다. 나는 그 회사가 향후 성장자본의 비율을 더 높일 수 있도록 조언하고 가이드했다. 그런데 성장자본을 높이기 위한 준비의 일환으로 이사회 인원을 늘려야 한다는 필요성이 제기되었다. 경영진은 몇 사람을 염두에 두고 있었는데 그중 한 명은 해당 산업분야의 전문가이자 나의 예전 동료였다. 그는 나와 매우 가깝게 일했고 내가 존경하던 사람이었기에 나는 그를 이사회 멤버로 임명되도록 개인적으로 소개해주고 공식적으로도 추천했다.

나의 옛 동료가 이사회 자리를 얻은 지 몇 달이 지나 그 회사가 나를 성장자본을 확대하는 일에 참여시키려 했을 때, 내가 적임자로 공식 추천했던 그는 나를 배신했다. 그는 나와의 거래를 끊어버리고 그 대신 자신의 절친이 일하던 다른 투자은행을 회사 측에 소개했다.

그렇게 엄청난 노력을 기울이며 1년 이상 그 회사와 관계를 구축했고 이사회 멤버(심지어 내가 추천했던)를 알고 있었음에도 나는 큰 거래(75만 달러의 수수료를 받을 수 있었던)를 나보다 그 이사와 더 친한 친구 때문에 놓쳤던 것이다.

인맥: 많으면 많을수록 좋다

■   '누구를 알고 있느냐'는 항상 중요한 문제다. 아

는 사람의 문제는 '올드 보이 클럽'처럼 난데없이 나타나지 않는다. 당신이 소비자 지향의 B2C 사업을 하더라도 당신의 인맥이 충분하지 않거나 그것을 십분 활용하지 못한다면, 물건을 판매할 유통업체를 확보하거나 사업 초기에 당신을 추천해줄 사람들을 찾는 일은 엄청나게 어렵다.

가장 힘든 시기는 무엇보다 사업 초기다. 처음의 100만 달러 매출을 성사시키는 것은 그 다음의 100만 달러 매출을 기록하는 것보다 훨씬 어렵다. 대부분의 사업들이 고전하다가 결국 실패하는 시점은 사업 시작 후 몇 년 지나지 않은 초기 단계에 찾아온다. 그래서 사업 초기는 당신이 다른 사람의 도움에 의지해야 할 중요한 시기다.

나는 이러한 사실이 평범한 이들에게 정말 '엿 같고' 부당하다는 것을 잘 알지만, 어쩌겠는가? 이것이 현실이니 말이다. 자본금, 벤더, 전문 서비스업체, 고객 등 사업의 모든 측면과 관련해서 어떤 종류의 인맥이 필요한지 생각하라. 만일 아무런 인맥이 없다면 당신은 좀 더 많은 친구들(바라건대 부유하고 인맥이 좋은)을 사귀어야 한다. 당신이 현재의 직장을 그만두겠다고 결심하기 전에 말이다.

인맥 평가하기

1. 당신의 새로운 사업에 도움이 될 사람들을 알고 있다면 그들을 모두 적어보라.

2. 각 사람을 아래 세 가지 팀으로 분류하라.
   - A팀 : 당신을 위해서 무엇이라도 할 사람
   - B팀 : 당신과 좋은 관계이긴 하지만 반드시 당신의 편이라고 단정할 수는 없는 사람
   - C팀 : 당신이 몇 차례 만나서 인사했던 사람

3. 각 이름 옆에 그가 당신에게 도움을 줄 수 있는 '사업의 기능'을 아래의 예시처럼 적어
   보라.
   - 자본금 확보
   - 잠재 고객 소개
   - 벤더 소개
   - 기술적인 스킬
   - 관련 서비스업체 소개, 혹은 서비스 제공자로서 서비스 수행
   - 당신이 도움을 받고자 하는 그 밖의 특정 영역들(구체적으로 생각해보라.)

4. 당장 오늘 도움을 부탁하는 것이 불편하게 느껴지는 사람 옆에 별표를 표시하라.

5. 당신이 전혀 아는 사람이 없는 사업 영역이나 사업 기능을 리스트에 추가한 다음 동그
   라미를 표시하라.

6. 별표가 너무 많다면, 별표가 매겨진 사람들과 더 많은 시간(석 달, 여섯 달, 1년)을 갖는
   것이 관계를 향상시키고 부담 없이 협조를 부탁하는 데 도움이 될지 평가하라.

7. 동그라미가 너무 많다면 현재 인맥에 구멍이 있다는 것을 의미한다. 시간이 주어진다면 인맥을 보완하여 그 구멍을 메울 수 있는가? 동그라미 쳐진 영역에서 당신을 도와줄 사람을 물색하여 그와의 관계를 공고히 할 수 있는가?

이러한 관계 구축에 시간을 투자하는 것이 사업의 성공 가능성을 향상시키는데 얼마나 큰 차이를 만들어낼지 판단해보라. 특히 이 책 말미에 있는 '사업가 방정식'을 평가할 때 이 점에 유념하기 바란다.

14

돈 걱정 때문에 사업이 병든다

당신이 이 책으로 충분한 효과를 얻으려면 자기 자신과 솔직한 대화를 많이 해야 한다. 이제 그런 진솔한 대화를 나눌 시간이다. 당신은 자신에게 이렇게 물어야 한다. "나와 돈의 관계는 무엇인가?"(이 질문은 진실한 대답을 할 때만 의미가 있다.)

많은 사람들(나 자신을 포함하여)은 돈과의 관계가 엉망이다. 돈과 당신 자신과의 관계를 이해하는 것이 중요한 이유는 사업을 새로 시작하거나 기존 업체를 인수하고 사업체를 운영하는 데 무엇보다 필요한 것이 돈이기 때문이다. 새로운 사업을 진행하는 동안 당신은 스스로를 돌봐야 하고 당신이 책임지는 사람들도 보살펴야 하는데, 그러려면 결국 돈이 필요하다. "돈이 세상을 움직인다."라고 말한 사람이 누구였든 간에 이 말은 농담이 아니다.

어떤 관계 내에 있으면 객관적 시각으로 그 관계를 바라보는 것이 어려울 때가 종종 있다. 돈과의 관계도 마찬가지다. 따라서 당신과 돈의 관계를 평가할 때 잘못된 판단을 원치 않는다면 한 발 물러서거나 당신을 잘 아는 사람에게서 통찰을 구하라. 당신에게 돈과 관련된 다음과 같은 이슈가 있다면, 새로운 사업에 최선을 다하는 일이 무척 어려울 것이다.

무일푼

■   제대로 된 사업을 시작하는 데는 돈이 들어간다. 당신이 똑똑해서 초기 비용을 빌리거나 그와 관련된 도움을 받을 수 있다면, 또 부모님이나 친구를 설득해서 그들의 지하실에 살 수 있게 된다면, 혹은 당신이 꿈을 좇는 동안 배우자가 당신을 '먹여 살릴' 수 있다면 대부분의 사람보다 당신의 형편이 낫긴 하다. 그러나 '무일푼'은 사업가가 되는 것을 막는 가장 직접적인 장애물이다. 설령 당신이 프랜차이즈 가맹점을 고려한다 해도 대개의 모회사들은 초기 가맹비와 사업개시 자금 등을 요구한다. 더군다나 기존의 모회사들(나는 통상적인 프랜차이즈와 다른 방식을 추구하는 모회사를 찾아보라고 권한다)은 가맹점을 원하는 사람들에게 최소한의 자기자본을 요구한다.

가진 돈이 적으면 적을수록 사업을 시작할 가능성도 낮아진다. 사업에는 리스크가 따르기 마련인데, 이 말은 결국 돈을 잃을 수도 있다는 뜻이다. 설령 당신이 투자자를 찾았다 하더라도 당신이 리스크의 일부를 실질적으로 부담하지 않으면 그는 선뜻 투자하겠다고 하지 않는다. 더군다나 외부 투자자는 투자를 많이 할수록 더 많은 오너십

(즉, 지분이나 경영권 – 옮긴이)을 요구한다. 소유권을 넘겨주기 시작하면 그들의 요구를 들어주기 위해 당신 회사의 직원들은 많아지고 직무의 수도 점점 늘어나는데, 그렇게 되면 당신은 점차 사업의 상층부에서 내려와 일반 직원들처럼 일하게 된다.

현금이 부족한 경우에도 혼자 힘으로(초라하더라도 외부자금 없이) 사업을 시작할 수 있고, 견본품을 가지고 자금을 끌어올 수도 있다. 그러나 이런 방법은 특정 업종이나 특정 사업유형에서만 가능하다. 신기술 기반의 사업가는 그것을 적용한 견본품으로 투자를 유치할 수 있겠지만, 소매 유통업에 뛰어들려는 사람은 같은 상황에서 훨씬 큰 어려움에 봉착한다. 당신에게 돈이 많지 않으면 소규모로 사업을 시작하겠다고 마음먹을지도 모른다. 하지만 너무 작은 규모로 창업하면 당신이 그 사업을 통해 어느 정도의 돈을 벌 수 있을지, 무엇을 할 수 있을지, 그리고 더욱 큰 사업기회를 만들어낼 수 있을지 자문해보라.

창업에 필요한 돈이 없다면 사업을 시작할 수 있을 정도의 돈을 벌어서 저축해야 한다. 초기 자본을 마련한 후에도 여전히 사업기회는 존재할 테니 말이다(만약 기회가 사라졌다면 그것은 사업이 아니라 단지 유행이었던 것이고, 다행히도 당신은 위험을 피한 셈이 된다).

재무적인 책임감 부족

■   당신에게 금전 관리 능력이 없다면 당신은 사업체를 관리하는 사업가가 되어선 안 된다(간단히 말해, 사업은 재무다).

이미 신용카드나 대출로 빚을 지고 있고 특히 높은 이자를 내고 있다면 당신은 당연히 빚부터 줄여야 한다. 당신은 신용카드 빚 때문에

1년에 18% 혹은 그 이상의 이자율을 부담하고 있을 것이다. 하지만 만일 어딘가에 투자하여 18%의 수익률을 올린다면 정말로 성공적인 투자가 아닌가! 당신이 연이율 18%인 기업 대출을 받지 않고 싶다면 신용카드 빚 역시 발생시키지 마라. 신용카드 빚을 갚는 것은 당신이 사업에 투자하기 전에 반드시 해야 하는 최고의 투자다.

하지만 당신의 재무 상태에 책임감을 가지라는 말은 그보다 훨씬 심층적인 의미를 갖는다. '재무적인 책임감'은 구매할 능력이 있을 때만 구매하는 올바른 의사결정을 말한다. 당신이 일상에서 자주 잘못된 지출을 행하는 사람이라면 사업 시에는 그러한 문제가 더욱 증폭되어 나타날 것이다. 빚을 안 만들려면 얼마의 자금을 지출해야 하고 얼마를 지출하면 안 되는지 판단하지 않은 채 오히려 구매하는 것에서 희열을 느낀다면 당신의 사업은 크나큰 곤경에 빠지게 된다.

사업을 시작하면 말 그대로 당신은 '희생'해야 한다. 항상 감정대로 행동하는 데 익숙하다면 창업 후 얼마 못 가 사업 때문에 화가 치밀어 오를 것이고, 설상가상으로 악성 채무에서 못 빠져나올지도 모른다. 투자된 창업 자금과 초기 운영 자금을 회수하고 사업이 어느 정도 돈벌이가 되려면 몇 년이 걸릴지도 알 수 없다. 당신은 사업에 자금을 투자하기 위해 신형 아이폰이나 럭셔리한 휴가를 포기할 수 있는가?

당신이 자금을 잘 관리하지 못하고, 어떻게 하는지 이해도 안 되며 하고 싶지도 않다면, 사업을 하지 마라. 절대로.

당신에게 돈이란 무엇인가? 많은 사람들이 돈에서 자유로워지기 위해 사업을 시작하지만 돈의 장악력은 갈수록 커진다. 먼저 재무의 세계를 장악하라.

당신은 사업가입니까

구두쇠처럼 싸구려만 찾기

■　　　　　　　　내가 말하고 싶은 돈 문제의 마지막 골칫거리는 내가 오랫동안 고생했던(그리고 고생 끝에 깨닫지 못했다면 지금도 마찬가지 상황이었을) 문제다. 이 문제를 이해하려면 내 가족 이야기를 먼저 해야겠다. 내 아버지는 전기 기술자였고 어머니는 거의 전업주부(어머니가 죠비를 얻기 전, 그리고 부모님이 이혼하기 전까지는)로 사셨다. 부모님은 내가 두 살 때 시카고 북부의 교외로 이사했다. 아버지는 늦게 결혼했는데(1970년대 초에 36세는 결혼하기에 늦은 나이였다), 결혼 전까지 할머니와 함께 살면서 꽤 많은 돈을 저축했다. 부모님은 당시 새로 떠오르던 디어필드^{Deerfield} 지역에서 좋은 집을 구입할 수 있었다.

아주 우연히 시카고 일대에서 가장 유명한 교외 지역으로 발전한 디어필드에는 전국 최고의 경쟁력을 갖춘 공립학교가 가장 많았고 지금도 그렇다. 우리 집은 변호사, 의사, 회계사, 선물거래인들의 집들로 둘러싸였다. 아버지가 일찍 돈을 벌기 시작한 덕분에 그 지역에 집을 장만할 수 있었지만 그 이상은 무리였다. 아버지는 이웃들의 라이프스타일을 따라 할 형편이 아니었다.

이웃들의 영향을 걱정한 아버지는 언니와 내게 돈의 가치를 가르치기 시작했다. 하지만 의욕이 과했는지 아버지는 우리가 잔돈 쓰는 것까지 두려워하게 만들었다. 지금 돈을 써버리면 나이 들었을 때 돈이 없어서 로워 와커 드라이브^{Lower Wacker Drive}(시카고 강 남쪽 하류에 있는 시카고의 메인 거리 – 옮긴이)에 있는 상자 같은 집에서 살게 될 거라는 두려움에 빠진 우리는 항상 돈을 저축해야 했다.

이러한 두려움은 대학 때까지(내가 학자금 대출로 4만 달러의 빚을 지게 되자 두려움은 배가되었다), 그리고 대학 졸업 후 투자은행에서 첫 직장을 구할 때까지 계속되었다. 나는 샌프란시스코에서 가장 싼 아파트를 임대했는데, 그 아파트는 11평방 피트에 불과한 원룸이었다. 나는 운 좋게도 많은 연봉을 받는 직장을 구했고 졸업한 지 1년 만에 학자금 대출을 전부 갚을 수 있었다.

저축액은 점점 쌓이기 시작했고 몇 년 후에 아주 괜찮은 은행 계정도 갖게 되었지만, 나는 뭐 하나라도 구입할라치면 늘 불안감에 휩싸였다. 돈을 저축하는 것과 삶을 즐기는 것 사이의 균형 감각이 없었던 것이다. 저녁식사를 하러 나가서도 절대 비싼 메뉴를 시키지 않았고, 레스토랑이나 바에서 술을 주문한다는 것은 절대 있을 수 없는 일이었다. 술은 너무 비쌌으니까. 내 동료들이 삭스 피프스 에비뉴^{Saks Fifth} ^{Avenue}에서 우아하게 쇼핑을 즐길 때, 나는 의류 할인매장인 티제이맥스^{T. J. Maxx}를 정신없이 싸돌아다녔다(솔직히 말하면 지금도 그렇다).

돈 걱정 없이 애피타이저와 후식을 곁들인 멋진 저녁식사를 즐기게 되기까지, 그리고 39.99달러보다 비싼 구두를 사기까지는 몇 년이 걸렸기에 나는 은행에 많은 돈을 저축할 수 있었다. 하지만 이런 돈 걱정 때문에 경력에 도움이 되는 의미 있는 투자를 좀 더 일찍 시도하기는 어려웠다. 심지어 내게 재무 리스크를 감당할 능력이 있을 때조차도 그럴 만한 배포가 없었다.

다행히도 나는 점차 돈 문제를 좀 더 잘 관리할 수 있게 됐다. 사업에 대한 투자 타당성 평가 업무를 계속하면서 투자 리스크에 대한 부담감을 털어낼 수 있었다. 나는 오랜 기간의 실사를 기반으로 리스크 감수 여부를 매우 합리적으로 따져본 후에 교육받은 대로 의사결정을 진행하고 있다. 이런 방식은 건전한 전략이자 내게 무척 편안한 방식이다. 워런 버핏이 하는 방식이니까! 2008년에 금융위기가 터졌을 때 내 동료들은 손실을 입었지만 사실 나는 별다른 영향을 받지 않았다. 누구보다 재무적으로 치밀하게 따지는 방식으로 일하기 때문이다.

앞에서 언급했듯 당신이 나와 비슷한 돈 걱정을 한다면, 또는 재무적인 능력에 어딘가 문제가 있다면, 당신은 앞으로 하게 될 장기투자가 무엇을 의미하는지 충분한 시간을 가지고 숙고해야 한다(상당 기간 돈을 벌 수 없을지 모르는 현실에 대해서도 평가해야 한다). 그러고 나서 사업체 소유주로서 반드시 겪게 될 재무적인 문제를 차분한 감정으로 잘 다룰 수 있을지 판단하라. 만약 그렇지 못하다면, 이제 당신은 이 문장이 어떻게 끝날지 짐작할 수 있을 것이다.

'나 홀로 브레인스토밍'
리스크를 지기 전에 가치 창출하기('무일푼'일 경우)

사업이 상당한 가치를 창출할 수 있는 수준까지 도달하게끔 만들기 위해 사업 시작 시점에서 당신이 자체적으로 확보할 수 있는 것은 무엇인가? 그런 것이 없다면 물물교환을 통해 무언가를 얻어낼 수 있는가? 그것도 아니라면 속임수라도 써서 얻을 수 있는 것은 무엇인가? 당신이 사업의 발전 단계를 따라가며 더 많은 가치를 창출할수록 그 가치는 사업 리스크의 상당 부분을 줄이는 데 도움이 될 것이다.

재무 상태와 책임감 평가하기

아래 질문에 대한 답을 적어보라.

  1. 빚이 있는가?

  2. 빚이 있다면 얼마나 되는가?

  3. 빚이 있다면, 빚진 이유는 투자 활동(예: 집 구입이나 교육) 때문인가? 아니면 소비 활동
     (예: 신용카드 구매나 차량 대출 등) 때문인가?

만약 많은 빚이 있다면 투자 전에 그 빚부터 먼저(당신이 사업에 투자하는 동안
에도 주택 대출금을 갚을 수 있는 형편이라면 주택 대출금 대신 다른 빚부터 먼저) 해
결하는 것을 심각하게 고려해보라.

  4. 당신 스스로 재무적인 책임감을 갖고 있다고 생각하는가?

  5. 사업 투자를 위해 라이프스타일을 희생할 각오가 되어 있는가?

만약 당신이 4~5개 질문에 대해서 '아니오'라고 답했다면, 당신은 지금 당장
사업을 시작하면 안 된다는 말을 정녕 내 입으로 하고 싶지 않다!

재무적 리스크 대처 능력 평가하기

아래 질문에 대한 답을 적어보라.

1. 당신은 재무적 리스크에 대해서 어떻게 느끼는가?

2. 급여나 저축(혹은 대출)을 투자하는 데 따르는 리스크를 감수하기 위해 당신이 얻고자 하는 수익률은 몇 %인가? [예를 들어 연봉 50,000달러를 투자해서 55,000달러(이익률 10%)를 벌고 싶은가? 아니면 75,000달러(이익률 50%)를 벌고 싶은가? 그보다 많이 벌고 싶은가?]

3. 사업 투자 외에 당신이 고려 중인 다른 대안이 있는가?

4. 급여를 계속 받으면서(즉, 회사를 계속 다니면서 – 옮긴이) 저축해둔 돈을 다른 곳(예를 들어 주식이나 부동산 등 – 옮긴이)에 투자하는 방법, 다시 말해 리스크가 상대적으로 낮은 방법으로 당신의 재무적인 투자 목표를 달성할 수 있는가?

당신이 재무적 리스크 때문에 스트레스를 받는다는 것은 곧 당신이 가진 '사업가 방정식'의 리스크 측면에 문제가 있다는 뜻이다. 다른 투자 대안을 포기하는 기회비용 또한 리스크다. 당신의 투자 수익률 기대치는 사업가 방정식의 다른 측면, 즉 기회의 보상 수준을 판단하는 데 도움을 준다. 위에서 당신이 적은 답들은 좀 더 자세히 사업가 방정식의 양쪽 측면(즉, 리스크와 보상)을 평가하는 데 도움이 될 것이다.

당신의 성격을
파악하라
—

앞의 '타이밍' 섹션의 목적이 변화무쌍하게 자주 변하는 이슈들을 평가하는 것이었다면, 이번에 논의할 '성격'에 대한 평가는 '당신은 어떤 사람인가?'라는 핵심 문제를 파고든다. 어떤 사람들은 자신의 스킬이나 경험의 수준, 또는 우선순위의 변화와는 상관없이 사업체 경영에 따르는 책임감, 스트레스, 리스크에 별로 영향받지 않고 여전히 행복을 느끼며 밝게 지낸다.

이 섹션에서 당신은 사업체 경영의 몇 가지 핵심 요소가 당신의 강점, 취향, 개인적 기질 등과 양립할 수 있는지 평가하게 될 것이다. 사업가 방정식에 포함된 여러 변수에 아무리 강하다 해도 성격이 기업가 정신과 맞지 않는다면 당신은 사업을 시작하면 안 된다.

15

사업은 회전목마가 아닌
롤러코스터다

놀이공원에 있는 놀이기구 중 당신이 좋아하는 것은 무엇인가? 롤러코스터인가, 아니면 회전목마인가? 알다시피 이 두 개의 놀이기구로 얻을 수 있는 경험은 천지 차다.

롤러코스터는 오르락내리락할 때의 스릴과 짜릿함이 있고 턴을 돌 때마다 예상치 못한 일들이 일어나기 때문에 정말 무섭다. 탑승을 기다리는 중에도 그것을 타는 느낌이 어떨지 몰라서 흥분(긍정적인 것이든 부정적인 것이든)에 휩싸인다. 롤러코스터는 리스크가 큰 만큼 보상도 크다. 롤러코스터를 좋아한다면 마음껏 스릴을 만끽할 수 있지만, 싫어한다면 내린 뒤 어지럼증과 구토에 시달릴 수도 있다.

반면 회전목마는 정말 즐겁고 편안하다. 단어 그대로 즐겁게 돌아간다(회전목마를 뜻하는 영어 단어는 merry-go-round임 – 옮긴이)! 회전목마를 타면 즐겁긴 하지만 별로 흥분되지는 않는다(흥분된다면 당신은 두 살배기다). 편안하게 자리를 잡고 목마가 원을 그리며 도는 동안 어떤 일이 일어날지 정확히 예상할 수 있기 때문에 회전목마가 주는 경험은 빤하다. 즐거울지는 몰라도 롤러코스터처럼 온몸에 아드레날린을 뿜어대지는 않는다. 회전목마는 리스크가 낮다. 놀랄 일도 아니다. 어떤 일을 겪을지 미리 알고 있으니까.

당신이 둘 중 어떤 것을 좋아하든 그것은 개인적 취향이니 문제되는 것은 아니다(여담인데, 나는 '음식 타기food ride'라고 부르는 것을 좋아한다. 음식 타기는 줄을 서서 기다리다 카운터에 다가가 아이스크림이나 피자 조각을 주문하는 것인데, 알다시피 리스크가 높을 리 없다). 하지만 당신이 롤러코스터를 '사랑'하는 사람이라고 치자. 사랑한다는 것이 하루 24시간, 1주일 내내 롤러코스터를 탄다는 것을 뜻하는가? 매일 놀이공원 운영시간 내내 롤러코스터를 타야만 하고 하루에 한두 번만 회전목마를 타며 휴식을 취할 수 있다면 어떻겠는가? 만일 이런 상황이 별로 즐거울 것 같지 않다면, 그리고 이런 상황이 사업을 할 때 똑같이 재현될 것 같다면, 당신은 창업을 재고하게 될 것이다.

사업가가 된다는 것은 일찍이 본 적 없던 최고 난이도의 롤러코스터를 타는 것과 같다. 무엇보다 당신은 당신 돈을 들여 롤러코스터를 손수 만들거나 사야 할뿐더러, 그것을 만들면서도 직접 타기 전까지는 어떤 모양일지 알 수조차 없다. 당신은 롤러코스터가 어느 지점에서 턴을 하고 회전하며 낙하하는지, 또 그 횟수는 얼마나 될지 모른다. 게다가 그것을 타려면 무척 긴 줄에 서서 순서를 기다려야 한다. 또한 롤러코스터를 타자마자 광적인 질주에 대비하기 위해 안전벨트를 매야 한다. 흥분도 있고 두려움도 있다. 아무 것도 아닐 수 있는가 하면 타자마자 패닉에 빠질 수도 있다. 롤러코스터는 아무리 잘 만들어도 질주 도중에 고장을 일으킬 수 있어서, 그 안에 갇힌 채 제발 고장 난

부분이 수리되어 무사히 빠져나가길 바랄 수도 있다. 사업이라는 롤러코스터는 세상에서 탑승 시간이 가장 길고 한 번 올라타면 중간에 빠져나올 수 없다는 말은 굳이 하지 않겠다.

급히 올라가고 급히 떨어진다

■ 　　　　대다수의 신규 사업들은 소위 '허니문 기간'을 거친다. 단어가 주는 느낌처럼 허니문 기간은 사업 초기에 모든 것이 원활하게 진행되는 시기다. 일반적으로 사업 시작 이후 첫 몇 개월간(때로는 1년 이상) 지속되는 허니문 기간은 시장에서 새로운 사업 아이템으로 인식되어 고객으로부터 많은 일감을 얻을 수 있는 기간이다. 허니문 기간을 가장 쉽게 볼 수 있는 곳은 레스토랑이다. 새 레스토랑이 문을 열면 사람들은 그곳이 어떤 곳인지 확인하고 싶어 한다. 개업하자마자 레스토랑은 손님들로 바글거린다. 하지만 그들은 단지 새 레스토랑이 어떤지 체크하고 싶었던 것뿐이라서 '반짝반짝하는 새 인테리어'를 경험한 뒤에는 다시 돌아오지 않고, 그 후 그 레스토랑의 인기는 보통 수준으로 뚝 떨어진다.

2년 전, 우리 집에서 1마일도 안 되는 곳에도 새 레스토랑이 문을 열었고 몇 개월 동안 손님들로 북적거렸다. 식사하기 위해 2시간 반

정도를 기다리는 것은 예사였고, 테이블을 예약했음에도(그것도 2주 전에 미리) 안내되기까지는 30분 정도를 기다려야 했다. 그 레스토랑을 중심으로 반경 10마일 안에 사는 주민들은 남보다 먼저 그곳의 음식을 맛보고자 했다. 그러나 음식은 그저 그랬고 가격은 비싼 데다가 서비스도 기껏해야 평균 수준이었기에 한 번 왔던 손님들은 두 번 다시 그곳을 찾지 않았다. 6개월이 지나자 레스토랑은 파리를 날렸다(콘셉트를 바꿔 목표 고객을 다시 설정하지 않았기 때문에 레스토랑이 망했다는 이야기가 아니다. 내가 말하고자 하는 포인트는 허니문 기간에는 화려하게 사업이 비상하지만 그 기간이 지나면 추락한다는 것이다).

이것이 바로 대규모 레스토랑 체인들이 '동일매장 매출'을 산출(1년 단위로 모든 레스토랑의 평균 매출의 증감을 계산)할 때, 개점한 지 최소 12~18개월이 지나 레스토랑의 인기가 정상 궤도에 오르고 좀 더 예측 가능한 수준이 될 때까지는 신규 레스토랑에 포함시키지 않는 이유다. 대규모 체인들은 레스토랑 개점 후에 발생하는 허니문 기간의 높은 판매 실적이 평균 판매 실적치를 왜곡한다는 점을 알고 있다.

허니문 기간이 존재하기 때문에 당신의 사업 실적은 초기에 갑자기 올라갔다가 얼마 지나지 않아 급작스레 추락하는 일이 발생한다. 예를 들어 유명 광고회사를 공동 창업한 마티와 조(모두 가명)의 사례를 살펴보자. 이 두 사람은 회사의 정책에 염증을 느꼈다. 둘 다 고객 관계 관리자였는데 자신들이 고객을 발굴하고 받는 수수료가 터무니없이 낮다고 생각했던 것이다. 그들은 그들 소유의 회사를 설립하면 자기들이 회사의 '우두머리'이므로 고객이 내는 수수료 전부를 챙길 수 있다고 생각했다.

당신은 사업가입니까

그들은 뉴미디어 사업을 위해 새 광고회사를 물색하던 몇몇 잠재 고객의 환심을 얻으려 했다(이런 사업방식의 윤리적 문제에 관해서는 언급하지 않겠다). 조와 마티는 새로운 회사를 차리면 그 고객들이 자신들과 계약할지 테스트했다. 너무 어리석은 것인지 배짱이 커서인지 소송을 당할지도 모른다는 점은 걱정하지 않았다. 비록 그들이 고용주와 겸업금지 합의서를 작성하지 않았다 해도 말이다. 나는 그 이유를 묻지 않았는데, 어쨌든 실제로 몇몇 가망고객이 조와 마티의 새 회사(편의상 '뉴코New-co'라고 부르자)에 일부 광고를 맡기겠다고 약속했다.

그 계약은 마티와 조가 절실하게 바라던 것이었다. 그들은 높은 연봉을 지급하는 광고회사를 그만두기 전에 뉴코의 고객을 확실하게 확보하고 싶었기 때문이다. 그 고객들은 계약을 충실히 이행했고 마티와 조는 첫해에 60만 달러의 매출을 기록했다. 비용을 제하고 상당한 이익을 집에 가져간 그들은 사업이 훌륭한 성장 기반을 닦았다고 생각하며 행복의 절정에 올랐다. 훌륭한 고객과 맺은 초기 매출로 짜릿한 허니문 기간을 만끽했던 것이다. 마티와 조는 하늘 높이 날았다. 둘은 최고의 친구였고, 사업도 원활히 진행되었으며, 세상에 무한한 기회가 널려 있다고 믿었다. 그러나 그들은 첫해의 성공이 허니문 기간에 발생한 것임을 깨닫지 못했고, 1년이 지나자 그 기간은 끝나버렸다.

두 번째 해에 뉴코의 실적이 기대에 못 미쳤다고 말하는 것은 조금 완곡한 표현일지 모른다. 조와 마티는 사업을 이어나가기 위해 열심히 새로운 잠재고객을 찾아다녔지만, 그들의 기대를 저버리지 않고 새로운 고객 리스트에 오르길 원하는 이들은 없었다. 얼마 지나지 않아 최악의 시나리오가 현실로 나타났다. 해가 바뀌어 3주가 지난 무렵에 그들의 가장 큰 고객사 두 곳(첫해에 뉴코 매출의 거의 전부를 차지하던 회사)의 경영진이 교체되었다. 한 고객사가 새로 영입한 CEO는 뉴미디어 사업을 외주에서 자체 실행으로 돌린다고 결정하면서 뉴코와의 관계를 끊었다. 다른 고객사에서는 새로 입사한 마케팅 담당 임원이 명성 있는 대형 광고회사를 파트너로 선호하는 바람에 뉴코에게 주던 일감을 끊었다. 대형 고객 두 곳이 사라지자 마티와 조는 두 번째 해의 생존을 위해 가망고객을 찾아다니느라 악전고투했다.

그들이 탔던 롤러코스터는 갑자기 올라갔다가 갑자기 내려갔고 나선형으로 회전했다. 마티와 조는 끊임없이 다투기 시작했고, 사업 축소의 책임 소재를 놓고 서로를 비난했다. 상황은 점점 나빠졌고, 더는 월급을 줄 형편이 안 되자 직원들을 한 명씩 내보내야 했다. 그들은 그해 말까지 1년을 통틀어 겨우 7만 달러의 매출밖에 달성하지 못했다. 경비와 임대료, 마케팅 비용, 출장비, 관리 비용을 감안하면 전혀 수익이 남지 않았기 때문에 집에 가져갈 돈은 한 푼도 없었다.

자신이 사업체를 운영할 때 발생하는 급상승과 급하강을 감당할 수 없다는 것을 절감한 조는 3년 차가 되자 대형 광고대행사의 직원으로 돌아갔다. 마티는 계속 버티면서 세 번째 해를 보냈고 몇 개월 후엔 예전 동료의 소개로 큰 건수를 얻었다. 롤러코스터는 다시 상승하기 시작했고 그해 말이 되자 다시 활기를 되찾은(그는 그렇게 생각했다) 뉴코는 약 26만 5,000달러의 매출을 올렸다. 비록 첫해만큼은 아니었지만 마티는 이제 파트너가 없기 때문에 자신이 상승세를 타고 있다고 느꼈다. 그는 다시 한 번 좋은 분위기에서 성공을 만끽했다.

하지만 알다시피 롤러코스터는 무한정 올라가지 않는다. 마티의 롤러코스터도 예외가 아니었다. 네 번째 해가 되었을 때 뉴코의 영업 실적은 10만 달러 밑으로 추락했다. 경비를 제하고 마티가 번 이익은 그가 감수한 리스크나 일한 시간을 보상해줄 수준에 미치지 못했다. 이렇게 급상승과 급하강을 경험하며 사업의 불안정성을 더는 감당할 수 없게 된 마티는 결국 뉴코의 문을 닫았다. 그는 대형 광고회사로 돌아가려 애썼지만 직장을 구하기까지 9개월이나 걸렸다. 광고회사의 고용주들은 마티가 사장 위치에 익숙해진 탓에 조직이라는 피라미드 구조 속에서 일을 잘하지 않을 거라고 의심했기 때문이었다.

▎조와 마티가 탔던 롤러코스터 ▎

1. **출발** : '뉴코'를 창업
2. **상승** : 1년 차 말 매출 60만 달러
3. **급강하** : 주요고객 2곳이 계약 해지
4. **하락** : 2년 차 말 매출 7만 달러
    이익은 거의 없음
5. **바닥을 치다** : 조가 뉴코를 떠남
6. **회복** : 마티가 새 고객을 확보
7. **피크** : 3년 차 말에 25만 달러의 괜찮은 매출 달성
8. **다시 하락** : 4년 차 말에 매출 10만 달러로 추락
9. **마티가 롤러코스터에서 하차**

지옥문

■　　　　　　허니문 기간의 혜택을 얻는 사업도 있지만, 반대로 지옥문을 견뎌야 하는 사업도 있다. 아무도 론칭됐다는 사실을 몰라서 안정화시키기까지 오랜 시간이 걸리는 사업이 그것이다. 이런 경우에는 말 그대로 아무런 일감 없이 몇 달을 허비하거나, 판매 사이클을 겪어보고 판매 모멘텀을 얻기까지 긴 시간을 보낼 수도 있다. 경험해보면 알겠지만, 이는 감정적으로 매우 힘든 일이다. 초기에 사업 흐름이 너무 느리면 과연 사업이 굴러가기나 할지 걱정되기 때문이다.

허니문이나 지옥문 기간만 상승과 하강을 만들어내는 것이 아니라 그 밖의 여러 요인들도 사업의 롤러코스터를 구성한다. 신제품을 개발하는 일, 기업을 잘못 인수하는 일, 경쟁에 휩싸이는 일 등이 대표적이다. 이는 일정 기간 사업을 잘 진행해서 장부상으로 상당한 돈을 벌어들인 당신이 이제 어느 정도 이익을 달성했다 싶어도 여전히 사업을 통해 금전적인 혜택을 얻지 못할 수도 있음을 의미한다.

나는 이런 현상을 수도 없이 보았다. 일례로 내 동료 한 명은 5세 아동용 상품을 만드는 기업과 일하는데, 이 회사의 1년 전 가치는 1억 달러였지만 경영을 잘 못하면서 현재는 자산 가치가 거의 없는 상태로 전락했다. 회사의 경영자가 대성공을 거두었다는 생각에 취해 사업으로 벌어들인 돈을 몽땅 사업을 성장시키는 데 계속 쏟아부었지만 그런 노력에도 결국은 한 푼도 벌어들이지 못했기 때문이다.

또 다른 사례가 있다. 나는 상품과 서비스를 함께 제공하는 하이브리드형 사업을 영위하는 회사와 같이 일한 적이 있는데, 이 회사는 거의 10년 가까이 사업을 해왔지만 지금은 적자에 허덕이고 있다(게다

　　　　　　　　　　　　　　당신은 사업가입니까

가 은행은 사업가에게 회사가 도산하지 않도록 개인 보증을 설 것을 요구 중이다). 불행히도 이것은 예외적인 현상이 아니다. 나는 이와 비슷한 사례를 스무 개 이상 금세 댈 수 있을 정도니까.

운이 상당히 좋다 해도 사업이 성장하려면 많은 자금이 재투자되거나 다른 투자자를 확보해야 하는데, 때로는 사업가가 자산의 일부나 전부를 실질적으로 유동화할 수 있을 때까지 사업이 충분한 가치에 도달하지 못해 낭패를 겪는 경우도 있다. 경쟁이 갈수록 치열해지면서 이런 상황은 지난 수십 년 동안 훨씬 보편적으로 나타나고 있다.

재무적인 상승과 하강만이 사업의 롤러코스터 같은 측면은 아니다. 사업을 하는 동안에는 여러 웃지 못할 일들이 드라마 같은 상승과 하강을 만들어낸다. 가령 빌드-어-베어 워크숍^{Build-A-Bear Workshop}(테디 베어 등의 인형을 생산 판매하는 회사 - 옮긴이)이라는 회사에서는 창고가 무너지는 일이 일었고, 직원들이 갑자기 그만두기도 했으며, 컴퓨터 시스템에 문제가 생겨 중요한 데이터를 날려버리기도 했다. 갑자기 발생하는 이런 사건들은 당신을 슬프게 하고 분노하게 만든다. 경우에 따라서는 뭔가 좋은 일이 생긴 다음에 문제가 터지기도 한다. 가령 당신이 대형 유통 체인으로부터 대규모 주문을 받았는데(갑자기 상승) 당신의 공급업체가 납기를 제때 맞출 수 없다는 사실을 알게 되어 좋은 기회를 날릴 수밖에 없는 경우(갑자기 하강)도 생기는 것이다. 상승과 하강은 롤러코스터를 타면 늘 있는 일이다.

지금까지 언급했던 예들은 당신이 경험하게 될 갑작스런 상승과 하락, 여러 기습적인 사건들 중 단지 몇몇일 뿐이다. 당신이 좋은 상황을 즐기는 동안, 나쁜 상황은 악화되어 당신의 모든 것을 위험에 빠뜨릴 것처럼 보일 것이다. 당신은 가장 높이 올랐다가 가장 낮은 곳으로 추락하는 시기를 겪으면서 '시스템의 균형'을 의심하기 시작한다. 당신이 통제력을 중시한다면(아이러니하게도 열성적인 사업가들은 자신의 사업 동기로 통제력을 언급한다) 새로운 사업이라는 롤러코스터는 당신을 미치게 만들거나 최소한 정신적으로 지치게 만들 것이다.

일, 친구, 가족, 건강, 운동, 레저 시간 사이에서 균형을 잡는 일은 매우 어렵다. 균형과 롤러코스터는 양립하기 힘들다는 점을 명심하라.

'나 홀로 브레인스토밍'
사업의 '상승과 하락' 속성 이해하기

당신의 성격이 다음의 경우와 같다고 가정하고 사업의 상승과 하락의 상황을 어떻게 느낄지 혹은 그 상황에서 어떤 반응을 보일 것 같은지 상상해보자.

- 나는 갑작스러운 사건이나 예상치 못한 일을 좋아하지 않는다.
- 나는 계획한 대로 일이 진행되지 않으면 냉정을 잃거나 쉽게 스트레스를 받는다.
- 나는 예상 가능한 상황을 선호한다.
- 나는 변화를 빨리 수용하지 못한다.

사업의 리스크와 보상에 대해 생각할 때마다 사업에는 롤러코스터 같은 '상승과 하락' 속성이 있음을 명심하라. 만약 회전목마를 타고 싶다면, 나는 당신에게 직장을 그만두라고 조언하지 않겠다.

당신은 사업가입니까

16

'새것 중독증'

새로운 일은 재미있다. 나는 개인적으로 새롭고 멋진 일들을 좋아하고 즐긴다. 새로운 음식, 새로운 텔레비전 쇼, 새 레스토랑, 새로운 구두 스타일 등 나는 새롭다는 이유로 재미와 흥미를 느낀다.

이런 감정을 느끼는 사람은 분명 나 하나만이 아니다. 국가 경제의 많은 부분이 우리에게 별로 필요하지 않은 것들을 기반으로 돌아간다는 것을 알아도 우리는 단지 신상품이라는 이유로 그것들을 갖고 싶어 한다. 더군다나 새것들은 흥미진진함을 선사한다. 새것임을 떠들어대는 광고물('새롭다'는 말 주변을 커다란 황금빛 햇살로 강조한)을 떠올려보라. 이제 어떤 얼룩도 남김없이 지우는 새로운 강력 표백제를 선택하세요! 이제 새로운 얼룩 제거용 파우치를 사세요! 이제 새로운 흘림 방지 마개가 달린 보온병을 사세요! 이제 새로운 색상을 고를 수 있습니다! 우리는 이처럼 새롭고, 더 새로우며, 더욱 새로운 것을 사랑하는 소비자다!

새로운 것에 관심을 갖는 일은 일단 즐겁다. 새 차를 사면 얼마나 멋진 기분일지 상상해보라. 당신이 새 집을 갖게 되면, 새 아이를 얻는다면, 혹은 새로운 종교를 갖게 되면 단언컨대 파티를 하는 듯한 기분일 것이다. 당신은 친구들에게 최신 핸드폰, 컴퓨터, 자전거, 텔레비전, 장난감에 대해 떠들어댈 것이다. 새것이 생기면 당신은 똑같은 옛날이야기를 재탕 삼탕 하지 않아도 된다.

'새로운 것' vs. '헌신'

■ 무언가에 헌신해야 할 때를 제외하면 새로운 것을 좋아하는 성향이 나쁘다고는 볼 수 없다. 매우 진지하게 헌신하는 사람도 있지만 일곱 명의 다른 여자와 여덟 번 결혼한 래리 킹^{Larry} ^{King}(CNN 라이브 토크쇼 진행자, 전 배우자 중 한 명과 재혼 후 다시 이혼한 것을 포함해 여덟 번의 결혼과 이혼을 했음 – 옮긴이) 같은 사람도 있다. 나는 당신이 헌신을 뭐라고 정의하는지에 대해서는 관심이 없다. 개인적으로 나는 살면서 너무 많은 영역에 헌신하는 것을 싫어한다. 현재 내가 애완동물이나 아이(심지어 식물까지도)를 키우지 않는 이유는 살아있는 것을 돌보는 일에 헌신하고 싶지 않기 때문이다. 하지만 나는 약속한 바를 지키는 일에는 누구보다 헌신적이다. 내가 리스크를 감수하고 나의 돈과 시간을 투자한다면 당신은 내가 100% 헌신할 것이라고 확신해도 좋다. 당신이 전문가로서(혹은 일과 관련해서) 헌신하

며 사는 데 익숙하지 않다면, 사업가가 되어 사업에 헌신하는 삶에 대해 오랫동안 숙고하고 싶어질 것이다. 왜냐하면 사업은 헌신하지 않으면 돈이 너무 많이 드는 일이기 때문이다.

누군가가 어떤 일을 매우 익숙하게 처리하는 모습을 보고 그 일이 참 쉬워 보인다고 생각한 적이 있는가? 그렇다면 그 일은 새롭고 흥미로워 보였을 것이다. 댄서 두 명이 탱고를 추는 공연이나 프로 골프 선수가 경기를 치르는 모습, 페이스트리 전문 요리사가 디저트를 공들여 만드는 광경을 본 적이 있는가? 아마 당신은 몹시 흥분하고 들뜬 마음으로 '나도 해보고 싶다.'란 마음이 들었을 것이다! 하지만 막상 해보면 새로운 것이라 즐겁다기보다는 당신이 잘할 수 없다는 사실 때문에 오히려 좌절했을 것이다.

당신은 쉬워 보인다는 생각에 댄스 슈즈, 골프 클럽, 올-클래드^{All-} ^{Clad} 요리세트를 장만하는 데 돈을 투자하겠지만, 막상 해보면 결코 쉽지 않음을 절감할 것이고, 그런 것들에 돈을 낭비했다는 생각에 부아가 치민다. 하지만 문제는 당신에게 있다. 다른 사람들이 잘하는 것이 쉬워 보였던 이유가 그들이 그 일을 오랫동안 해왔기 때문이라는 사실은 눈곱만큼도 생각하지 않았고, 그들이 자신의 기술을 완벽하게 만들기 위해 한평생(그것도 일생의 황금 같은 시기)을 바쳐 지속적으로 그것을 사용하고 연습하고 다듬어왔다는 것도 알아차리지 못했으니까. 당신은 기술을 향상시키는 데 시간을 쏟기보다는 또 다른 새로운 것에 관심을 돌릴 것이다. 골프나 요리는 그만둬도 리스크가 낮다. 골프 클럽이나 조리도구 구입비 때문에 파산하지는 않을 테니 말이다. 하지만 당신이 관심을 둔 그 무엇이 사업이라면, 그만두는 것에도 매우 비싼 가격이 청구된다.

만약 당신이 새로운 아이디어나 사업콘셉트 혹은 사업모델에 쉽게 도취되지만 관심 범위가 여기저기 옮겨 다니는 유형의 사람이라면, 사업 성공을 위한 일들을 쫓아다니느라 힘든 시간을 보낼 것이다. 때 때로 새로운 사업모델은 매우 흥미진진할 것 같고, 새롭고 멋지며 재 미있어 보이기 때문에 그것에 빠져들고 만다. 당신은 다른 사람들에 게 그 모델에 대해 이야기하고, 머지않아 전례 없는 최고의 사업을 하 게 될 것이라고 확신한다. 그래서 리서치를 하고 해당 업종에 대해 점 차 많은 것들을 학습하면서 '이 멋지고 새로운 일'을 현실로 옮기는 데 필요한 모든 것들을 생각하기 시작한다. 그러는 동안 애석하게도 그 사업에 대한 흥미는 점점 줄어든다. 여전히 멋지고 여전히 새롭긴 하지만 완전히 새로웠던 때만큼 멋지지는 않다. 시간이 흐르면서 당 신은 그 일 하나에만 당신의 인생(혹은 다음 5년)을 집중하는 것이 과 연 의미 있는 일인지 생각한다. 결국 한때는 멋지고 흥미진진했던 일 이 갑자기 고통으로 변하기 시작한다.

그 사업모델이 한때 훌륭했지만 이제는 어리석은 아이디어라고 생 각하는 당신은 제안받았던 다른 사업콘셉트(짜잔!)를 언제 어떻게 실 현시킬지 고심할 것이다. 이 콘셉트는 지난번 것보다 훨씬 멋져 보이 기 때문에(당연하다. 새로운 것이니까) 첫 번째 사업 아이디어는 두 번 째 사업 아이디어를 위해 폐기된다.

최근 나는 어느 야심만만한 여성 사업가와 이야기를 나눈 적이 있 는데, 그녀는 서브웨이Subway 레스토랑 프랜차이즈를 오픈하는 일에 관심을 가지고 있었다. 비록 레스토랑 업종에서의 경험은 전무했지만 그녀는 도시의 모든 배고픈 손님들에게 5달러짜리 풋[foot] 사이즈 샌드위치를 판매하겠다는 아이디어에 말 그대로 신이 나 있었다. 나는 그녀에게 (내가 업종 경험이 없는 사업가들에게 항상 충고하듯) 서브웨이 매장에서 야간과 주말에 근무해보면서 그런 환경의 일터에서 일한다는 것이 어떤 것일지 파악하라고 권했다. 그 후 몇 개월이 지나 자신의 아이디어가 더는 멋지거나 새로워 보이지 않게 되자 그녀에게 있어 서브웨이 샌드위치는 그다지 재미있는 아이템이 아니었고, 충분한 점검 없이 프랜차이즈 비용으로 10만 달러 이상을 쓴다는 것도 바보같이 여겨졌다. 그녀는 많은 돈을 아낄 수 있었고 자신의 커리어를 다시 생각하기 시작했다.

만약 당신이 매번 새로운 것을 찾아다니는 유형의 사람이라면 사업가란 옷은 당신에게 어울리지 않는다. 여기서 말하는 새로운 것의 의미는 기존의 사업을 위해 새로운 아이디어를 짜내는 일, 예를 들어 고객 서비스에 대한 새로운 접근 방법, 기존 상품에 추가할 새로운 특장점, 혹은 기존 기술을 향상시키기 위한 새로운 아이디어와 같은 말에서 쓰이는 '새로움'이 절대 아니다. 나는 '사업적 주의력 결핍증Business Attention Deficit Disorder(줄여서 BADD라고 표현할 수 있는데, 발음대로 확실히 사업에 '나쁘다'), 다시 말해 새로운 아이디어가 제안되면 기존의 사업에 헌신하지 못하고 마음이 붕 떠버리는 상태라고 표현한다.

> 새로운 것에 대한 흥미는 남과 다른 성과를 내는 데 필요한 덕목이다. 하지만 당신이 금방 싫증을 느끼고 매번 새로운 것에만 혹하는 유형의 사람이라면 항상 조심하라.

사업을 성공시키려면 아주 오랫동안 외길을 걸으며 집중하고 전력을 다해야 한다. 흥미라는 요소는 새로움이 사라질수록 줄어들지만 사업의 이정표를 밟아나갈수록 증가한다. 당신이 무언가에 헌신하는 것을 별로 좋아하지 않는다면, 혹은 너무 활동적이고 쉽사리 '더 나은 것'의 가능성에 휘둘린다면 조심하라! 새로운 것에 혹하는 것 자체는 나쁠 게 없다. 하지만 사업을 한다면 이야기가 달라진다. 왜냐하면 당신은 항상 바깥에서 새로운 것을 찾아 헤맬 테니까.

당신은 장기적인 안목을 가졌는가?

1. 당신이 지난 5년간 수행했던 프로젝트 중 완전히 마무리하기 전에 중도에 멈췄거나 포기했던 것을 종이에 적어보라.

2. 각 프로젝트를 왜 포기하거나 멈췄는지 자신에게 물어보고 그 이유를 써라. 그 이유들은 아마도 아래와 같을 것이다.
   - 너무 힘들었기 때문에
   - 지겨워졌거나 흥미를 잃었기 때문에
   - 더 큰 우선순위의 일이 생겼기 때문에

3. 이제 이 목록에 쉽게 배울 수 있을 것이라고 예상했던 것보다 훨씬 힘들었던 스킬이나 학습 과정, 혹은 행동들을 추가하라.

4. 각 내용에 대해 당시에 맞닥뜨렸던 어려움이 무엇이었는지 써라(계속 노력하다 결국 포기하고 3개월간 줄곧 괴로워했던 어려움 등).

5. 다음 사항이 당신과 얼마나 일치하는지 판단해보라('매우 그렇다', '조금 그렇다', '전혀 그렇지 않다' 중에서 선택).
   - 나는 약속했던 사후작업을 자주 하지 않는다.
   - 나는 쉽게 프로젝트에 싫증을 낸다.
   - 나는 항상 그 다음의 큰 도전거리를 찾는다.
   - 나는 어떤 것을 반복하기보다 새로운 것을 배우길 좋아한다.
   - 나는 멋지고 새로운 것들을 좋아한다.
   - 오래된 것들은 나의 관심사가 아니다.

1~4번 질문에 대한 답변과, 5번 질문에서 '매우 그렇다'와 '조금 그렇다'라고 답한 사항을 참조하여 당신이 프로젝트를 계속하지 못하거나 헌신하지 못하는 패턴이 있는지 평가해보라. 그런 패턴이 존재한다 해도 실망할 것 없다(물론 당신이 사업에 투자한 다음 중도에 그만두지만 않으면 말이다). 프로젝트를 중도에 그만뒀던 이유들이 사업을 할 때도 비슷한 이유가 될 것 같은지 숙고하라. 만약 그럴 것 같다면, 당신은 사업의 경로를 전면적으로 검토하거나 죠비로 작게 시작해봄으로써 흥미가 지속되는지의 여부를 테스트해야 한다. 사업에 대규모 투자를 감행하기 전, 작은 성과라도 달성하기 위해 헌신할 수 있겠는지 생각하라. 만약 헌신할 수 있다면, 당신이 장기적인 안목을 지녔다는 점을 확실히 하기 위해 무엇을 할 수 있는가?

17

사업은 하루아침에
이루어지지 않는다

내 세련된 문화적 소양을 좀 자랑해야겠다. 내가 가장 좋아하는 책은 『찰리와 초콜릿 공장』(『윌리 웡카와 초콜릿 공장』으로도 알려져 있고 영화화되기도 했다)이다. 이 책에서 가장 흥미로운 캐릭터는 버루카 솔트^{Veruca Salt}다. 버릇없이 자란 아이의 전형인 버루카는 참을성 없이 기분 내키는 대로 뭐든 손아귀에 넣으려고 한다. 오리지널 영화 버전에서 버루카가 '나는 지금 그것을 원해'라는 노래를 부르는 장면이 나오는데, 이 노래는 버루카가 화려하게 반짝거리는 새것을 강렬하게 원하고 당장 갖고 싶어 한다는 점을 잘 나타낸다.

'나는 지금 그것을 원해'는 현 사회에서 보기 드문 철학이 아니다. 우리 사회는 단기적인 만족을 추구하는 방향으로 변하고 있기 때문이다. 원하기만 하면 세상의 거의 모든 것을 단 한 번의 마우스 클릭

만으로 가질 수 있는 우리는 이제는 '인내가 미덕'이라는 말에 큰 가치를 두지 않는다. 사업의 세계도 이와 같아서, 미디어는 어떤 사업이 수십 년간의 고된 과정을 견뎌냈다는 사실은 쏙 빼고 오직 하루아침에 성공했다는 것 자체만 떠들어대면서 이러한 정서를 심화시킨다!

만일 당신이 고된 과정을 경험했다고 스스로를 속인다면 그것은 조바심이 고개를 쳐들었다는 뜻이다. 앞에서 이미 나는 사람들이 무언가를 준비하는 데 시간을 쓰지 않으려 한다는 점을 언급했다. 아마 당신은 당장 시작하고 싶어 할지도 모른다(마치 조준하기도 전에 총을 발사하는 것처럼 말이다). 사업이 순조롭게 운영되어 즉시 성공할 거라고 믿는 것 역시 당신이 조바심을 가지고 있다는 또 하나의 증거다.

당신이 나와 비슷하다면 어떤 일을 끝낸 다음 '할 일 목록'에서 그 일을 지우는 행위를 즐길 것이다. 사업에서의 조바심은 일의 진전 상황을 구체적으로 보고 싶다는 욕구에서 비롯된다. 하지만 사업의 진전은 항상 당신 혼자서 좌지우지할 수 있는 것이 아니기 때문에 시간 계획대로 완료되지 않는다. 재무적인 성공 여부는 차치하더라도 새로운 사업에서의 모든 일에는 당신이 생각한 것보다(그리고 예상한 것보다) 두세 배 이상의 시간이 소요된다.

당신의 변호사는 법인을 설립하고 필요한 여러 문서를 준비하는 데 너무 많은 시간을 쓸 것이다. 웹 개발자는 계획한 시간의 두 배 이상을 웹사이트 개발에 소요하고, 매장 완공일 역시 예상보다 훨씬 늦춰질 것이다(이 때문에 개점일은 몇 개월이나 연기된다). 신규 직원들의 트레이닝 시간은 계획보다 두 배나 더 걸리고(하지만 기대만큼 일을 완벽하게 수행하지는 못할 것이고), 협력업체는 약속했던 일정이 지나서

당신은 사업가입니까

야 물건을 공급할 것이다. 사무실 설비가 고장 나면 고치는 시간이 예상보다 더(특히나 컴퓨터처럼 모든 데이터가 저장된 중요한 것이라면 더욱) 걸릴 것이다. 이런 비효율성으로 일어날 스트레스를 잘 다루지 못하거나 모든 이슈에 대해 늘 조바심을 내며 한 번에 해결하기를 바란다면, 조언하건대, 사업을 시작하기 전에 고혈압 약부터 준비하라.

너무 여유를 부리다가 사업이 진전되지 않는 것도 문제지만, 조바심이나 비현실적인 기대 또한 사업을 잘 돌아가지 못하게 만드는 요인이다. 앞서 나는 허니문 기간이 있는 사업과 없는 사업이 있다고 언급했는데, 허니문 기간이 있든 없든 간에 결국 허니문의 달콤함은 사라지고 만다. 결론은 사업이 모멘텀을 얻기까지(혹은 다시 얻기까지) 상당한 시간이 걸리기 때문에 정신적으로, 운영상으로, 또 재무적으로 상당히 많은 준비를 해야 한다는 것이다.

먼저 정신적인 측면에서 볼 때, 사업의 현실이 꿈꾸었던 것을 따라가지 못한다면 당신은 감정적으로 커다란 패배감을 느끼고 만다. 나는 그동안 _____(빈 칸에 유통 매장, 온라인 매장, 서비스 회사 등 당신이 가장 좋아하는 소규모 사업체 이름을 넣어보라)를 오픈했다가 기대에 못 미치는 성과에 좌절했던 사업가들을 얼마나 많이 만났는지 모른다. 그들의 공통적인 문제는 이렇다. 그들은 상품을 생산하고 조달하는 일, 웹사이트를 구축하는 일, 매장을 만드는 일, 신용카드와 페이팔 계정을 만드는 일, 광고 몇 가지와 그 밖의 마케팅 자료들을 준비하는 일과 같은 '초기 작업'만 일단 잘 끝내놓으면 달려 나갈 준비는 끝난 것이라 여기고, 곧 돈도 쏟아져 들어오기 시작할 거라고 기대했다. 그들은 고객의 주문으로 전화기가 쉴 새 없이 울려대고, 신규 고객에게 배송할 상자들이 문 옆에 잔뜩 쌓여서 우체국 직원들이 가져가기만을 기다리며, 은행으로 가는 길 내내 입이 귀에 걸릴 것이라는 비전을 가졌던 것이다. 이런 기대로 사업을 시작했지만, 그런 장밋빛 장면은 연출되지 않는다. 사실 그런 꿈은 대부분 현실로 나타나지 않는다.

보통 B2C 사업은 모멘텀 구축에 상당한 시간이 걸린다. B2B 사업의 상품과 서비스 역시 판매 사이클이 길다는 특성을 띤다. 사업가들은 이런 요소를 면밀하게 따져보지 않을 뿐더러 심각할 정도로 과소평가하곤 한다. 사업체를 설립했지만 돈이 들어오지 않는다면 좌절감이 밀려든다. 그렇다고 아무 일도 하지 않으면서 멍하니 있으면 안 된다. 포기해서도 안 된다. 밤을 새우더라도 고객과 거래를 틀 수 있도록 열심히 일해야 한다.

사업을 구축하는 일은 매우 고통스러울 뿐만 아니라 상상했던 것보다 훨씬 느리게 진행된다. 당신이 새로운 록 음악 밴드를 만든다고 가정해보자. 당신 생각에는 앨범을 판매하고 콘서트도 열고 관련 상품을 제작 판매하려면 일단은 팬이 있어야 할 것 같다. 그래서 팬을 만드는 가장 좋은 방법이 소규모 클럽에서 적은 돈을 받고 공연하면서 사람들에게 밴드를 알리고 신뢰를 얻는 것임을 깨닫는다. 당신은 밴드의 공연 기획자에게 제안을 해보지만 어쩐 일인지 그 게으름뱅이는 당신에게 아무런 회신도 주지 않는다. 몇 번이고 계속 음성 메시지를 남겨봐도 역시 묵묵부답이고, 열두 번째 음성 메시지를 남기자 그제야 성가셨는지 기획자는 당신에게 전화를 건다. 그는 당신이 얼마나 많은 팬을 클럽 공연에 데리고 올 수 있는지 알고 싶어 한다. 손님이 많아야 공연할 수 있다고 말이다.

당신은 당황한다. 당신 밴드는 햇병아리라서 열렬히 지지해주는 친구나 가족 말고는 팬이 없다. 그래서 낮은 수준의 클럽에서 첫 공연을 하려는 것이 아니었던가! 하지만 기획자는 생각이 다르다. 그는 자신이 사업체 운영자라서 많은 손님들이 입장료를 내고 들어와 술을 많이 마셔야만 이익을 남길 수 있다고 설명한다. 클럽에 반드시 올 거라고 보증할 만한 충분한 규모의 팬이 없다면 당신과 계약하지 않겠다며 말이다. 설령 관대한 사람이라 해도 그는 일정 수의 팬을 데려와야만 최소한의 출연료를 줄 수 있다고 말한다. 당신이 무료 공연을 하겠다고 해도 공연 시간은 오후 5시 30분으로 정해질 것이다. 맙소사! 그 시간에 누가 클럽에 온단 말인가! 결국 팬 기반을 구축하고자 시도했던 당신의 공연 제안은 팬이 없다는 이유로 좌절된다. 당신은 팬 기반을 구축하는 일이 얼마나 느리고 고통스런 과정인지 절감한다.

당장 원한다고 해서 가질 수 있는 건 아니다

■　　　　　　　　만약 당신의 사업이 하루아침에 날아올라서 큰 성공을 거둘 거라고 착각하고 있다면, 당신에게는 엄청나게 놀랄 일만 남아 있다. 당신이 즉각적인 만족을 추구하는 사람이고 지금까지의 성취에 자신만만하다면, 사업이 기대대로 흘러가지 못할 경우 말 그대로 '화가 뻗칠 것이다'. 사업은 매우 거칠고 지난한 길이다. 사업을 희망에 찬 꽃길이라고 착각해서는 곤란하다.

당신이 즉각적인 만족을 좋아하는 사람일 경우의 문제는, 얼마 지나지 않아 새로운 것을 찾아 떠난다는 것이다. 제대로 된 가치를 사업으로 만들어내려면 오랜 헌신이 필요하다. 일이 올바르게 돌아가게끔 만드는 데 헌신해야 할 뿐만 아니라, 날이면 날마다 일이 원활히 돌아가도록 집중하고 또 집중해야 한다. 그러나 많은 날들이 흘러가도 구체적인 결실을 보지 못할지도 모르고, 어쩌면 수십 년이 지나도 가치를 실현시키지 못할 수도 있다. 지금 당장이 아닌 앞으로 5년, 아니 수십 년 동안 헌신할 준비가 되어 있는가? 10년 후에 당신의 모습이 어떨지 상상해보라. 당신은 그때도 여전히 이 사업을 하고 있을 것 같은가? 그렇지 않다면, 사업이라는 길고 험난한 여정에 나서지 마라.

'나 홀로 브레인스토밍'
인내력 요소

다음의 질문을 스스로에게 던져보라.

1. 사업을 구축하기 위해 나는 얼마나 오랫동안 헌신할 수 있는가?
2. 사업이 원활히 진행될지 판단하기 위해 1년 6개월에서 2년의 시간을 헌신할 수 있을까?
3. 사업 개시 후 6개월간 아무 이익을 벌어들이지 못한다면 나는 무엇을 하려 할까? 1년 동안 그렇다면? 아니, 2년 동안이라면?
4. 나는 5년 후에도 이 사업을 경영하고 있을까? 10년 후에도?

이 질문의 답을 가지고 장기간 일어나게 될 사업의 성쇠를 당신이 인내심 있게 잘 이겨낼 수 있을지 평가해보라.

당신은 사업가입니까

18

당신은 산타인가,
요정인가?

전문가로 성공하여 행복을 만끽하는 이들은 보통 자신이 하는 일을 훌륭히 해낸다. 대부분의 사람들은 한두 가지 정도의 전문 분야에서 타인보다 뛰어난 스킬이나 강점을 가지고 있다. 문제는 당신이 사업가가 되길 원한다면 여러 가지 역할을 수행해야 하고 각각의 역할이 요구하는 스킬을 갈고닦아야 한다는 것이다.

이것이 바로 많은 사람들이 최초에는 사업가로 적합하지 않은 주된 이유다. 사업을 경영하려면 다방면의 스킬을 고루 갖추어야 하고, 조직의 전략적 비전도 가지고 있어야 한다.

크리스마스를 제대로 치르려면……

■ 사업을 크리스마스에 비유해보자. 크리스마스를

잘 치르려면 산타클로스와 요정들이 있어야 한다. 산타가 비전을 가지고 큰 그림을 그리면 요정들은 그것의 실행을 돕는다. 산타의 지시가 없으면 요정들은 아무것도 하지 못한다. 그래서 선물이 크리스마스에 정확히 배달되지 않으면 욕을 먹는 쪽은 요정이 아닌 산타클로스다.

대부분의 조직에서 그렇듯, 피라미드 꼭대기에 자리한 소수의 리더들은 비전과 전략을 수립하고 그 밑의 많은 사람들은 전략을 실행에 옮긴다. 이런 구조는 모든 유형의 집단에서 볼 수 있다. 인디언 보호 구역에는 몇 명의 추장과 수많은 인디언들이 있고, 스포츠 종목에는 몇 명의 코치와 여러 선수들이 있다(덧붙이면, 프로 스포츠 구단의 오너는 한 명뿐이다). 이런 구조가 그런대로 잘 굴러가는 까닭은 리더가 많으면 효과적인 의사결정이 어렵기 때문이다. 당신은 '요리사가 많으면 스프를 망친다('사공이 많으면 배가 산으로 간다'라는 뜻 – 옮긴이)'는 말을 들어본 적이 있을 것이다. 핵심역량의 관점에서 이런 구조가 잘 작동하는 이유는 대부분의 사람들이 비전을 가진 전략가가 아닌 '실행가'이기 때문이다. 산타 이야기로 다시 돌아가면, 대부분의 사람들은 요정이다.

핵심역량 차원에서 볼 때 당신이 실행가라면 그에 맞는 일을 해야 한다. 실행가라는 것은 부끄러워할 일이 전혀 아니다. 사실 세상에 실행가가 없었다면 진보는 불가능했을 것이다. 실행가는 말 그대로 일이 되도록 만드는 사람이니까! 실행가는 벽돌을 쌓아서 건물을 짓는다. 실행가는 음식을 준비하여 손님의 욕구를 충족시킨다. 실행가는 아이들을 가르치고, 그 아이들은 미래의 자산으로 자라난다. 종종 조

당신은 사업가입니까

직의 상부에서 이뤄지는 일에는 참여를 제한받곤 하지만, 일반적으로 실행가들은 삶의 스트레스가 덜하다. 무엇을 해야 하는지 기다렸다가 듣기만 하면 되니까! 그리고 일이 제대로 안 된다고 해서 큰 리스크를 부담하는 것도 아니니까!

당신은 산타인가, 아니면 요정인가?

■　　　　　　　　내게는 특별한 친구가 하나 있었는데, 그 친구는 몇 년 전 너무나 간절히 자기 사업을 하고 싶어 했다. 그 이유가 '직장에서 누군가의 지시가 없으면 일하기가 힘들기 때문'이라는 것을 들었을 때 나는 몹시 당황스러웠다. 무엇을 하라는 지시를 받으면 그녀는 말 그대로 스타 직원이었고 누구도 그녀를 멈추게 할 수 없었다. 그녀는 뭐든 할 수 있었고 뭐든 잘할 수 있었다. 하지만 무엇을 하라고 말해주지 않으면 그 어떤 것도 하지 못했다. 그녀에게는 '아이디어를 계획하고 그 계획을 발전시키는' 선천적 역량이 없었기 때문에 무엇을 하라고 구체적으로 지시하는 누군가를 필요로 했던 것이다.

이 문제에 관해 몇 번 대화를 한 후 다행히 그녀는 자신이 사업가와 맞지 않을 뿐더러 구체적인 가이드나 의사결정이 있어야 일을 잘 수행한다는 점을 인정했다(그리고 그녀는 그 후 두 차례나 승진해서 지금은 환상적인 일을 수행 중이다).

지시받기를 기다리는 사람이라면 근본적으로 사업경영이 불가능하다. 사업의 귀재가 현금등록기 앞에 짠~하고 나타나서 당신에게 다음 단계에서는 뭘 해야 하는지 가이드할 턱이 없다. 당신은 사업가로서 사업의 방향과 전략, 업무 프로세스를 스스로 결정해야 할 뿐만 아니라 조직 구성원 모두가 관련 업무를 실행하게 해야 한다. 만약 당신이 실행가라면 사업가의 일은 당신에게 벅찰 뿐만 아니라 거의 불가능에 가까울 것이다.

핵심역량, 즉 당신이 정말 잘하는 것(타고난 스킬로 당신을 빛낼 수 있는 것)을 최대로 키워야 한다. 만약 안전지대를 떠나서 역량과 잘 맞지 않는 새로운 것을 시도할 계획이라면, 그 계획이 새로운 사업은 아니기를 바란다. 사업을 잘할 수 있는지 평가해보기에는 너무나 많은 돈이 위험에 빠지게 될 테니 말이다.

당신은 사업가입니까

강점을 역할 관점에서 평가하기

아래 질문에 대한 답을 적어보라.

1. 조직에서 다른 이들과 함께 일할 때 주로 하는 역할(그리고 하고 싶은 역할)은 무엇인가? 리더인가? 중량감 있는 역할인가, 아니면 무임 승차자 역할인가?

2. 많은 사람들을 관리해본 적이 있는가? 그렇다면 관리자의 역할 중 어떤 것을 좋아했고 어떤 것을 싫어했는가?

3. 직원이나 고객, 혹은 조직의 방향을 관리해야 한다면 어떤 기분이 드는가?

4. 책임을 부여받기 좋아하는가? 그 이유는?

5. 아이디어를 계획하고 발전시키는 일을 좋아하는가? 아니면 구체적인 지침이 주어지길 기다렸다가 수행하는 것을 선호하는가?

6. 큰 그림을 보는 것을 좋아하는가? 아니면 디테일에 집중하는 것을 좋아하는가?

위 질문에 대한 답을 잘 모르겠거든 친구들이나 동료들에게 피드백을 부탁하라('이에 시금치가 끼었다.'라는 것을 서슴없이 말해줄 수 있는 사람에게 물어야 한다). 그리고 질문에 대해 적은 답을 살펴본 다음, 당신이 선호하거나 강점인 것이 '산타'와 '요정' 중 어느 것과 잘 어울리는지 바로 옆에 적어보라. 요정과 어울리는 성향을 가졌다면 산타의 역할이나 다름없는 사업경영은 피해야 한다. 대신 누군가의 조직에 들어가서 사업에 쏟을 열정을 당신의 업무에 쏟아붓길 바란다.

19

지옥으로 가는 길은
선한 의도로 포장되어 있다

어렸을 때 부모님이나 선생님, 혹은 다른 권위 있는 사람으로부터 당신이 원하는 대로 될 수 있고 당신이 원하는 것은 무엇이든 가질 수 있지만 '무엇을 꿈꾸는가'가 관건이라는 이야기를 들어본 적이 있는가? 나는 그런 말을 들어본 적이 없고 지금도 그렇다. 어쨌든 당신은 틀림없이 이런 조언을 많이 들어봤을 것이다. 우리는 꿈을 사랑한다. 사람들은 각자의 꿈을 품고 있고, 극장에 가면 동화 속 꿈이 결국 실현되는 모습을 보곤 한다. 당신이 소망하고 꿈꾸면, 그들의 말처럼 모든 것이 '가능하다'.

희망과 꿈은 실현되지 않는다

■   무엇인가 소망하고 희망하며 꿈꾸는 사람들은

당신은 사업가입니까

사업과 잘 맞지 않는다. 그런 사람들은 실천보다는 무언가를 희망하기만 하며 시간을 보낸다. 자신의 꿈에 대해 장시간 이야기하며 시간을 보내는 사람을 만나본 적이 있는가? 그들이 꿈을 말하는 시간의 절반만이라도 꿈을 실천하는 데 썼다면 그 꿈이 무엇이었든 간에 성취할 수 있지 않았을까? 나는 이런 유형의 사람을 많이 알고 있다. 바라기만 하는 사람들은 절대로 좋은 사업가가 될 수 없다.

> 지옥으로 가는 길은 선한 의도로 포장되어 있다. 희망과 꿈은 항상 우리를 설레게 하지만, 실천하지 않고 바라기만 하는 사람은 절대로 좋은 사업가가 될 수 없다.

『그들을 압도하라Take Their Breath Away』라는 책의 공동 저자인 칩 벨Chip Bell과 존 패터슨John R. Patterson은 나의 블로그 '청하지도 않은 사업 충고'를 방문하여 다음과 같이 멋진 말을 방명록에 적어주었다.

거북이 세 마리가 늪 가장자리에 있는 통나무에 앉아 있었다. 한 마리가 점프를 결심했다. 이제 통나무에 몇 마리가 남아 있겠는가? 두 마리? 아니다. 여전히 세 마리다. 결심하는 것과 실행하는 것은 전혀 다른 일이다. 실행하기 전까지 모든 결심은 그저 밋밋하고 낡은 의도일 뿐이다. 실행(판돈을 건다는 것)은 헌신의 여부를 테스트할 수 있는 진정한 방법이다. "나는 믿는다, 나는 지지한다, 나는 찬성한다."라는 말들은 가시적인 행동이 있기 전까지 모두 모호한 말일 뿐이다.

이 현명한 통찰은 사업에도 동일하게 적용된다. 이 글의 후반부 내용에서 보듯이 '지옥으로 가는 길은 선한 의도로 포장되어 있다'. 바라고 결심하고 꿈꾸는 것은 결코 실천과 같은 말이 아니다.

개인적으로는 뉴에이지 자기계발서로 출시되어 지난 몇 년간 센세이션을 일으켰던 『시크릿The Secret』이란 책을 읽어보지 않았지만, 대중 문화에 대한 나의 일반적인 지식(심야에 〈오프라 윈프리 쇼Oprah Winfrey Show〉를 시청하거나 다양한 대중문화 웹사이트를 방문했던 경험을 통한)과 많은 사회단체들과 토론했던 것들을 종합해보건대, 그 책의 골자는 이렇다. 『시크릿』은 무엇인가를 긍정적으로 생각하면 그 긍정적인 생각이 당신이 원하는 것은 무엇이든 끌어당기도록 도움을 준다는 '끌어당김의 법칙'을 이야기한다. 당신의 목표를 조각조각 이어 붙인 그림 같은 것으로 시각화한 다음, 그 그림을 보며 목표를 계속 생각하면 목표가 이루어진다는 것이다. 나는 이 책이 나폴레온 힐Napoleon Hill이 수십 년 전에 썼던 책 『생각하라 그러면 부자가 되리라Think and Grow Rich』에서 '고된 노력'이라는 핵심요소가 빠져버린 왜곡된 버전이라고 생각한다.

고된 노력이라는 것

■   소망하고 희망하는 자와 진정한 열망을 가진 자와의 차이가 바로 여기에 있다. 소망하고 희망하는 사람은 『시크릿』이란 책을 글자 그대로만 읽는다. 그들은 100만 달러를 벌고 싶다면 돈 모양으로 종이를 오리고 돈과 관련된 이것저것을 사서 벽에 압정으로 붙여놓는다. 그리고 그것을 매일 들여다보며 돈을 생각하고 돈을 꿈꾸면서 행운이 어느 날 자신의 무릎 위에 뚝 떨어지기를 기다린다.

당신이 진정한 열망을 가진 사람이라면 돈(혹은 당신의 비전)을 꿈을 이루기 위한 목표와 연료로 설정한다. 그다음 그런 목표를 달성하

당신은 사업가입니까

도록 믿을 만한 실천계획을 수립한다. 힘든 시기가 오더라도 원래 계획했던 일들의 진행에 필요한 도움을 얻기 위해 긍정적인 끌어당김이란 방법을 쓰기도 하겠지만, 당신은 실천하지 않으면 아무것도 이뤄지지 않는다는 것을 잘 안다. 당신은 생각만으로 부자가 될 수 있다고 믿지 않으며, 목표와 긍정적인 태도를 가지고 집중력을 계속 유지하며 일을 수행한다면 부자가 될 수 있다고 생각한다. 이것이 아마도 『시크릿』이라는 책이 전달하고자 했던 메시지일지 모르지만, 모든 사람들이 그렇게 이해한 것 같지는 않다.

성공적인 사업을 소망하는가? 혹은 성공적으로 사업을 시작하길 바라는가? 성공할 수 있기를 희망하는가? 성공에 대한 바람이 성과를 보증하리라 생각하는가? 만약 당신이 소망과 희망이라는 이름의 수용소에 갇혀 있다면 아마도 사업을 시작하거나 운영하는 데 필요한 것들을 제대로 갖추지 않을 공산이 크다. 실제로 사업은 행운에 좌우되는 경우가 많지만, 행운은 신속하게 의사결정을 내리고 직접 팔을 걷어붙이며 일에 전력을 기울일 때만 가능하다. 기적이나 비전 선언문, 그럴싸한 소망이나 바람만으로는 결코 사업을 성공시킬 수 없다.

자, 당신은 자신만의 사업을 시작하길 소망하는가? 본인의 사업을 가지길 꿈꾸는가? 당신에게는 사업가가 되고자 하는 진정한 열망이 있어서 아무것도 그 목표를 단념시킬 수 없는가? 그중 단 하나만이 사업을 시작하거나 인수하려 할 때 필요한 정답이다(단순한 소망, 희망, 꿈이 아니라, 진정한 열망을 가져야 한다는 뜻 - 옮긴이).

3부

지금까지는 당신이 사업가로서 적합한지를 평가했는데, 이제부터는 사업체의 소유주가 되었을 때의 기회뿐만 아니라, 리스크, 이슈, 보상에 대해서 평가하고, 개인적인 입장에서도 리스크와 보상을 가늠해보자.

기회를
발견한 사람들

—

이 섹션에서는 새로운 사업이 가져다 줄 특별한 기회가 당신에게 주어진 환경에서 과연 추진할 만한 가치가 있는지 비판적으로 살펴보자. 섹션의 말미에는 새로운 사업을 시작하는 것 대신 기존 사업체를 인수하려는 사람들을 위한 장과, 가족기업을 승계하려는 사람들을 위한 장이 별도로 마련되어 있다.

20

돈의 흐름을 지배하라

　　사업의 재무적인 측면은 종종 간과되곤 하는데, 단언컨대 재무적인 측면은 신규 사업에서 가장 중요한(그리고 일반적으로 가장 많은 문제를 일으키는) 영역이다. 파이어드-업$^{\text{FIRED-UP}}$ 평가에서 'F', 즉 재무^{finance}가 맨 앞에 등장하는 이유가 있다. 사업가가 되길 원한다면 (1)사업을 시작하거나 인수할 수 있는 돈, (2)지속적인 운전자본과 사업 투자자금을 비롯하여 사업운영에 필요한 돈, (3)생활비로 쓸 돈(사업한다고 해서 각종 납부서가 날아오지 않는 것은 아니다)을 충분히 가지고 있는지(혹은 확보할 수 있는지)가 다른 것들보다 매우 중요하기 때문이다.

　사업을 시작하거나 인수할 때는 사업콘셉트에 관한 아이디어를 사업계획으로 정리한 다음, 소위 '추정 재무모델'이나 '추정 재무제표'

와 같은 형식을 통해 그 계획을 일련의 수치로 전환시켜야 한다. 이러한 재무모델이 중요한 이유로는 다음의 세 가지가 있다.

1. 사업기회가 금전적으로 유의미한지(즉, 투자로 매력적인 수익률을 거둘 가능성이 있는지), 추진할 가치가 있는지를 평가할 수 있다.
2. 사업을 시작할 때 얼마나 많은 돈이 필요한지, 그리고 첫 2년간의 사업운영 자금을 확보하기 위한 대비책은 충분한지 확인할 수 있다.
3. 회사의 가치 평가를 위한 재무적 기준, 자기자본을 늘리기 위해 투자자에게 얼마나 많은 지분을 인도해야 하는지 알 수 있다.

나는 위의 1번 항목을 특별히 강조하고 싶다. 그동안 추정 재무제표가 아예 없는 경우, 혹은 있어도 엉성하거나 비현실적인 사업계획을 수없이 봐왔기 때문이다. 글로 주저리주저리 설명된 계획이나 정성적인 아이디어만으로는 당신의 사업기회가 돈과 시간, 노력을 투자할 만한 가치가 있는지를 평가할 수 없다(반복하건대, 절대 평가할 수 없다). 투자를 통해 적절한 수익률을 얻을 수 있는지, 사업의 재무적 성과와 재무적 리스크의 상충 관계를 따져서 추진할 만한 가치가 있는지 평가하지 않는다면(혹은 할 수 없다면), 당장 사업계획을 폐기하고 지금 다니고 있는 직장을 절대 그만두지 마라.

쓰레기가 들어가면 쓰레기가 나온다

■ 　　　많은 사업가들은 재무모델 만들기를 힘들어한

다. 마이크로소프트의 엑셀^{Excel} 프로그램으로 재무제표를 만들 때면 대부분의 사업가들은 '켈트 댄스(아일랜드의 전통춤 – 옮긴이)'를 출 때만큼이나(아마 후자는 전자만큼 위협적이지 않겠지만) 고생을 한다. 재무모델 수립 시 자주 사용하는 프로그램에 익숙하지 않다는 것 외의 한가지 이유를 더 말한다면, '재무회계'에도 정통하지 못하기 때문이다. 사업가들은 매출과 이익을 구분하지 못하고, EBITDA(법인세, 이자, 감가상각비를 차감하기 전의 영업이익 – 옮긴이)가 무엇을 의미하는지도 모르며, 상품이나 서비스의 매출총이익(매출에서 매출원가를 공제한 금액 – 옮긴이)이 어느 정도여야 괜찮은지를 확실하게 알지 못한다.

과거에 재무를 다뤄본 경험이 없다면 재무의 '세상'을 이해하고 운영하는 일이 처음에는 무척 어렵다. 사실 재무모델링은 쉽게 학습할 수 있는 것이 아니기 때문에 전문적으로 재무제표를 작성하고 평가하는 사람들이 그렇게나 많은 돈을 받는 것이다.

재무제표의 메커니즘을 이해하고 작성하도록 도와주는 사람을 확보할 수 있어야 사업의 재무적인 측면들이 비로소 활력을 얻는다. 재무모델은 사업의 모든 측면에 대한 가정들(확보 가능한 고객 수, 상품과 서비스 가격, 공급업체의 납품 예상가격, 기대이익 등)을 토대로 수립된다. 그러기 위해서는 매출, 비용, 운전자본, 사업 초기 비용 등에 관한 가정을 상세히 정리해야 한다.

재무모델을 수립할 수 있는 전문가가 있다 하더라도 그 유용성은 인풋되는 정보의 질에 달려 있다. '쓰레기가 들어가면 쓰레기가 나온다.'라는 점을 기억하라. 현실적인 가정은커녕 별 생각 없이 만든 수치를 집어넣으면 사업기회와 재무상태를 평가하는 데 도움이 안 되는 값만 튀어나온다. 〈Inc. 매거진^{Inc. Magazine}〉의 칼럼니스트 노엄 브로드스키^{Norm Brodsky}는 자신의 책『타고난 재주^{Knack}』에서, 엑셀과 같은 컴퓨터 프로그램을 쓰지 말고 손으로 직접 수치를 써보라고 제안하며 이렇게 말한다. "어떤 사업에서 성공하려면 숫자에 대한 감각을 계발해야 한다. (…) 직접 손으로 수치를 기입하고 따라가는 것은 숫자라는 언어를 배우는 데 있어 내가 아는 최고의 방법이다."[13] 재무모델을 개발하거나 재무적 기초를 스스로 연습하고자 할 때 브로드스키가 제안한 방법을 써보기 바란다.

추정 재무제표는 그저 어림짐작이라고 말하는 사람들도 아마 있을 것 같은데, 어떤 측면에서 보면 그 주장도 옳다. 향후에 발생할 일은 절대로 정확히 예측할 수 없어서 사업이 발전함에 따라 재무제표를 수정해야 할 가능성이 99.99%이기 때문이다. 하지만 추정 재무제표는 일련의 논리적 가정을 토대로 작성된 것이다(시장의 90%를 점유해야 손익분기점에 도달할 수 있는 사업은 어느 누구도 하려 하지 않을 것이다). 비록 당신 사업에서 일어날 모든 것을 예측할 수 없다 해도, 투자를 통해 높은 수익률을 달성하는 것이 과연 가능한지는 일련의 현실적인 가정을 토대로 파악해야 한다. 단계별 이정표가 많을수록 재무 수치들의 현실성도 높아진다.

재무제표와 계량화된 데이터를 통해 사업의 금전적 보상은 당신이 사업을 시도해볼 만큼 긍정적이라는 사실과 더불어 사업의 시작이나 인수에 필요한 자금의 규모 등을 파악하고 나면, 그다음으로 살펴봐야 할 것은 자금을 추가적으로 확보해야 하는가(혹은 확보하고 싶은가)의 여부다. 만약 확보해야 한다면 지분을 나눠 가질 파트너를 얻을지

(자기자본을 늘리는 방법), 아니면 당신이 무한 책임을 지는 대출을 얻을지(빚을 늘리는 방법)를 결정해야 한다.

당신은 누구의 돈을 쓰고 있는가?

■ 당신에게 재력이 있다면 오직 자신의 돈만 사업에 투자하려고 할지 모른다. 자기 돈만 투자할 때는 (1)사업 소유권을 넘겨줄 필요가 없다는 점, (2)자금 조달 절차를 걱정할 필요가 없다는 점, (3)당신을 미치게 만드는 투자자와 함께 일할 필요가 없다는 이점이 있기 때문이다.

하지만 부정적인 면도 있다. 첫째, 모든 리스크는 당신이 책임져야 하는데 자신의 순자산 대부분을 사업자금으로 사용하고 있다면 모든 달걀을 한 바구니에 담은 것이나 다름없다. 이는 사업 초기 몇 년간 상승과 하락을 겪으면서 잠재적으로 당신 자신(그리고 당신의 지원을 필요로 하는 가족 등)을 부양할 수 없는 리스크가 가중됨을 의미한다.

둘째, 자신의 돈에만 의존한다는 것은 사업에 투자할 돈이 충분하지 않음을 뜻한다. 통계적으로 봤을 때 대부분의 사업가들은 외부투자자를 확보하거나 차입금을 유치하지 않으려 하고, 그 때문에 사업은 자본 부족에 시달리다가 결국 실패하고 만다.

세 번째 단점은 돈이 부족할 경우 재력이 충분한 파트너를 구하기 어려워져서 정말 힘든 시기에 외부의 도움을 받을 수 없다는 것이다(내 말을 흘려듣지 마라. 힘든 시기에는 새로운 자금을 확보할 수 없다. 고군분투하는 사업에 재력가들이 굳이 투자하려고 할까? 답은 '아니올시다'다).

사업자금이 충분치 않거나 리스크의 일부를 나누고 싶다면, 차입을 하거나 한 명 이상의 투자자를 구할 필요가 있다. 그래야 당신은 자금 조달의 재미를 알게 된다. 지난 18년간 나는 사업가들에게 기회가 있을 때마다 수시로 질문을 해왔는데, 사업가 100명 중 99명은 자금 조달 과정을 창업과 사업운영의 가장 끔찍한 일로 여기고 있다. 내가 수집한 경험적인 사례들 역시 그렇다. 나는 자금 조달 경험이 상당히 많다. 개인적으로나 팀의 일원으로서 나는 사업계획을 가진 개인 사업가에서 거대 기업에 이르는 모든 규모의 기업들에게 사업에 필요한 자금을 조달할 수 있도록 도와줬는데, 그 금액을 모두 합하면

> 자금 확보는 사업의 시작부터 끝까지 수시로 우리를 괴롭힌다. 사업가 100명 중 99명은 자금 조달 과정을 창업과 사업운영의 가장 끔찍한 일로 여기고 있다.

10억 달러 이상이다. 내가 경험으로 체득한 사실은 사업이 작을수록, 그리고 필요한 돈이 많을수록 자금 조달이 더 어렵다는 것이다. 사업이 초기 단계(즉, 스타트업단계)에 있을수록, 또 사업의 수익이 적을수록(아직 사업을 시작도 못했다면 수익이 전혀 없을 테니) 사업에 전적으로 투자하려는 기관은 별로 없을 것이다. 리스크라는 관점에서 볼 때 사업의 단계가 많이 진전될수록, 사업 사이클을 여러 번 진행할수록, 창출되는 수익이 많을수록 투자 리스크가 낮아지는 것은 당연하다. 이런 이유로 더 많은 이익을 낼수록 더 많은 투자자들이 투자 기회를 잡으려 한다.

사업 초기일수록 자금 조달이 매우 어렵다는 점 말고도 나는 자금 조달에 관한 진실을 한 가지 더 알고 있다. 바로 사업 초기 단계에 있는 사업가들 거의 모두가 사업을 시작하고 운영하는 비용을 과소평가한다는 사실이다. 내가 지켜본 바에 따르면 사업가들은 자신들의 재무 추정치가 매출과 비용 측면에서 보수적으로 산출된 것이라고

당신은 사업가입니까

주장하고, 자신들은 필요한 금액보다 많은 자금을 조달할 수 있고 대비책도 가지고 있다고 말한다. 그럴 때마다 나는 재무 추정치를 지나치게 공격적으로 설정하는 일반적인 오류를 벗어나지 못했다고 지적해준다. 하지만 그들은 오히려 자신들은 '예외'라고 말하며 나를 가르치려 들었다. 1년 후, 매출이 추정치에 미치지 못하고 비용이 추정치를 넘어서면 그제야 그들은 자신들이 왜 추정에 실패했는지 그 이유를 내게 설명한다. 개인적인 경험상, 지금까지 예외는 없었다.

경험 많은 투자자들은 이러한 사실을 잘 알고 있기에 투자 여부를 결정할 때 사업가들이 제시한 추정치를 항상 싹둑 자르곤 한다. 사업가들이 매출은 과대평가하고 비용은 과소평가한다고 가정하기 때문이다.

모바일 정보기술 기업인 두앱^{DoApp}의 CEO 웨이드 비버스^{Wade Beavers}와, 설립자이자 사장인 조 스리버^{Joe Sriver}는 이 점을 매우 잘 알고 있다. 그들은 사업가들이 사업 개시 후 곧바로 매출을 일으킬 수 있다고 기대한다면 향후에 경악을 금치 못할 거라고 경고한다. 사업을 시작하지 않았다면 "상품을 시장에 출시하여 고객에게 판매하는 것이 얼마나 복잡한지 깨닫기 어려울 것이고 (…) 약간의 매출이라도 일으키는 시점은 기대했던 것보다 세 배나 오래 걸릴 것이다."라고 웨이드는 말한다.

그러므로 추정 재무제표를 작성할 때는 혼자서 해보라. 사업에 관한 여러 가정을 수립하고, 얼마나 많은 자금이 필요할지 파악하기 위해 재무 추정치를 설정한 다음, 되돌아가서 작업한 내용을 수정하라. 처음에 필요하리라 생각했던 것보다 1.5배에서 2배 많게 말이다. 그것이 실제로 당신에게 필요한 자금이다. 10만 달러가 필요할 것 같다면 실제로는 15만~20만 달러가 필요해질 것이고, 추정치가 300만 달러라면 450만 달러 이상을 확보해야 한다. 알겠는가?

사업 초기에 더 많은 현금을 지출해야 한다는 것이 무엇을 의미하는지 알겠는가? 그렇다. 그것은 당신 자신의 자금을 더 투입함으로써 리스크를 감수해야 하고, 더 많은 투자자를 찾아야 하며, 이미 확보한 기존 투자자들에게 더 많은 투자를 요청해야 한다는 뜻이다.

본인의 돈 vs. 노력 자본 vs. 차입금

■　　　　　　일단 필요 자금의 규모를 알게 된 후에는(그리고 최초에 내놓은 과소평가된 수치를 좀 더 늘린 후에는) 자금을 어떻게 확보할지 생각해야 한다. 아마도 당신은 상당한 금액의 자기 돈을 투자해야 한다는 것에 크게 놀랄 것이다. 당신이 기껏해야 아이디어와 시간만 투자(이를 '노력 자본Sweat Equity'이라고 부른다)하려 한다면 아무도 돈을 투자하려 하지 않을 것이다. 시간을 투자하면 투자자들로부터 약간의 신용은 얻을 수 있겠지만, 당신이 사업을 신뢰한다면 재무적인 투자도 동시에 해야 한다.

투자자를 구하겠다고 결심했다면(이는 재무적 파트너가 될 사람을 찾아 사업의 지분을 양도함을 의미한다), 당신에겐 골칫거리가 또 생겨난다. 우선, 어디에서 투자자를 찾을 것인가? 대부분의 사업모델은 별로 규모가 크지 않기 때문에 엔젤 투자자(고액 투자를 하는 개인이나 집단)나 벤처 캐피털리스트 같은 수준 높은 투자자들의 관심을 끌지 못한다. 그들은 자신들이 매년 30~50%(혹은 그 이상)의 수익률을 얻을 수

당신은 사업가입니까

있는 사업에 투자하려 한다. 또한 많은 수의 투자가 (대부분의 사업이 그러하듯) 실패로 돌아가거나 만족할 만한 성공을 거두지 못한다는 점을 잘 알기에 아홉 건의 실패를 커버할 수 있는 대박 투자 한 건을 바라고, 자신들의 초기 투자금(그리고 바라건대 이익)을 회수할 방법을 찾기 위해 어느 정도 현실적인 기간, 즉 대개 5~7년 안에 사업이 충분히 성장하여 팔리거나 상장^{IPO, Initial Public Offering}되기를 바란다. 이러한 여러 투자 기준 때문에 당신의 사업은 엔젤 투자자나 벤처 캐피털리스트에게는 매력적으로 보이지 않는다.

그런 이유로 재력 있는 엔젤 투자자나 벤처 캐피털리스트로부터 자금을 조달할 수 없으면 그동안 알고 지낸 사람들(친구, 가족, 지인) 중에서 당신의 사업에 투자할 수 있는 사람들(이들을 'DDL'이라 부르는데 의사^{Doctor}, 치과의사^{Dentist}, 변호사^{Lawyer}의 앞 글자를 따서 만든 말이다. 이들은 당신의 친구나 가족과 아는 사이고 충분한 액수의 가욋돈을 가지고 있다)을 찾아가야 한다. 말은 쉽지만, 그들에게 손을 벌리는 것은 무척 어려운 일이다. 친하게 지내던 사람을 찾아가 돈을 투자해달라고 요청하기는 쉽지 않다. 이는 사실 악마와의 거래와 다를 바 없다. 이제 그 사람과 당신의 관계는 본래와는 사뭇 다른, 사업 파트너의 관계로 변질되기 때문이다. 사업을 하다 보면 종종 친구나 가족의 행복에 반하는 의사결정을 내릴 수밖에 없는데, 이 때문에 서로의 관계는 매우 불편해진다.

다행히 당신의 친구, 가족, 지인이 당신의 사업자금을 도와줄 정도로 충분한 재산을 가지고 있다 해도 오히려 그들은 당신에게 골칫덩이가 될지 모른다. 게으른 사촌 닉을 당신의 회사에 취직시켜달라고 요구할 수도 있고, 고객에게 돈 받고 파는 상품(또는 서비스)을 공짜로 달라고 할 수도 있다. 투자에 대한 대가로 100만 달러 상당의 혜택을 요구하거나 투자 손실에 대한 우려로 매일 자기네들에게 보고해달라고 요구할지도 모른다(나는 이런 얘기를 수도 없이 들었다). 친구나 가족 구성원, 지인들로부터 투자를 받기 전에는 이런 측면부터 주의 깊게 생각하기 바란다.

만약 당신이 벤처 캐피털리스트의 잠재적 기준을 충족시킬 만한 사업을 추진하는 극히 예외적인 사람이라 해도 투자를 받는 일은 여전히 녹록지 않다. 벤처 캐피털리스트는 매년 수백에서 수천 개의 사업계획을 접수한다. 그들은 일방적으로 보내온 수많은 사업계획을 그냥 폐기해버린다. 자신들이 잘 아는 누군가가 소개하고 보증한 것들이 아니기 때문이다. 따라서 당신이 벤처 캐피털 커뮤니티의 내부 그룹에 끼어 있지 않다면(돈이 필요한 사람의 대부분은 그 집단에 끼어 있지 않다) 당신의 사업계획이 아무리 뛰어난 장점을 갖고 있다 해도 그들은 눈길조차 주지 않을 것이다.

> 투자를 받는 일은 악마와의 거래와 다를 바 없다. 파트너와의 관계는 변질되기 일쑤고 거절하기 힘든 요구는 당신의 발목을 잡을 것이다. 신중하라.

당신이 투자자 확보를 포기하기로 결심한다면 대출이 대안이 될 것이다. 하지만 이것 역시 쉽지 않다. 소개 없이 매력적인 조건으로 대출을 받기란 매우 어렵기 때문이다. 더구나 사업체의 자산이 변변치 않다면 대부분의 대출기관들은 당신의 집 등을 담보로 잡으려 하기 때문에 개인적인 재무 리스크는 커진다. 만약 적절한 담보물이 없다면 사업을 위한 대출은 거의 불가능하고, 기본적으로 사업을 어느 정도 성공시켜 재무적인 성과가 있음을 입증해야만 사업을 본격적으로 시작하기 위한 대출금을 받을 수 있다.

당신이 투자와 대출 중 무엇을 선택하더라도 자금 조달에 걸리는 시간은 기대보다 더 오래 걸린다. 자금을 조달하는 데 어느 정도의 시간이 소요될지 추정해보라. 그 추정치에 1.5~2를 곱하여 나온 값이 실제 자금 조달에 걸리는 시간이다. 6개월이라고 예상된다면 실제로는 9~12개월 정도가 걸릴 것이다. 만일 1개월로 충분하다고 생각한다면, 꿈 깨고 정신 차려라! 사업가들은 개인 투자자로부터 자금을 투자받으려 할 때 소요시간을 지나치게 짧게 예상하곤 한다. 구두로 투자를 약속받았더라도 수표에 사인하게 만드는 것은 진짜로 어렵고, 돈을 넘겨받는 일은 도전에 가깝다. 투자자들은 최대한 미루며 기다렸다가 돈을 넘겨주는 경향이 있다(궁금하다면 납세 신고의 몇 %가 마감일이 되어서야 제출되는지, 그리고 마감일에 연장 신청을 한 납세자가 얼마나 많은지 정부기관에 물어보라).

자금 조달의 고충 중에서 무엇보다 괴로운 것은 그런 고충이 한 번으로 그치지 않는다는 사실이다. 사업을 성장시키고자 한다면(당연히 그래야 한다. 사업을 한다는 것은 자산 가치를 창출하는 것이고, 그러려면 사업 성장이 필수적이니까) 지속적으로 자금을 조달해야 한다. 상당한 시간과 노력을 기울여 자금 조달을 마무리한 뒤 몇 개월밖에 지나지 않았는데도 다시 자금 조달에 나서는 경우는 비일비재하다. 만약 신규 매장을 오픈하고 직원을 늘리며 신규 설비와 기계를 추가로 장만하고 타 업체를 인수하고자 한다면 언제나 자금이 있어야 한다. 많은 양의 타이레놀을 비축해둬라. 자금 조달로 인한 두통을 아주 오랫동안 견뎌야 할 테니까.

재무제표 작성은 일회성 이벤트가 아니다

■   사업에 필요한 자금을 확보했다면 당신은 지속적으로 재무제표를 평가할 필요가 있다. 재무제표는 사업에 관련된 것을 말해주기 때문에 그것이 전달하는 이야기를 빈틈없이 평가할수록 더 나은 의사결정을 내릴 수 있다. 특정 상품에서 손실이 발생한다는 것을 알지 못해 불필요한 간접비를 지출하고 말았던 내 예전 고객(24장에 나온다)을 닮기 싫다면 말이다. 또한 판매 중인 모든 상품권에 관한 정보가 부정확하게 재무제표에 반영된 탓에 제값을 받지 못하고 상품을 팔고 있었다는 사실을 알지 못했던 관리자들(28장에 나온다)을 닮아서도 안 된다.

당신은 론칭 계획 중인 신규 사업에 대한 투자, 또는 검토 중인 사업체 인수의 잠재적 수익률이 얼마나 될지 평가해야 한다. 모든 것을 제대로 파악하려면 '슈퍼 암호 해독기' 같은 것이 있어야 하지 않을까 생각될 때도 있겠지만, 사업이라는 모험이 성공하려면 사업에 관한 재무적인 스토리를 이해하고 파악하는 것이 무엇보다 중요하다.

재무적인 관점으로 사업을 운영하는 일은 예술이자 과학이다. 당신은 그 일에 겁을 먹을지 모르지만, 반드시 해야 한다. 어쩌면 사업을 재무적인 관점으로 바라보는 일을 건너뛰고도 싶겠지만, 그 일은 사업에 뛰어듦과 동시에 떠맡을 수밖에 없는, 당신의 가장 중요한 업무이자 역할이다. 만약 그 일을 떠맡고 싶지 않다면 절대로 지금 다니는 직장을 떠나지 마라.

당신은 사업가입니까

사업의 리스크와 보상을 평가하기 위해 각종 수치 이해하기

다음의 모든 질문에 답해보라.

1. 재무 모델에 대해 어떤 가정을 설정했는가? 아래는 그런 가정의 몇 가지 예다.

- 얼마나 많은 고객에게 판매할 것인가?

- 판매하기까지 얼마나 시간이 걸릴 것인가?

- 어느 정도의 주기로 얼마나 많은 반복 구매를 할 것인가?

- 판매할 상품이나 서비스의 원가는 얼마인가?

- 사업 시작 뒤 지속적인 운영을 위해 어떤 종류의 관리 비용을 지출해야 하는가?

당신은 회계와 재무 모델에 정통한 사람에게 컨설팅을 받음으로써 당신이 설정한 모든 가정들을 확인받고 싶어질 수도 있다.

2. 당신이 설정한 가정은 현실적인가? 이를 판단하려면 각 가정의 맥락을 리뷰해보라. 가령 잠재 시장에 100만 명의 사람들이 존재하는데 그들 중 99만 명에게 접근해야 이익을 창출할 수 있다면 당신의 가정은 비현실적인 것이다.

위의 두 질문에 대한 답을 통해 당신은 사업의 긍정적인 잠재력이 리스크를 감수할 만한 가치가 있는지 평가하여 사업모델의 실현 가능성을 파악할 수 있을 것이다. 사업모델이 실현 불가능하다는 것, 감수하는 리스크와 비교했을 때 보상이 충분치 않다는 것을 깨닫게 되면 실현 가능하고 리스크와 보상이 균형을 이루도록 사업모델을 수정해야 하고, 그래도 안 되면 그것을 완전히 폐기해야 한다. 평가할 가치가 충분하다고 생각되는 사업모델이 있다면, 당신은 나중에 사업가 방정식의 '보상' 관점에서 사업기회의 잠재적 보상 수준을 재무적이고 계량적으로 살펴보게 될 것이다.

3. 사업을 시작하고 운영하는 첫 2년간 얼마나 많은 돈이 필요한가?

4. 당신은 그 정도의 돈을 가지고 있는가? 그렇다면 그 돈 전부에 대해 리스크를 감수할
   수 있는가?

5. 4번 질문에 대해 '아니오'라고 답했다면,
   - 얼마나 많은 돈을 더 조달해야 하는가?
   - 누구로부터 자금을 조달받을 것이고, 당신 자신이 내놓을 수 있는 돈은 얼마나 되는가?
   - 투자를 받을 것인가(지분 일부를 포기해야 한다), 대출을 받을 것인가(채무가 발생하고 주
     요 자산을 담보로 내놓아야 한다), 아니면 둘 다 할 것인가?
   - 각 자금 조달원으로부터 돈을 지원받을 때의 장점과 단점은 무엇인가?
   - 자금 조달은 사업의 리스크와 보상에 어떤 영향을 미치는가?

6. 당신에겐 사업을 운영하는 동안(최소한 1년 반에서 2년 정도) 먹고살 만한 돈이 있는가?

7. 6번 질문에 '아니오'라고 답했거나, 예상치 못했던 일이 발생하여 개인적으로 돈을 부
   담하는 것과 회사에서 돈을 부담하는 것 중 택일해야 한다면, 무엇을 택할 것인가?

8. 생계를 유지하고 사업자금으로 쓰기 위해 얼마나 많은 돈을 저축해야 하는가?

3~8번의 답변을 통해 사업에 투자할 '본인의 자금'을 모을 때까지 기다리는
것이 나을지 판단하라. 사업자금이 부족하면 당신은 실패한다. 투자를 받는다
면 그것이 리스크와 이슈, 잠재적인 보상에 어떤 영향을 (재무적·정성적으로)
미칠지, 리스크와 보상의 균형은 어떤 영향을 받을지 평가하라. 나중에 당신
은 사업가 방정식의 '리스크' 관점에서 리스크를 재무적으로(혹은 다른 맥락으
로) 살펴보게 될 것이다.

당신은 사업가입니까

21

고객님, 저 여기 있어요

           사업을 시작하기에 지금보다 더 나빴던 시기는 일찍이 없었다. 왜냐고? 요즘보다 사업 경쟁이 더 심했던 때는 역사적으로 없었으니까. 전혀! 우리는 지금껏 가장 혁신적인 시기를 살고 있다. 유용하든 그렇지 않든 간에 여러 혁신에서 적어도 수십 개의 상품이나 서비스가 파생되었고, 사실상 상상할 수 있는 모든 것들이 구상되었다. 미국의 특허 상표국 웹사이트인 www.uspto.gov에 잠깐 들러 새로운 제품 혁신 등록, 제품이나 서비스 브랜드 상표 등록 등을 쭈욱 살펴보고, 어떤 분야든 한 가지를 떠올린 다음 그것과 관련한 특허와 상표가 얼마나 많은지도 확인해보라. 아마 믿기 어려울 정도의 엄청난 양 때문에 머리가 어질어질할 것이다.

    모든 제품과 서비스에 있어 우리는 필요하리라 생각한 것보다 훨씬 많은 것을 선택할 수 있다. 햄버거 가게로부터 치약이나 보육시설에 이르기까지, 원하거나 필요로 하는 것들 그리고 신경조차 쓰지 않았던 것들에 대해 우리에겐 무수히 많은 선택지가 있다. 한 가지 덧붙인다면, 역사적으로 기업가 정신을 검증하는 프로세스는 지금까지 전혀 없었기 때문에 모든 유형의 사람들이 너도나도 사업에 뛰어들고 있는 것이다. 사업을 성공시킨다는 것은 정말 어려운 일임에도 사업을 시도하고 시작하는 데는 아무런 진입장벽이 없다.

합법적으로 사업을 시작하려는 사람의 입장에서 볼 때 오늘날의 사업가가 직면하는 경쟁은 상상할 수 있는 모든 유형의 이슈를 양산하고 있다. 일례로 사업의 참신성과 관련된 상황은 과거 50년 전의 그것과 완전히 다르다. 당신이 어느 정도 참신한 아이디어를 찾아내 사업을 시작했다면, 똑같거나 비슷한 아이디어를 가진 사람들이 이미 시장에 수십 명이나 존재할 가능성이 크다. 그렇지 않다면 사업을 론칭하자마자 수십 명의 모방자들이 뒤따라 나타나고, 만약 성공 가능성이 조금이라도 엿보인다면 수백 명 이상의 모방자가 등장할 것이다.

또한 당신의 사업은 소비자의 시간, 관심, 돈을 두고 간접적인 경쟁자와 경쟁을 벌인다. 새로운 식품을 출시하면 이미 자리 잡고 있는 수만 개의 기존 식품들과 경쟁할 수밖에 없다. 당신이 만든 식품이 기존 것들과 다른 맛과 특성을 갖고 있다 해도, 그래봤자 식품이기에 소비자로부터 선택받기 위한 경쟁에 뛰어들어야 한다. 소비자들이 먹을 수 있는 음식은 매우 다양하지만 그들이 지출할 수 있는 돈에는 한계가 있기 때문이다.

당신과 경쟁을 벌이는 회사가 '좋은 경쟁자(사업 역량이 뛰어난 기업-옮긴이)'라면 당신에게는 좋을 것이 없다. 그 경쟁사는 시장점유율을 위해 당신과 매일 치열하게 싸울 것이다. 당신은 사업의 모든 분야에 걸쳐 번개 같은 속도로 혁신을 이뤄내야 한다. 당신의 고객과 당신의 시장점유율을 훔쳐가려고 호심탐탐 노리는 경쟁사가 최소한 한 개(혹은 여러 개)는 존재할 테니 말이다. 당신 회사보다 더 많은 자금, 더 많은 자원, 더 좋은 브랜드 네임을 가진, 훨씬 큰 경쟁사도 마찬가지다.

당신 생각에 대기업은 소기업과 굳이 경쟁하지 않을 것 같을 수도 있겠다. 하지만 그런 일은 항상 있어왔고, 경쟁이 치열해짐에 따라 더 자주 일어나는 중이다. 대기업은 자기들보다 더 규모가 큰 회사보다 종종 '저가 시장'으로 내려가 작은 경쟁사들과 경쟁한다.

이런 현상은 모든 산업과 여러 하위 시장에 걸쳐 일어나고 있다. 내가 남편과 함께 인터캡 머천트 파트너스Intercap Merchant Partners'라는 이름으로 투자은행 사업을 시작했던 이유는 다른 투자은행이 신경 쓰지 않는 시장의 빈 곳을 차지하기 위해서였다. 당시 대부분의 대형 투자은행들은 가치가 7,500만 달러 이하인 인수 합병 건은 맡으려 하지 않았다. 소규모 투자 건으로는 인건비와 간접비를 충당할 최소한의 수수료도 벌 수 없었기 때문이다. 그들 대부분은 수임 건마다 100만 달러라는 최저 수수료 기준을 설정하고 있었기에 50만 달러 이하의 건은 아예 고려조차 하지 않았다. 때문에 거래 규모가 그 수준에 못 미치는 중소기업들은 인수 합병을 자문해줄 다른 곳을 찾아야 했지만, 대형 투자은행들의 전문가들과 똑같은 역량을 지닌 이들은 거의 없다는 것이 문제였다. 그러나 인터캡 머천트 파트너스의 인력은 대형 투자은행들과 똑같은 수준으로 훈련돼 있었고 그들과 동일한 수준의 업무 수행이 가능했다. 우리는 2,000만~5,000만 달러의 가치를 지닌 인수 합병 건에 대해 초대형 투자은행 수준의 전문 서비스를 제공했고, 건마다 25만~50만 달러의 수수료를 받았다.

우리의 전략은 뛰어난 차별화를 보였지만 효력은 오래 가지 않았다. 투자은행 시장의 경쟁이 극도로 치열해지자 대형 투자은행들은 우리의 틈새시장에 뛰어들었다. 그전까지 수수료가 50만 달러 이하인 거래라면 손도 대지 않던 그들은 맹렬한 기세로 덤벼들기 시작했다. 실력 없는 무명의 작은 자문 회사들과 경쟁하던 인터캡 머천트 파트너스는 급기야 뱅크 오브 아메리카 시큐리티^{Bank of America Securities}(우리가 몇 년 전에 떠났던 바로 그 회사인데, 같이 경쟁하리라곤 꿈에도 생각하지 못했다)와 경쟁을 벌이게 되었다. 이 이야기는 시장이 얼마나 빨리 움직이는지, 돈을 벌 수 있다면 강력한 경쟁자를 포함하여 얼마나 많은 경쟁자들이 떼로 몰려드는지를 보여준다.

뱅크 오브 아메리카 시큐리티와 같은 사례는 어쩌다 있는 일이 아니다. 큰 회사는 기존 시장에서 성장 기회가 사라지기 시작하면 그보다 작은 틈새시장을 노린다. 이런 사례는 무척 많은데, 대형 유통업체인 펫스마트^{PetSmart}는 가족이 경영하는 소규모의 애완견 호텔 시장과 애완견 돌봄원 같은 틈새시장에 펫스마트 펫호텔^{PetSmart PetsHotel}과 도기 데이 캠프^{Doggie Day Camp}라는 이름으로 뛰어들었다. 우리는 허쉬^{Hershey's}가 대규모 시장을 타깃으로 한 초콜릿 제조업체라는 것뿐만 아니라, 고급 초콜릿 제조사인 샤펜버거^{Scharffen Berger}와 조지프 슈미트^{Joseph Schmidt}를 인수하여 프리미엄급의 예술적 초콜릿 틈새시장에도 진출했다는 사실을 잘 알고 있다. 어떤 곳에 성장 기회가 있다면 아무리 작은 시장이라 해도 모든 잠재 경쟁자들이 그 시장을 알게 되고, 누군가는 그곳에 들어올 것이다.

나쁜 경쟁자도 당신에게 좋지 않다

■　　　　　　당신은 좋은 경쟁자와 여러 갈등을 경험하겠지만, 나쁜 경쟁자(역량이 부족하거나 비윤리적인 기업 – 옮긴이)와의 갈등이 더 나쁠 수 있다. 나쁜 경쟁사는 최소한 좋은 경쟁사만큼 당신의 시장 기회를 엉망으로 만든다. 그들은 고객에게 나쁜 경험을 줌으로써 다시는 비슷한 상품이나 서비스를 이용하고 싶지 않도록 만든다. 그러면 소비자는 나쁜 경쟁자와 동일한 시장에서 경쟁하는 당신의 회사도 한통속일 거라고 간주하고 대체 상품을 판매하는 회사로 발길을 돌릴 것이다. 가령 당신이 천연 콜라를 판매하는데 소비자가 경쟁사의 비슷한 제품을 먼저 마시고 토할 것 같은 맛을 느꼈다면 그는 천연 콜라를 볼 때마다 항상 좋지 않은 기억을 떠올리기 때문에 당신의 콜라가 훨씬 뛰어난 제품인데도 절대 마시려 하지 않는다. 만약 고객이 부채 청산 서비스를 제공하기로 했던 회사로부터 신용 사기를 당했다면, 당신이 제공하는 부채 청산 서비스가 아무리 합법적이고 훌륭하다 해도 고객의 시각에서는 당신 역시 동일한 사기꾼으로 보일 뿐이다. 나쁜 경쟁자는 우물에 독을 풀고, 당신은 저주나 다름없는 고난의 길을 걷게 된다. 사업을 시작하는 것은 쉽지만 이런 문제가 야심에 찬 사업가들을 머리 아프게 만든다.

두앱의 웨이드 비버스와 조 스리버에게 있어 시장은 믿을 수 없을 정도로 빨리 움직이고 변화하는 곳이었다. 그들은 애플이 앱 스토어^{App Store}를 열기 전부터 아이폰 앱을 위한 콘셉트를 만들어가기 시작했다. 출시 시점이 임박하자 그들은 450개에 이르는 앱의 콘셉트를 구축했다. 그러나 웨이드는 애플이 앱 스토어를 론칭한 뒤 8~12주간 그들이 콘셉트로 만들었던 것의 90%가 이미 다른 경쟁자들에 의해 상품화되는 상황을 목격했다. 그는 이렇게 말한다. "당신은 자신의 아이디어가 훌륭하다고 생각할지 모르지만, 이미 누군가도 그것을 생각했을 가능성이 높다. 예를 들어 우리가 만들었던 뽕뽕 쿠션^{Woopee Cushion} 앱은 아예 출시도 할 수 없었다. 애플이 그 앱을 승인했을 때 이미 뽕뽕 쿠션과 비슷한 앱은 50개가 넘었으니 말이다!"

> 좋은 경쟁자는 당신의 시장점유율을 훔쳐가기 위해 호시탐탐 노릴 것이고, 나쁜 경쟁자는 당신이 몸담은 시장 자체에 독을 탈 것이다. 사업은 매일이 전쟁이다.

기술 산업 시장만 빨리 움직이는 것 같지만, 나름의 속도로 움직이는 모든 산업들이 동일한 이슈에 노출되어 있다. 사업은 매일이 전쟁이다. 당신은 경쟁에 맞서 본거지를 방어해야 한다. 안주하거나 숨 돌릴 여유 따위는 없다. 승리를 거뒀을지라도 재빨리 다시 참호로 돌아가야 한다. 당신보다 한 발 앞서 나가려는 사람은 항상 있으니까.

고객님, 저 여기 있어요

■ 승리를 축하하려면 당신이 고객에게 다가가야 한다. 경쟁이 점점 치열해지고 어느 시장에나 엄청난 양의 상품이 존재하기 때문에 가장 먼저 목표 고객에게 접근한다는 것은 녹록지 않다. 당신의 목표 고객이 최종 소비자이든 기업 고객이든, 대형 시장이

든 틈새시장이든, 고객을 찾는다는 것은 쉬운 일이 아니다. 게다가 고객을 찾았다 해도 그들의 관심을 얻는 것은 더욱 어렵다. 여러 종류의 사업이 고객의 관심을 끌기 위해 경쟁하는 시장통에서 당신의 메시지를 고객에게 전달하기란 매우 어려울 수밖에 없다.

당신의 일상을 한번 떠올려보라. 매일 얼마나 많은 광고 메시지를 보고 듣는지 말이다. 편지함 속에 가득한 광고 전단지뿐 아니라 거리나 버스, 기차역에서 수많은 광고판을 접한다. 라디오, 텔레비전, 잡지, 신문에도 상업 광고는 예외가 없다. 이메일은 또 어떤가? 당신은 틀림없이 거래했던 회사뿐만 아니라 스팸 메일을 뿌려대는 자들에게서 MBA 프로그램 같은 고급 학위에서부터 성기 확대에 이르는 모든 것들의 구입을 독려하는 이메일을 받고 있을 것이다. 온라인 광고, 배너 광고, 팝업 광고, 기사형 광고가 웹사이트를 쓰레기처럼 뒤덮고 있다. 그런데 지금껏 접했던 수많은 광고와 마케팅 활동 중 당신이 기억하는 것은 몇 개나 되는가? 광고를 보고 해당 상품이나 서비스를 사용하겠다고 결심한 경우는? 당신이 답한 숫자는 아마도 광고에 노출됐던 양에 비하면 지극히 작을 것이다. 사실 당신도 그렇고 나도 그렇다. 우리는 매일 너무나 많은 광고를 접하기 때문에 일반적인 마케팅 활동에는 점차 둔감해지고 있다.

내가 알기로 우리 회사는 우편으로 온갖 종류의 요청을 받고 있는데 대다수는 우리의 사업과 전혀 관계가 없다. 광택 나는 브로셔에는 재활용 프로그램과 기업 기부를 비롯해 청소 용역 서비스와 고객 이벤트 장소에 이르기까지 모든 것들이 들어 있다. 또 수없이 많은 편지와 전화, 이메일뿐 아니라 전단지, 열쇠고리, 마우스 패드, 잡지, 쿠폰,

상품권 등으로 위장한 광고물을 받기도 한다. 나는 이 모든 쓸모없는 것들 사이에도 보석 몇 개(말하자면 우리가 실제로 원하거나 필요로 하는 서비스와 상품들)는 숨어 있을 거라고 생각한다. 하지만 대부분의 광고지들은 둥그런 파일(이라 쓰고 휴지통이라 부른다)로 직행한다. 그토록 많은 광고를 들여다볼 시간이 없기 때문이다. 그런 광고는 어디에나 있고 언제나 신경에 거슬리기 때문에 사람들은 당신의 요청을 접하자마자 차음부터 '아니오'라고 답하거나 무시하는 경향이 있다. 당신이 아무리 좋은 상품이나 서비스를 가지고 있다 해도 말이다.

이뿐만이 아니다. 고객들은 그 어느 때보다 세분화되어 있기에 남들보다 먼저 그들을 목표로 하는 것은 매우 어렵다. 20년 전에 산업 콘퍼런스를 열면 특정 사업 집단 전체를 목표로 삼을 수 있었지만, 지금은 동일 산업에서 수십 개의 소규모 콘퍼런스들이 경쟁 중이다. 그래서 예전엔 빅 이벤트 하나만 있었지만 지금은 주요 도시마다 1년에 두 번씩 이벤트가 열린다. 소비재 기업들은 TV 방송 채널이 몇 개 없었던 시절, 즉 고객의 집중을 방해하는 것들이 거의 없던 시절에는 TV 광고로 짭짤한 효과를 얻었지만, 이제는 TV 시청 시간도 줄었을 뿐더러 채널도 수백 개나 된다. 그러니 소비자를 찾는 것이 도전에 가까운 일이 된 것이다. 설사 찾아냈다 해도 그들의 관심을 바로 끌지는 못할 것이다. 어떤가? 사업이 '즐겁게' 느껴지는가?

선택의 '월드 와이드 웹'

■ 야심에 찬 많은 사업가들은 사업을 시작하기 전에 경쟁이나 고객 접점에 관한 이슈를 충분히 생각하지 않는다. 예를

들어 한 사업가(케이티라고 부르자)는 '주문 제작 지갑'에 관한 자문을 내게 요청했다. 나는 그녀에게 어떻게 지갑을 판매할 계획인지 물었다. 케이티는 이베이 같은 전자상거래 사이트와 자신의 웹사이트를 기반으로 판매할 것이라고 답했다. 나는 다시 "고객이 어떻게 그 지갑을 이베이와 인터넷에서 찾을 수 있죠?"라고 물었다.

그녀에게 내 취지를 이해시키기 위해 나는 이베이에 바로 접속했다. 검색창에 '지갑'이라고 치니 22만 9,888개의 리스트가 떴다. 검색하는 시기에 따라 숫자가 조금씩 달라지겠지만, 매일 수십만 종의 지갑이 이베이에서 소비자의 선택을 기다리고 있다는 것은 변하지 않는 사실이다. 검색 범위를 좁히기 위해 나는 '검은색 지갑'을 검색창에 입력했다. 3만 4,067개로 줄었지만 여전히 많았다. 검색 기능을 사용하지 않고 '핸드백과 가방'이라는 카테고리로 들어가보니 19만 5,978개나 되는 상품이 떴다.

구글로 가면 상황은 더 나빠진다. '지갑'이라는 단어를 쳐보면 3억 2,700만 개, '검은색 지갑'이라는 문구로는 113만 개의 결과가 나온다. 케이티는 이베이나 자신의 웹사이트에 하루 종일 자신이 만든 지갑들을 등록할 수 있겠지만, 그녀의 지갑을 발견하는 사람은 과연 몇 명이나 될까?

이베이나 여러 온라인 사이트를 통해 사업을 전개할 때 고객이 자신의 상품을 발견하게 하려면 매우 구체적이어야 한다는 것, 이것이 바로 케이티가 올바로 인식하지 못했던 점이다. 대부분의 경우 '검은색 지갑'이란 검색어를 입력하면 특정 브랜드 이름이 붙은 것들, 예를 들어 '루이비통 검은색 지갑'이나 '구찌 검은색 지갑'이 나오고 심지어 '코치 검은색 소호 스키 호보 지갑'처럼 구체적으로 스타일을 표시된 것들도 검색된다. 검색 결과로 나타나는 제품의 수를 줄이려면, 즉 고객이 쉽게 당신의 제품을 발견하게 하려면 문구를 좀 더 구체화해야 한다.

불행히도 케이티의 새로운 사업을 아는 사람은 하나도 없기 때문에 검색 엔진에서 '케이티의 검은색 지갑'을 치는 사람은 아무도 없다. 혹시나 신기하게도 수천 개의 검색 결과를 일일이 뒤져서 케이티의 지갑을 찾아내는 사람이 있을까? 당연히 없다. 그녀는 먼저 자신의 브랜드를 구축해야 한다. 물론 앞에서 언급했듯이, 치열한 경쟁과 광고의 홍수 속에서 브랜드를 구축한다는 것은 쉽지도 않고 저렴하지도 않은 일이다.

찾기가 쉽지 않고 찾는다 해도 너무 많은 정보 때문에 당신을 무시해버리는 고객들의 관심을 끌기 위해 엄청난 자원을 가진 대형 경쟁사, 그리고 당신의 평판을 손상시킬 나쁜 경쟁사와 끝없이 경쟁하는 일을 좋아한다면, 당신은 사업을 정말로 사랑하는 것이다. 만약 이 마지막 문장을 읽고 즐거운 기분이 사라진다면 당신은 다른 방향으로 고개를 돌려야 한다.

이런 어려움이 있음에도 당신이 계속해서 사업을 추진하기로 결심했다면, 그리고 고객과 관계를 구축하기 위한 느리지만 효과적인 과정을 배우고 싶다면, 마이클 포트와 엘리자베스 마샬Elizabeth Marshall이 쓴 『역발상 효과The Contrarian Effect』를 읽어보기 바란다.

당신은 사업가입니까

경쟁우위를 가지고 있는가?

아래의 질문에 답해보라.

1. 당신이 현재와 미래에 직접적으로(똑같은 타입의 상품과 서비스를 제공하는 것) 혹은 간접적으로(고객의 오락시간을 겨냥해서 영화와 비디오 게임이 경쟁하는 것처럼, 다른 타입의 상품이나 서비스를 동일한 목표 고객에게 제공하는 것) 경쟁하는 다른 비즈니스에는 무엇이 있는가?

   • 경쟁자가 누구인지 도출하는 것이 어렵다면 친구에게 물어보거나, 비슷한 상품들을 판매하는 매장을 방문하거나, 구글에서 당신의 사업과 관련된 키워드를 여러 검색 조건들로 검색해보라.

2. 각 경쟁자 옆에 그들과 어떻게 경쟁할 것인지 적어보라. 당신의 경쟁 전략에는 다음에 제시하는 관점에서 혁신적이고 모방하기 어려운 점이 포함되어야 한다.

   • 가치
   • 고객 서비스
   • 고객 관계
   • 기능성
   • 마케팅
   • 지적 재산
   • 기술
   • 경쟁자들이 복제하기 힘든 기타 경쟁 우위

3. 당신이 영위하는 시장에 다른 회사들이 진입하여 당신과 경쟁을 벌이는 것이 얼마나 쉬운가?

수없이 많은 경쟁사, 낮은 진입장벽, 별 볼일 없는 경쟁 우위는 성공을 어렵게 하고, 긍정적인 기회를 창출할 가능성을 떨어뜨린다. 사업모델의 경쟁력에 대해 평가한 결과를 가지고 사업에 관해 당신이 설정한 가정이 과연 현실적인지 판단하라. 당신은 사업의 리스크와 보상을 평가하기 전에 사업모델을 수정하여 좀 더 실현 가능하고 매력적인 모델로 만들어야 한다.

22

당신은 너무
똑똑해서 탈이다

참 이상한 일이다. 당신이 성공할수록, 당신이 더 많은 재능을 가지고 있을수록 사업운영은 더 어려워지니 말이다. 이는 우리의 직관에 반한다. 당신이 정말 똑똑하고 동기가 강하며 재능도 있다면 당신은 논리적으로는 최고의 사업가 후보자가 아닌가? 불행히도 실제로는 대부분 그렇지 않다. 당신은 당신의 직원들보다 항상 똑똑한 것이 탈이다.

'똑똑한 사람'의 문제는 학교에서 시작된다. 교사 혹은 교수가 학생들에게 '그룹 프로젝트' 과제를 내주는 시점은 학교별로 다른데, 대학교 때는 어김없이 그룹 프로젝트가 주어지지만 종종 고등학교 때, 심지어는 중학교 때 부과되는 경우도 있다. 당신이 '80 대 20 법칙(모든 일의 80%는 20%의 사람들이 수행한다)'의 의미를 알고 있다면 그룹 프로젝트에서 어떤 일이 일어날 것으로 예상하는가? 대부분 제일 스마트하고 재능 있는 사람들이 프로젝트의 가장 큰 몫을 담당한다. 작업을 모두에게 균등하게 배분하면 성적이 저조해질 것이기 때문이다. 티미(그는 1주일 중 평균 이틀을 결석하고 나머지 사흘은 수업시간 내내 잠만 잔다)가 자기 몫을 다하고 자기 과업을 잊어버리지 않기를 바랄 수는 없으니까. 티미에게 채근해봤자 아무런 이득이 없을 테니 잊어버리자! 그렇다. 똑똑한 사람들은 모든 프로젝트를 혼자 도맡아 처리하려고 한다.

이런 식으로 똑똑한 사람들의 '업무 사이클'이 시작된다. 똑똑한 사람은 다른 사람들보다 대부분의 일을 더 잘 수행한다. 더 잘 쓰고, 더 잘 계획하며, 더 논리적이고, 때때로 얼굴도 더 잘생긴 것처럼 보이는 그들은 사업운영 전까지는 모든 일을 월등히 수행한다. 그러나 사업에서는 그렇지 못하다. 그들은 당황한다. 하루는 오직 24시간뿐이고, 자고, 먹고, 씻고, 기타 등등의 여러 일들도 해야 한다. 그래서 똑똑한 사람은 매일 혼자서 모든 것을 하려고 애쓴다. 다른 사람이 일을 잘 못하는 건 참을 수 없으니까.

> 똑똑한 사람보다 게으른 사람이 오히려 사업가가 되기에 더 적합하다는 점은 매우 아이러니하면서도 흥미롭다.

그러다 보면 어느새 그는 혼자서 북 치고 장구 치는 '잡-비즈니스'를 하느라 옴짝달싹할 수 없게 되고 사업은 더는 성장하지 못한다. 게으른 사람(그중 몇몇은 자기 주변의 똑똑한 사람 중에서 누가 최고인지 잘 안다)이 오히려 똑똑한 사람보다 사업가가 되기에 더 적합하다는 점은 무척 흥미롭다. 게으른 사람은 위임하는 법을 잘 알고 있고, 다른 사람을 어떻게 관리해야 원하지 않는 일을 하게 만드는지도 잘 파악하

당신은 사업가입니까

고 있다.

이상적으로 보면 똑똑한 사람들이 자신의 재능을 잘 발휘할 수 있는 것이 사실이다. 그러나 그들은 자신이 모든 일을 수행하는 것에 익숙한 탓에 사업을 성공시키기 위해 필요한 핵심기술, 가령 가능한 한 많은 일을 자동화하거나 위임하는 방법을 배우지 못한다. 당신이 똑똑한 사람이라면, 자신의 스마트함과 재능의 엑기스를 잘 선별해낸 다음 원숭이조차 모방할 수 있을 정도로 따라 하기 쉬운 형태로 만들어야 한다(사업을 자동화하고 위임하는 것에 관해 새로운 관점이나 통찰을 얻고 싶다면, 티모시 페리스^{Timothy Ferris}가 쓴 『4시간^{The 4-Hour Workweek}』을 읽거나, 마이클 거버의『내 회사 차리는 법』을 한 번 더 읽기를 권한다).

또한 똑똑하고 재능 있는 사람들은 예외적이고 복잡하며 특별한 일에 능숙하다. 그래서 그들은 'KISS^{Keep It Simple, Stupid} 원칙(단순한 것이 최고라는 원칙 - 옮긴이)'을 별로 좋아하지 않는 경향이 있다. 하지만 KISS 원칙은 사업성공에 반드시 필요하다. 환상적으로 원활하게 돌아가는 공장의 조립 라인이나 글로벌 패스트푸드 체인인 맥도날드를 떠올려보라. 겉으로는 복잡해 보이지만 실제로는 일련의 작업들이 믿을 수 없을 정도로 쉽게 구성되어 있고, 각각의 작업들은 모두 쉽게 따라할 수 있는 단계로 세분되어 있다. 조립 라인의 작업자들은 명확하게 정의된 몇 가지 작업을 반복적으로 수행한다. 맥도날드의 조리사와 캐셔뿐 아니라 드라이브 스루^{drive through} 코너에서 주문받는 사람 등 모두가 그렇다. 그들의 일은 모두 표준화되어 있기 때문에 별다른 지시가 필요 없다.

솔직히 말해, 세계에서 가장 규모가 크고 가장 성공적인 기업에서 일하는 직원들은 똑똑한 사람들이 아니라 대부분 평범하고 평균적이며 때로는 바보 같아 보인다. 물론 그 기업에서도 똑똑한 사람들이 일하고 있지만, 그들은 평균 수준의 직원들이 일을 망치지 못하도록 대부분의 작업을 표준화하고 자동화하고 위임하는 역할을 수행한다.

따라서 회사 업무를 단순화하여 사업을 성공시키는 데 당신의 명석한 두뇌와 재능을 활용하지 않는다면 당신의 스마트함은 별로 도움이 되지 않는다. 물론 쉬운 일은 아니다. 단순화와 표준화는 똑똑한 사람이 그동안 해왔던 일의 방식과 교육받았던 사고방식에 반하기 때문이다. 하지만 단순화와 표준화는 사업을 성공시키는 데 필수적이다. 명석한 두뇌와 재능만으로는 사업가의 성공을 예측할 수 없다.

똑똑할수록 기회비용이 커진다

■   똑똑한 사람들이 사업을 시작할 때 발생하는 또 다른 문제는 그들이 잃는 것이 많다는 것이다. 당신이 야생 원숭이처럼 사회적 능력이 없다 하더라도, 보다 똑똑할수록 당신은 더 많은 옵션을 가질 수 있다. 여러 분야에서 많은 돈을 벌 수 있고 승진하여 높은 연봉을 받는 직업도 가질 수 있다. 이것은 사업을 시작하면 자신보다 돈도 못 벌고 경력도 좋지 않은 사람에게 일을 맡기기보다 스스로 더 큰 리스크를 부담하고자 한다는 것을 뜻한다. 이를 흔히 '황금 수갑의 딜레마'라고 부르는데, 이 말은 더 큰 리스크를 감수하게 되면 그럴 만한 가치가 있는, 다시 말해 매우 큰 보상을 제공할 수 있는 사업기회를 잡아야 한다는 뜻이다.

만일 당신이 현재 매년 25만 달러를 연봉으로 받는다면(혹은 그럴 가능성이 있다면), 1년에 5만 달러를 사업으로 버는 사람과 동일한 이익을 거두기 위해서는 다섯 배 더 성공해야 한다. 덧붙여 말하면 당신의 이익을 두 배로 만들어줄 사업을 구축하는 일은 당신이 1년에 5만 달러를 벌 때보다 1년에 25만 달러를 벌 때 훨씬 어렵다.

여러 분야에서 다른 옵션을 선택할 수 있는데도 더 복잡하고 더 어려운 일을 선호하는 성격 때문에 당신은 많은 것을 잃을 수 있다. 그럴 때 고등학교 졸업생 대표였던 당신의 친구는 자신의 직업을 계속 유지하고 있다는 사실, 그리고 성적이 그저 그랬던 동급생은 사업으로 크게 성공했다는 소식을 알게 되더라도 너무 놀라지 마시라.

사업 확장은 가능한가?

다음의 질문에 답해보라.

1. 사업모델상 당신은 '본인의 특별한 재능' 때문에 상당히 많은 일을 수행해야 하는가?

2. 사업을 단순화시켜 다른 사람들이 당신이 하던 일을 동일하게 할 수 있도록 가르칠 수 있는가? 그렇게 함으로써 당신이 고객에게 제공하던 탁월한 가치를 계속 유지할 수 있는가?

3. 업무 프로세스를 자동화할 수 있는가?

4. 당신의 업무를 위임해도 직원들의 업무를 관리하거나 파악할 수 있는가(즉, 업무를 위임하고 손을 뗀 후에 직원들을 지켜보지 않아도 알 수 있는가)?

만약 1번 질문에 '예'라고 답하고 다른 질문에 대해서는 '아니오'라고 답했다면, 당신이 추진하는 사업은 할 만한 사업이 아니라 그저 죠비이거나 잡-비즈니스일 뿐이다. 그러니 현재의 사업모델을 재편성해야 한다. 그래도 사업모델을 그대로 추진할 생각이라면, 죠비나 잡-비즈니스로 인해 어떤 리스크가 추가로 발생하는지를 파악하여 사업 전체의 리스크와 보상을 평가해보라.

23

기업을 인수하면
문제도 인수받는다

      이제 당신이 창업 혹은 프랜차이즈를 할 때 발생하는 독특한 리스크와 문제를 잘 알아차리기 바란다. 대부분의 신규 사업이 살아남지 못한다는 점을 감안할 때, 사업이 그 다음 단계(창업 이후의 단계)로 나아가게 만든다는 것은 사업의 라이프사이클에서 가장 어려운 부분이다. 따라서 그런 리스크를 최소화하는 합리적인 방법은 이미 구축된 사업을 인수하여 신규 사업이 가지는 위험을 피하는 것일 수도 있다. 초기만 보면 기업 인수는 분명히 창업하는 경우에 비해 많은 돈이 들어가지만, 피인수업체는 이미 실적을 보유하고 있고 협력업체와 관계를 맺고 있으며 고객 기반도 갖추고 있다는 장점이 있다. 게다가 피인수업체의 직원들은 무슨 일을 해야 하는지 잘 알고 있으니 그보다 더 좋을 수는 없다. 당신은 창업에 뒤따르는 무수히 많고 짜증스런 업무에서 해방될 수 있다. 나는 당신이 지금 무슨 생각을 하고 있는지 잘 안다. '기업 인수는 사업가가 되기 위한 가장 쉬운 길이다.'라고 말이다. 이 생각이 맞을까? 아니, 당신은 틀렸다.

기업 인수는 누군가의 문제, 즉 사람(피인수기업의 소유주를 포함하여)에 관한 문제를 인수하는 것이다. 사업체 소유주들은 탐욕스럽다. 사업이 잘되고 있고 앞으로도 그러할 거라 예상된다면 대부분의 사업가들은 손을 떼려 하지 않는다. 나는 그동안 수십 명의 사업체 소유주들에게 사업의 성장률이 거의 정점에 다다랐을 때 매각하라고 조언해왔다. 그 시점에 기업을 매각해야 프리미엄 가격을 얻을 수 있다는 점을 잘 알기 때문이다. 일이 잘 진행되는 중이라면 사업체 소유주들은 거의 항상(적어도 90%) 업체를 매각하지 않는다. 미래에도 성장하리라 보기 때문에 현 시점에서 매각하면 더 많은 가치를 얻을 수 있는 기회를 놓친다(흔히 '돈을 테이블에 놔두고 떠나는 것'이라고 표현한다)고 생각하는 것이다. 탐욕스런 사업가들은 사업에서 마지막 한 푼까지 쥐어짜려고 하기 때문에 1년 더 기다리면 사업 가치가 더 커질 테니 그때 가서 매각해도 늦지 않을 것이라고 확신한다. 물론 1년이 지나도 이렇게 똑같은 합리화 과정이 되풀이되고, 그들은 기껏 푼돈을 더 벌려는 욕심 때문에 몇 년 더 사업을 이어가는 오류를 범하다가 재앙을 경고하는 사이렌 소리를 듣고 나서야 비로소 매각을 결심한다(이 시점에는 당연히 사업을 일찍 매각했더라면 받을 수 있었을 것보다 더 낮은 가격에 처분할 수밖에 없다. 하지만 이 문제는 논외로 하자). 기업이 매물로 나왔다는 것은 사업이 엉뚱한 방향으로 가고 있거나 나쁜 일이 수평선 위로 출몰할 불길한 조짐이 보이기 때문에 사업가가 이제 손 떼야 할 적당한 시기라고 결심했음을 의미한다. 따라서 당신이 인수를 고려하며 평가 절차(이를 '자산 실사'due diligence라고 부른다)를 진행한다면 기업 인수란 다른 누군가의 크고 작은 문제까지 승계하는 것이라고 가정해야 한다.

어느 사업가가 자신의 사업체를 매물로 내놓는다면 그가 할 일은 당연히 사업체를 매각하는 것이다. 기업을 파는 '영업사원'의 입장에서 최대한 사업의 긍정적인 면만을 부각시키고자 하는 그(그리고 그의 조언자들)는 당신에게 그 기업이 몇 가지 믿을 만한 이유 때문에 매물로 나왔다고 말할 것이다. 이를테면 그가 은퇴를 한다거나 이사를 간다거나 가족 중 누군가를 돌봐야 한다거나 등 그럴 듯하고 일부만 사실인 이야기를 하는데, 그의 말은 '기업 판매'를 위한 마케팅 문구일 뿐이다. 그러나 그 사업가가 진실로 자신의 사업을 사랑하거나 사업이 계속 성장하면서 가치를 창출할 거라고 예상한다면, 완전히 손을 떼고 떠날까, 아니면 쿠키 단지를 움켜쥘 수 있는 방법을 찾으려 할까?

당신이 그 기업 소유주를 만난다면 그의 관리하에 사업이 성공적으로 운영될 수 있었다는 말에 충격을 받을지 모른다. 당신은 속으로 현 소유주가 허풍쟁이고 바보이며 완전히 멍청이라고 생각하면서 그보다

> 기업을 매각하려는 사람은 그 성장률이 정점에 다다랐을 때 미련없이 손을 떼야 하고, 인수하려는 사람은 그 기업의 긍정적인 면에만 혹해서는 안 된다. 불행히도 둘 다 잘 지켜지지 않는다.

당신이 사업을 훨씬 잘 운영할 수 있다고 자신만만해한다. 그 사람처럼 멍청한 사업가도 현재 수준의 매출을 달성했으니 '나는 당연히 저 사람보다 사업을 더 성장시킬 수 있다'고 자신하는 것이다! 그러나 그가 똑똑한 사람이 아니라는 것이 사실이라 해도 당신이 기업을 인

수하기 전까지는 절대 확보할 수 없는 한 가지 중요한 것을 그는 가지고 있다. 그것은 바로 사업과 관련된 정보다. 앞서 말했듯이 정보는 힘이다. 그러므로 기업 인수를 고려 중인 당신은 아주 불리한 입장에 있다.

현 소유주는 사업에 관해 아주 많은 것을 알고 있다. 그는 어디에 해골들이 묻혀 있고, 벤더와의 관계가 어떤 상태이며, 얼마나 많은 사업이 자신과 자신의 '연줄'에 달려 있는지(그리고 자신이 떠나버리면 당신이 그것을 인수하는 것이 얼마나 힘든지를) 잘 안다. 또한 어떤 직원이 일을 잘하고 못하는지, 그가 손수 일할 때와 직원들이 일할 때의 생산성 차이는 어느 정도인지, 직원들이 새로운 소유주가 온다는 사실을 싫어하는지 아닌지, 사업체가 매각된 후에 누가 회사를 떠날 것인지도 잘 안다. 더불어 어떤 시스템이 구식인지, 어떤 설비는 수명이 다했는지, 어느 경쟁사가 회사의 생존을 위태롭게 만들지도 잘 알고 있다.

게다가 그 또한 사업에 관해 모르는 면이 있기에 당신에게 전달하고 싶어도 전달하지 못하는 것들이 있다. 그게 어떤 정보든 당신이 파악하기란 쉽지 않고, 자산 실사나 검증 절차로도 평가하기 어렵다.

그 소유주는 당신이 무엇을 물어보든 간에 기업을 팔고자 하는 마케팅에 여념이 없을 것이다. 그가 태생적으로 거짓말쟁이라서가 아니라 그의 목표가 사업을 매각하는 것이라서 그렇다. 그는 힘든 질문에는 기발하게 답변하려고 할 것이고, 당신이 특정 주제에 대해 질문하지 않으면 굳이 나서서 대답하려고 하지 않는다. 예를 들어 가장 큰 벤더와의 결제 조건이 올해 세 번이나 바뀐 이유가 무엇인지, 혹은 매출 중 70%가 한 고객(그 고객은 소유주의 매제일 수도 있다)으로부터 나오는 것이 얼마나 위험한지에 대해서 말이다.

또한 매각 절차는 대개 대외비라서, 당신이 던진 모든 질문에 대한 답변을 듣거나 필요한 모든 정보에 접근할 수도 없다는 점을 잘 알아야 한다. 당신이 우수 벤더, 고객, 직원들과 인터뷰를 하고 싶어도 할 수 없는(혹은 적어도 원하는 만큼은 할 수 없는) 탓이다. 그 이유는 그 회사가 매각 협상 진행 중임을 그들이 당신과의 대화에서 알게 되면 그 회사와 그들의 기존 관계가 위태로워질 수 있기 때문이다. 따라서 당신은 기업의 가치를 평가할 때 항상 정보의 핸디캡을 떠안을 수밖에 없다.

모든 질문에 대해 만족스러운 답변을 들었다고 해도(또 올바른 질문을 던졌다 해도) 여전히 당신이 모든 위험과 문제를 파악한 것은 아니다. 직원들은 당신을 좋아하지 않거나, 지난 십수 년 동안 충성했던 기존 소유주 대신 잘 모르는 당신을 위해 열심히 일하려 들지 않을 수 있으니 말이다. 당신은 기존 시스템이 불편하다고 느낄지 모른다. 벤더와 고객, 심지어 임대주(벤더 계약, 리스 등 기존의 여러 가지 계약을 승계하려면 이들 모두의 승인이 필요하다)가 계약조건을 재협상할 수 있고 다른 것을 위해 사업을 '인질'로 삼을 수 있는 좋은 기회라고 생각할지 모르니까(이런 일은 기업 매각 절차가 진행되는 동안 계속 발생한다). 매력적으로 보이는 그 업체의 성공 스토리는 단지 해당 기업의 소유주가 운이 좋았기 때문에 가능했던 것일 수도 있다.

기업 인수는 사업가로 가는 지름길이 아니다

■   기업 인수를 잘못해서 사업을 망친 사례를 찾고
싶다면 지방 신문만 들춰보면 된다(뭐, 지방 신문 외에도 필요한 것이 있
다면 살펴보라. 지방 신문에는 사업과 관련되지 않은 기사가 많으니 중앙 신
문을 봐도 상관없다). 세계적으로 가장 규모가 크고 가장 사업을 잘 영
위하며 가장 많은 자금을 보유한 회사들도 경쟁업체를 인수하는 바
람에 여러 차례 휘청거렸다. 그러니 기업을 인수하는 일이 식은 죽 먹
기라는 생각은 정말 순진하다.

더군다나 창업 대신 매물로 나온 기업을 인수한다고 해서 우리가
앞서 논의했던 사업운영의 여러 가지 이슈를 피할 수 있는 것도 아니
다. 당신은 여전히 동일한 사업 문제를 겪고, 여전히 고객의 요구를
만족시켜야 하며, 기업을 인수하면서 당신이 함께 인수한 고객들이
소유주의 변경을 빌미 삼아 기존 계약의 폐기나 재협상을 요구하지
않기를 바라야 한다. 마찬가지로 새 소유주로서 당신이 넘겨받은 직
원들이 기존 회사의 매각을 퇴사, 연봉 인상 요구, 근무 태만의 기회
로 이용하지 않기를 기도해야 한다. 기존 기업을 인수해도 당신은 여
전히 여러 가지 역할을 동시에 수행해야 하며, 진행되고 있는 모든 사
항을 알아야 한다. 사업은 당신의 돈과 시간을 위험에 빠뜨릴 수 있는
투자이기 때문이다.

기업 인수는 사업가가 되기 위한 지름길이 아니다. 인수하더라도
당신은 여전히 비용과 경비를 지출해야 하며 현금흐름을 관리해야
한다. 사업은 스스로 굴러가는 것이 아니기 때문에 손을 놓아선 안 된
다. 전 소유주가 일단 회사를 떠나면 그는 당신에게 빚진 것이 하나도

없게 된다. 그러면 당신은 다른 사람이 신었던 신발을 신어야 하는 즐거운(?) 과제를 떠안게 되는데, 당신은 그 신발을 신으려는 노력뿐 아니라 그 신발을 신고 잘 달리려는 노력도 기울여야 한다. 또한 사업체 소유주가 해야 할 모든 일을 수행할 수 있어야 하고, 재무적인 투자도 확대해야 한다. 기업을 성장시키겠다는 선의 외에 '계속 기업^{going concern}'이라는 사업 가치를 추구하려면 그에 대한 대가를 지불해야 하기 때문이다. 기업 인수 때문에 당신은 비슷한 사업을 새로 시작하는 데 드는 비용보다 몇 배의 돈을 더 지불해야 할 수도 있다.

지금 다니는 직장이 훨씬 좋아 보이지 않는가? 안 그런가?

기업 인수에 대한 평가

만약 기업 인수를 심각하게 고려 중이라면 아래 질문에 확실히 답할 수 있어야 한다. 당신은 인수 절차를 잘 아는 경험 많은 전문가를 고용하여(투자은행가, 변호사, 회계사 등이 이에 해당하는데, 앞의 두 명은 협상 과정도 도울 수 있다) 자산 실사에 관한 도움을 받고 싶을지 모른다. 핵심 포인트는 경험과 지식이다. 이혼 전문 변호사가 인수 업무에 조언해주길 바라지는 않을 것 아닌가.

아래 질문에 대해 답해보라.

1. (기업을 인수하기 위해) 당신이 추가로 돈을 지불해야 할 대상은 어떤 무형자산인가? 당신은 그 무형자산을 어떻게 평가하고 있는가?

2. 당신은 사업에 대해 어떤 가정을 가지고 있는가?

3. 그 가정이 변하면 사업 가치, 그리고 궁극적으로 당신이 지불하는 가치에 어떻게 영향을 미치게 될까?

4. 부정적인 리스크를 줄일 수 있는 메커니즘(예를 들어 인수 가격을 사업의 미래성과에 연동시키는 미래연계형 계약조건 등)을 마련할 수 있는가?

5. 이 사업을 왜 인수해야 하는가? 사업을 인수하면 창업하는 것보다 돈이 덜 들기 때문인가? 아니면 그 사업이 모방하기 힘든 경쟁 우위를 갖고 있기 때문인가?

당신의 대답(그리고 전문가의 조언)은 당신이 기업 인수를 위해 수용해야 할 리스크와 사업기회를 정의하는 데 도움이 될 것이다. 그리고 이것은 당신만의 사업가 방정식을 만드는 데 활용할 수 있다.

24

'사업가 유전자'란 없다

50년 전, 운 좋게 가족 기업(가업)을 운영하는 집안에서 태어난 아이들은 잘 계획된 인생 경로를 거칠 수 있었고 어느 정도 확실한 미래를 보장받았다. 기업가 정신이 투철한 가족 구성원 중 한 명이 사업을 시작하면 대개는 가족 전체가 그 회사에서 일을 하고 일을 배우는 것이 당연하게 여겨졌다. 여러 명의 자식들이 성장해서 어느 정도 능력을 갖추면 회사에서 일을 시작했고, 심지어 많은 2세들은 상급 학교 진학을 포기하고 곧바로 가족 기업에 뛰어들기도 했다. 2세들은 조직의 말단 사원에서 시작해 사업이 마치 자신들의 학교인 양 사업의 구석구석을 철저히 배웠고 종국에는 가족 회사라는 사다리에 높이 올랐으며, 집안의 나이든 어른이 은퇴를 준비하면 그보다 젊은 세대가 해당 사업의 확고부동한 후계자로 임명되었다.

보통의 가족 기업은 세대를 이어가며 항상 가족 기업으로 남았다.

그러나 최근 역사를 보면 많은 것들이 바뀌었다. 사업환경과 경쟁의 양상뿐 아니라 특권층의 마인드와 사업가에게 주어지는 기회도 달라졌기 때문이다.

성장과 기회

■   옛날을 돌이켜보면 그때는 지금과 달리 사업가들에게 많은 혜택이 있었다. 사업체가 그리 많지 않았고, 온 사방에 새롭게 시도해볼 아이디어가 넘쳐났으며 그것을 실현할 수 있는 기회도 많았기에 사업을 새로 창출하여 성장시키는 과정이 오늘날과는 전혀 다른 상황이었다.

요즘 우리가 접근할 수 있는 것들을 떠올려보라. 콜라를 마시고 싶다면 코크Coke라는 브랜드 중에서도 당신은 코카콜라, 코카콜라 라임, 다이어트 코크, 다이어트 코크 플러스, 다이어트 코크 블랙 체리 바닐라, 다이어트 코크 레몬, 다이어트 코크 라임, 무카페인 코카콜라, 무카페인 다이어트 코크, 코카콜라 제로, 체리 코크, 체리 코크 제로, 다이어트 체리 코크 등을 고를 수 있다. 코크를 좋아하지 않는다면 펩시Pepsi를 고를 수도 있는데, 여기에서도 다이어트 펩시, 펩시 와일드 체리, 펩시 내추럴, 펩시 맥스, 펩시 원, 다이어트 펩시 와일드 체리, 무카페인 펩시, 무카페인 다이어트 펩시를 선택할 수 있다. 두 브랜드 모두 좋아하지 않는다면 또 다른 콜라나 매장 브랜드를 단 콜라(혹은 유기농 콜라)도 선택할 수 있다. 이게 전부일까? 콜라가 아니라 소다수를 원한다면 이 긴 목록에 루트 비어, 크림소다, 레몬라임과 같은 탄

산음료도 포함시켜야 할 것이다. 음료의 범위를 과일향 워터, 주스, 스무디 등으로 확대한다면 갈증을 해결할 수 있는 모든 음료를 나열하는 데는 최소한 다섯 장의 종이가 필요하다.

이렇게 너무나 많은 선택지가 존재한다는 것은 사업환경이 상품과 서비스의 혁신에서부터 원가 절감, 마케팅, 고객 관계, 유통 전략 등에 이르기까지 엄청나게 변화했다는 것을 의미한다. 이러한 변화가 아이디어와 상품의 혁신만큼 창의적이고 재미있는 일로 보이지는 않는다. 사업의 관점에서 보면 사업을 방해하는 '블로킹이나 태클' 같은 것이다. 이런 변화가 사업가가 되고 싶어 하는 이들에게는 덜 매력적이겠지만, 그만큼 사업을 하려면 다른 종류의 역량이 필요하다는 점을 일깨운다.

많은 2세들이 역사적으로 가족 기업에 헌신했던 핵심적인 이유는 급여를 많이 주는 곳이 달리 없었기 때문이다. 명문대학에서 우수한 교육을 받을 수 있는 기회는 오직 명문가문 아이들이나 가질 수 있는 것이었고, 따라서 가족 사업은 2세들에게 당연한 선택이었다. 지금은 아이들이 자신의 미래를 위해 선택할 수 있는 옵션이 무척 다양하다. 교육 기회가 확대되었고 교육열도 높다. 서비스 기업들이 폭증하면서 고액 연봉자가 증가했고 보다 도전적인 경력 개발이 가능해졌다. 세상은 젊은이들에게 무한한 가능성을 제시하고 있기 때문에 가족 기업에 헌신하는 옵션은 별다른 관심을 끌지 못하게 됐다.

만약 2세가 가업에 관심이 없다면 사업에 대한 열정도 없을 것이다. 그러므로 열정이 없는 사업가가 사업을 맡는다는 것은 실패가 확실한 출발점이다.

트로피 세대

■ 　　　　　　　그동안 변화했으나 갈수록 나빠지는 것들 중 하나는 바로 아이들이 양육되는 방식이다. 부모들은 경쟁 상황을 제거해버린, 소위 '시름없는 환경'을 조성함으로써 감정 표현을 제멋대로 하는 망나니들을 길러내고 있다. 아이들이 수영 대회에 참가한다면 우승자만 트로피를 받는 것이 아니다. 그렇다. 1등뿐 아니라 2등, 3등도 트로피를 받는다. 수영 대회에 참가했다는 열의를 감안해 모두에게 트로피를 수여해야 한다는 '천재적인' 발상이 판친다. 이런 식이면 아무도 '실패자'라고 느끼지 않을 것이다.

이런 현상이 이상적으로는 멋지게 들릴지 모르겠지만 우리는 현실 속에서 살고 있다. 사업도 마찬가지다. 우리 자녀들이 경쟁하는 방법을 배우지 않는다면, 무언가를 개선하기 위해 애쓰지 않는다면, 다음을 위해 더 많이 노력하고 준비하지 않는다면, 그 아이들은 현실 세계에서는 물론 사업의 세계에서도 필요한 핵심 스킬을 계발할 수 없을 것이다(무조건 트로피를 받을 수 있다면 아이들이 노력이나 할까?).

> 비즈니스는 냉혹한 세계다. 모든 사람을 위해 준비된 트로피란 없으며, 이기지 못한 사람을 위해 준비된 특별상은 그저 파산일 뿐이다.

트로피에 익숙한 아이들은 좋은 사업가나 관리자가 되지 못한다. 모든 사람을 위해 준비된 트로피는 사업에 없다. 사업에서는 경쟁에서 당신이 승리하지 않으면 참여했다는 이유로 보너스 포인트를 주는 일 따위도 없다. 이기지 못한 사람을 위해 준비된 특별상은 그저 '파산'뿐이다.

당신은 "이봐요, 난 최선의 노력을 다했단 말이오."라는 태도로 사업을 운영할 사람을 원하지 않는다. 당신은 역경을 만나도 일이 되게 끔 만드는 공격적인 사람을 원한다. 그러므로 경쟁이 없는 환경에서 기분 좋게 자라난 사람들은 기업을 경영해선 안 된다. 설령 부모가 자식에게 사업을 넘겨주고 싶어 하더라도 말이다.

합병과 자본 시장

■ 　　　　　　사업이 역사적으로 세대를 거치며 대물림되었던 한 가지 이유는 사업 구축을 위해 오랜 세월을 보낸 가족들이 보상받을 방법이 달리 많지 않았기 때문이다. 상당한 자산 가치를 구축하면 사람들은 자기 가족들이 그 가치로 편익을 얻을 수 있기를 바란다. 그리고 편익을 얻는 가장 쉬운 방법은 가족들이 계속 사업을 승계해가는 것이다. 프리미엄 가격을 받고 사업을 매각하는 것은 실제로 선택할 수 있는 옵션이 아니다. 프리미엄 가격으로 사업을 인수할 수 있는 자원을 가진 사모 펀드나 경쟁자가 별로 없기 때문이다. 기업들도 적당한 가격에 다른 기업을 인수할 자금력이 충분치 않다.

　자본 시장과 자금 조달 방식은 가족 사업의 '게임 방식'을 상당히 변화시켰다. 자본 가용성의 폭발적 증가로 인해 가업을 승계하는 것보다 가족의 리스크를 훨씬 줄일 수 있는 다양한 옵션들이 생겨났다. 잠재적인 기업 인수자에게 더 적극적으로 대출해주는 방법(전략적이거나 혹은 다른 방식으로)부터 사모 펀드 회사가 단계별로 매각을 진행하거나 직접 경영진을 구성하는 방식(예를 들어 자본 재구성)에 이르기까지 다양한 방법이 가능해진 것이다. 기업은 매각이나 인수를 통해 규모와 재무 상태, 성장 수준에 따라 이익의 몇 배에 달하는 가격을 받을 수 있다.

사업을 매각함으로써 기성세대는 미래세대의 성공을 훨씬 강하게 보장할 수 있다. 매각으로 받은 돈을 상속인에게 안전하게 물려줄 수 있기 때문이다. 또한 그 돈은 다양한 분야로 재투자(간단히 말해 모든 달걀을 한 바구니에 담지 않는 것)가 가능하다. 당신이 가족에게 기업을 승계하여 계속 경영하게 한다면 사실 상속인에게는 아무것도 없는 것이나 마찬가지지만, 가족에게 현금을 상속하면 상속인은 그 돈을 여러 곳에 투자해서 자본을 보존하거나 성장 기회를 추구할 수 있다.

가족 기업을 물려주는 것이 의외로 리스크가 크다는 사실이 믿어지지 않는다면 이 책을 계속 읽기 바란다.

사업가 집안에서 태어났다는 것이 사업가의 유전자를 물려받았다는 것을 의미하는 것은 아니다. 사실 부유한 집안에서 태어난 사람은 오히려 리스크를 더욱 꺼리게 된다.

또 다른 문제는 부모가 자신들의 희망과 꿈을 자녀에게 떠넘긴다는 것이다. 어떤 부모는 자신들이 밟았던 길을 자녀도 똑같이 따르기를 바란다. 또 다른 부모는 자신이 바랐지만 여러 이유 때문에 달성할 수 없었던 것들을 자녀가 가지길 원한다. 이런 소망이 당신에게는 사업을 물려받으라는 압박으로 나타난다. 그러나 당신이 진정으로 원하지 않는다면(사업가나 소유주가 되는 것에 관심이 없다면) 부모나 다른 가족이 당신에게 강요하지 못하게 해야 한다. 그들은 자신의 삶을 살아갈 기회를 누렸고, 당신 역시 당신이 원하는 것을 할 수 있어야 하기 때문이다. 그렇지 않다면 당신은 100%는커녕 그보다 훨씬 낮은 수준으로 사업을 수행할 수밖에 없다. 사업은 100%의 노력을 요구한다. 당신은 불편하지만 솔직한 대화를 가족과 나눠야 한다. 비록 내키지는 않겠지만, 당신 가족이 수십 년간 일구어낸 기업 가치를 당신이 상당 부분 날려버린 후에 나누는 대화보다는 훨씬 덜 불편할 것이다.

위젯Widget과 키젯Kidget은 다르다

■   당신이 가족이라는 이유만으로 사업에 뛰어들면 안 된다는 것을 확실히 보여주는 사례가 있다. 25년 전, 매우 똑똑한 두뇌와 단호한 성격을 지닌 신사(미스터 X라고 부르자)는 어떤 상품(그의 정체를 보호하기 위해 이 상품을 위젯이라고 부르겠다)을 생산하겠다는 열정을 갖고 있었다. 그는 진정으로 위젯에 지대한 관심을 가졌고 첫 제품을 만들어내기 위해 오랜 시간 공을 들였다. 성인을 마케팅 대상으로 삼은 이 특별한 위젯(그렇다고 위젯이 '성인용품'은 아니었다)은 전문 유통망을 통해 판매됐다.

미스터 X는 사려 깊고 꼼꼼하며 보수적인 사람이었다. 그는 계속해서 더 많은 위젯을 생산했고 높은 마진을 보장하는 매장을 통해 판매했다. 또한 위젯의 일부를 약간 수정하고 재포장하여 신제품 출시를 이어갔다. 사업은 환상적으로 성장했다.

몇 년 지나고 나니 위젯이 훌륭한 사업 아이템이라는 사실에는 이견의 여지가 없었다. 이 사업은 미스터 X가 주의를 기울여 일구어낸 몇 가지 환상적인 속성들을 갖고 있었다.

- 매우 높은 마진: 제품이 팔릴 때마다 회사의 총마진(제품의 도매 가격에서 직접비를 차감한 것)은 50%가 넘었다. 이 정도면 어느

업종에서나 환상적인 마진율이었고, 이로 인해 미스터 X의 사업은 수익성이 매우 높았다.

- 이상적인 유통망과의 관계: 위젯을 판매하는 유통 채널은 매우 매력적인 강점을 갖고 있었다. 우선 재고 리스크의 대부분을 회사가 아닌 유통업체가 부담했기 때문에 반품이 없었다. 또한 유통업체들은 정기적으로 제품을 주문했는데, 제품 조립이 매우 쉬웠기 때문에 회사는 많은 재고를 가질 필요가 없었다.

- '스테디셀러' 제품: 위젯은 유행 상품이나 트렌드 상품이 아니었다. 한 번 써보면 믿음이 가는 제품이었기에 매년 꾸준히 팔려 나갔다.

- 적은 직원과 간접비: 위젯 상품은 상대적으로 만들기가 쉬워서 많은 생산 인력이 필요치 않았고, 유통망 관리는 소수 인원으로 충분했다. 재고가 적었기에 회사는 큰돈이 들어가는 창고도 운영할 필요가 없었다.

위젯 사업은 매력적이고 고수익을 안겨주었다. 매출은 수백만 달러를 훌쩍 넘을 정도로 성장했고 이익도 매년 수백만 달러에 달했다. 시간이 흐르며 미스터 X는 은퇴를 원했다. 그에게는 두 명의 장성한 자녀가 있었는데, 하나는 전업주부인 딸이었고 또 하나는 광고 담당 이사를 맡고 있던 아들이었다. 미스터 X는 회사의 주식을 두 자녀에게 물려줌으로써 둘 다 이사회 멤버로 묶어두기로 결심했다.

딸은 사업 참여를 원치 않았기에 그녀의 남편을 실질적인 주주이자 가족의 일원으로 이사회에 참여하도록 했는데, 그녀의 남편은 다른 산업에서 전문 경력을 쌓은 사람이었다.

아들인 X 주니어는 아버지 때문에 CEO가 되어야 했지만 사업에는 관심이 없었다. 그는 매우 창의적인 사람이었고 광고 일을 좋아했다. 특히 어린이 상품 광고를 즐겨 만든 그에게 성인용 제품인 위젯을 판매하는 아버지 회사의 일은 전혀 맞지 않았다.

몇 개월간의 대화 끝에 약간의 죄의식을 느낀 아들은 결국 고집을 꺾었다. 유산이 사라지길 원치 않던 미스터 X는 아들이 수익성 좋은 자기 회사를 더 높은 수준으로 성장시킬 수 있다고 확신시켰고, 마침내 X 주니어는 창업한 지 25년이 되던 해에 CEO로 취임했다.

그래서 그 후 어떤 일이 벌어졌을까? 짧게 요약해보겠다. X 주니어는 어린이 시장에 대한 자신의 열정을 누를 수 없었다. 어린이에게도 위젯을 판매할 방법이 있을 것이라 생각한 그는 회사에 이미 위젯이라는 훌륭한 제품이 있으니 그걸 기초로 어린이용 위젯(키젯이라고 부르자)을 개발하기로 결심했다.

그러나 전략적 마인드가 부족한 X 주니어는 외견상 비슷해 보이는 위젯과 키젯이 완전히 다른 사업임을 인식하지 못했다. 키젯이 출시되었지만 X 주니어는 다음과 같은 사실을 깨닫지 못했다.

- 키젯은 사업모델이 달랐기 때문에 다른 채널로 판매해야 했다. 화근은 키젯을 전문 유통 채널(키젯에 특별한 관심을 보이지 않는 채널)이 아닌 월마트 같은 대형 유통업체에 판매한 것이었다. 키젯의 대부분이 대형 유통업체를 통해 팔렸기 때문에 회사는 얼마나 많은 제품을 유통시켜야 할지, 얼마나 많은 재고를 보유해

야 할지 스스로 판단해야 했고, 결국은 언제든 반품될 수 있다는 리스크를 떠안게 되었다.

- 키젯은 어린이용이었기에 여러 부가 기능을 덧붙여서 매력적이고 흥미로운 제품으로 만들어야 했다. 때문에 위젯보다 원가가 높을 수밖에 없었는데, 대형 유통업체는 낮은 가격으로 납품하길 원했다. 키젯은 마진이 낮은 상품으로 전락했다.
- 키젯은 위젯보다 복잡했고, 대형 유통업체들이 전문 유통업체들과는 다른 주기로 주문했기 때문에 키젯을 생산 판매하고 창고를 유지하려면 많은 직원을 배치해야 했으며 간접비도 높을 수밖에 없었다.
- 키젯은 어린이용 제품이었기에 훨씬 유행에 민감했다. 키젯의 제품 주기는 스테디셀러인 위젯보다 훨씬 짧았다.

X 주니어에게 키젯 발매는 좋은 기회처럼 보였다. 그는 매출액이 급격히 증가하는 모습에 고무되어 더 많은 자원을 위젯 대신 키젯에 투입했다. 몇 년이 지나자 총매출액은 두 배를 넘어섰는데, 대부분은 키젯 사업의 성장 때문이었다. 그러나 마진율은 매우 낮았기 때문에 순이익은 종이처럼 얇은 수준이었다. 회사의 이익은 오직 위젯에만 집중했던 시기의 매출액 절반만으로 달성하던 이익과 비슷한 수준이었다. 다시 말해, 총매출액은 두 배로 성장했지만 마진율이 매우 낮았기 때문에 이익은 과거와 비슷했다는 뜻이다.

새로 시작한 키젯 사업이 리스크가 크고 이익률도 낮다는 사실을 X 주니어와 이사회를 비롯한 핵심 경영진들은 알아채지 못했다. 성장의 대부분(약 25 %)이 한 가지 타입의 키젯에서만 발생하고 있었고, 그 키젯 제품의 유행은 몇 년이 지나면 완전히 사라질 운명이었다. 성공적인 매출 신장을 기록한 해를 보내고 X 주니어는 키젯 사업을 본격적으로 성공시키려면 생산을 확충해야 한다면서 본사를 대규모 시설을 갖춘 곳으로 이전하고자 했다.

그 후에 무슨 일이 일어났는지 아마 당신은 짐작 가능할 것이다. 모든 것은 본사 이전 두 달 만에 마치 영화처럼 끝났다. 대형 유통업체들은 자신들의 사업을 구조조정하면서 수백만 달러 상당의 제품을 반품시켰다. 고속 성장을 하던 키젯은 이처럼 극한 상황에 처하게 되고 유행 또한 시들어가면서 매출에서 미미한 비중만을 차지했다. 잘못된 의사결정 때문에 회사는 막대한 수의 직원과 대규모 신형 시설의 임대료를 감당해야 했고(그러나 매출은 거의 30% 감소했다), 결국 회사는 수백만 달러의 적자를 기록했다. 그렇다. 자그마치 수백만 달러!

이 기업이 무너지기 시작하던 무렵, 나는 이 회사 일에 참여하는 놀라운 '행운'을 가질 수 있었다. 우리는 이 회사에 대해 엄정한 분석(이런 분석은 X 주니어와 그의 직원들이 임대료가 300%나 늘어나기 전에 직접 했어야 했다)을 수행했고, 키젯 사업이 전체적으로 위젯 사업보다 두 배의 매출을 기록하지만 실질적으로는 적자를 내고 있다는 사실을 발견했다. 키젯은 팔면 팔수록 손해였던 것이다!

이제 이 이야기는 이 사업이 어떻게 흑자로 전환됐는지로 이어져야겠지만 포인트는 그것이 아니다. 이 사례에서 주목해야 할 점은 창의력이 넘치고 광고에 관심이 지대하던 X 주니어가 사업을 운영하는 사업가로서 적합하지 않음에도 위젯을 판매하는 회사의 경영자가 되었다는 점이다. 그는 적합한 스킬을 가지고 있지 않았고 회사의 핵심 상품에 대한 열정도 없었다. 그는 사업을 자기 열정의 구현 수단으로 삼았고, 결국 키젯 사업을 시도했다. 하지만 키젯 사업은 높은 매출을 기록했음에도 이익이 없었고 그가 무시했던 위젯의 이익을 갉아먹었을 뿐이다.

나는 당신에게 이 사례가 예외적인 것이 아니라고 확실하게 말할 수 있다. 이 사례는 처음 일어난 일도 아니고 다시는 발생하지 않을 일도 아니다. 이 사례에서 최악이라 할 수 있는 것은 미스터 X가 사업을 자녀들 중 한 명에게 넘겨주면 자식들의 미래를 안전하게 만드는 데 도움이 된다고 생각한 것이다. 그와 그의 자녀들은 사업을 매각해서 훨씬 좋은 상황을 즐길 수도 있었다. 자녀들이 아버지의 꿈을 추구하기보다 사업을 매각한 돈으로 다른 곳에 재투자하면서 자신들의 꿈을 추구할 수도 있었을 테니 말이다.

자, 여기서 사라져버린 것은 무엇인가? 기업 승계 외에 가족 기업을 소유한 자녀들이 안전한 미래를 얻을 수 있는 방법은 많다. 가족 기업을 계속 승계하는 것은 안전한 미래를 확보하기 위한 방법이 아니다. 사업가가 될 뜻이 없을 뿐더러 가업에 대한 열정, 스킬, 경험, 소망 등이 없다면 당신은 가족들이 당신에게 가업을 승계하라고 압박하지 않게끔 해야 한다. 또한 이미 구축된 사업에 '탑승'하는 것이 쉬울 것이라는 생각으로 사업을 떠맡아서도 안 된다. 어찌어찌해서 사업이라는 롤러코스터에 올라타더라도 당신은 직접 많은 일을 감당해야 하고, 다른 사람들의 덕을 보겠다는 생각도 접어야 한다. 당신이 그들 때문에 사업에 뛰어들게 됐더라도 말이다.

당신은 사업가입니까

가족 기업은 좋은 기회인가?

만약 당신이 가족 기업을 승계하라는 요구를 받고 있다면, 다음의 질문을 자신에게 던져보라.

> 1. 그 사업을 당신의 가족이 아닌 다른 사람이 소유하고 있다고 해도 당신은 CEO 자리에 지원할 것인가? 지원한다면, 혹은 지원하지 않는다면 그 이유는 무엇인가?
>
> 2. 그 사업의 어떤 측면이 당신의 열정을 불러일으키는가?
>
> 3. 당신은 그 사업을 이해하고 있는가?

위 질문에 대한 답변을 통해 가업을 승계받아 헌신하는 것이 최선의 길인지를 좀 더 분명하게 파악할 수 있어야 한다. 그 다음에 해야 할 연습은 다음과 같다.

> 1. 당신의 강점과 스킬, 경험을 적어보라.
>
> 2. CEO에게 필요한 스킬, 강점, 경험을 모두 적어달라고 가족들에게 요청하라.

각각의 결과가 서로 잘 부합되는지, 또 어디에서 서로 차이가 나는지를 비교한 다음, 당신이 가업을 승계할 최선의 인물인지 그리고 가업 승계가 당신에게 적합한 기회인지 판단해보라.

위기를 넘는
지혜

—

나는 당신이 어떤 사업을 시작하더라도 리스크, 이슈, 잠재적 보상 사이의 상충 관계를 평가하는 것이 사업가 방정식의 가장 핵심적인 부분이라고 확신한다. 사업가에게 주어지는 리스크와 보상은 정량적(회계적)인 측면과 정성적(삶의 질에 관한) 측면이 있다.

정량적 리스크와 보상은 얼마나 많은 돈을 사업에 투자해야 하는지, 또 사업을 통해 어느 정도의 돈을 벌 수 있는지 등 금전이나 수치와 관련이 깊다.

정성적 리스크와 보상은 눈에 보이지 않는 이슈, 리스크, 보상, 편익을 포함한 개념이다. 예를 들어 정성적 리스크는 가족과 보낼 수 있는 시간이 줄어든다는 것이고, 정성적 이슈는 좋아하지 않는 일을 하느라 더 많은 시간을 보내야 한다는 것이며, 정성적 보상은 매일 출퇴근 시간이 더 짧아진다는 것이다. 정성적인 리스크, 이슈, 보상을 일일이 비교하여 평가하기란 매우 어렵다. 무엇보다 중요한 것은 리스크에 이슈를 더한 것을 잠재적인 보상과 비교하여 적절한 균형점을 찾아내야 한다는 것이다. 현재 상황에서 사업체를 운영함으로써 생성되는 모든 리스크와 이슈를 검토하면서도 충분한 보상이 주어질 것인지를 평가하는 것이 바로 당신이 해야 할 일이다. 이러한 평가를 통해 당신은 주어진 사업기회가 추구할 만한 가치가 있는지 판단할 수 있다.

명심해야 할 것은 사업에 수반되는 리스크와 이슈는 당연한 현실이지만 보상은 그저 가능성이라는 점이다. 따라서 보상의 가능성은 모든 리스크를 감수하고 모든 이슈를 견뎌내는 것이 의미 있을 만큼 충분히 크고 충분히 중요해야 한다. 대부분의 사업가들은 사업 초기에 리스크, 이슈, 보상에 대한 평가를 하지 않고(대개 리스크와 보상을 평가할 도구가 없기 때문에) 넘어가곤 한다. 그러나 이 평가는 당신이 사업가가 되어야 하는지 평가하기 위한 모든 단계 중에서 가장 중요한 절차다.

25

리스크를 제대로 예측하라

앞서 '무언가를 할 수 있다는 것이 그것을 해야 한다는 것을 의미하는 것은 아니다'라고 언급했던 것이 기억나는가? 사업가에게 주어지는 리스크와 보상을 평가하면 '할 수 있는 일'이 '해야 하는 일'인지 파악할 수 있다. 당신은 전체 그림, 즉 금전적으로 얼마나 많은 돈을 벌 수 있는지, 무엇을 포기해야 하는지, 또 관련된 모든 리스크를 정당화할 정도로 충분한 대가가 있는지 등을 봐야 한다.

리스크와 보상을 평가하려면 당신은 다음의 일을 수행해야 한다.

• 돈, 시간, 노력, 감정 측면에서 얼마나 많은 위험을 감수해야 하는지 평가하라. 이는 금전적 측면에서 당신이 얼마나 많은 저축

과 개인 재산을 새로운 사업에 투자해야 하는지(혹은 대출 보증을 위해서 주택과 같은 주요 자산을 활용해야 하는지)를 의미한다.

- 당신이 다른 회사에 재직 중일 때 얼마나 많은 돈을 벌 수 있는지(혹은 벌 수 있었는지)를 복리후생 혜택을 포함해서 평가하라.
- 투자에 대한 기회비용을 평가하라. 이는 사업에 투자한 돈을 가지고 달리 할 수 있었던 일들을 검토한다는 의미다. 기회비용은 투자 기회(예를 들어 저축해서 이자를 받는 기회)나 소비 기회(가족 여행을 즐기고 새로운 자동차 등을 구매할 기회), 좋아하는 자선 단체에 기부할 수 있는 기회 등을 잃어버림을 뜻한다.

이러한 금전적 검토는 당신이 일해야 할 시간과 견뎌내야 할 스트레스, 그리고 감수할 리스크와 이슈에 대비하는 데 필요하다. 리스크와 이슈는 사업가 방정식의 두 번째 요소, 다시 말해 당신이 사업을 통해 현실적으로 얼마나 많은 긍정적인 잠재 가치를 달성할 수 있는지(즉, 보상)를 면밀한 재무 모델, 가정, 투자 수준을 바탕으로 평가한 값과 비교하는 것이다.

사업기회의 잠재적 보상은 사업 초기부터 계속 감수할 리스크와 이슈를 충분히 능가할 수준이 되어야 동기를 유발할 수 있다. 얼마나 많은 잠재적 보상이 있어야 할지 올바르게 답할 수 있는 사람은 아무도 없지만, 적어도 당신에게 의미 있는 수준이어야 한다. 당신의 개인적 상황에 따라서 수용할 수 있는 리스크와 보상 간의 균형은 다음과 같이 부등식으로 표시할 수 있다.

게임쇼 같은 리스크와 보상

■   대부분의 투자자들은 재무적인 벤치마크를 이용한 모든 투자에 이 같은 공식을 적용한다. 투자 자본 수익률이나 현금 대비 현금 수익률 등 익숙하지 않은 재무 용어가 어렵게 느껴질 수도 있을 것이다. 그래서 나는 게임쇼에 비유하여 재무적 리스크와 보상 판단을 당신에게 쉽게 설명하고자 한다.

왠지 모르지만 나는 게임쇼를 무척 좋아한다. 항상 그랬다. 심지어 다음 생에는 게임쇼 진행자가 되고 싶다는 생각까지 한다(나는 바나 화이트Vana White가 아닌 밥 바커Bob Barker가 되고 싶다). (바나 화이트는 게임쇼 〈휠 오브 포춘Wheel of Fortune〉의 여성 진행자이고, 밥 바커는 최장수 기록을 세운 CBS의 게임 쇼 〈더 프라이스 이즈 라이트The Price is Right〉의 남성 진행자다. - 옮긴이) 게임쇼는 판단과 그에 따른 트레이드-오프를 살펴보기에 안성맞춤이다. 비록 게임쇼 참가자들이 자신의 돈을 걸지는 않지만, 참가자들의 판단 스킬은 매번 시험대에 오르고 때로 매우 중요한 무언가가 위태로운 상황에 처한다. 위태로워지는 것이 무엇이든, 그것이 거액이 아니라 해도 많은 참가자들은 '전부냐, 제로냐' 하는, 도박이나 다름없는 정신 상태를 갖게 된다. 예를 들어 황금시간대의 인기 게임쇼인 〈딜 오어 노 딜Deal or No Deal〉을 살펴보자.

만약 당신이 〈딜 오어 노 딜〉을 잘 모르는 사람이라면 기본적으로 통계와 행운의 게임이라고 생각하면 된다. 게임쇼의 방식은 다음과 같다. 스물여섯 개의 가방이 있는데, 각 가방에는 단돈 1센트부터 최대 100만 달러까지 들어 있다. '적은' 금액의 상금이 든 가방은 많고 '큰' 상금이 든 가방은 몇 개뿐인데, 게임 참가자들은 각 가방에 들어 있는 돈이 얼마인지 쇼가 진행되면서 하나씩 알 수 있다. 참가자들은 어떤 가방에 얼마의 상금이 들었는지 모른다. 바로 이것이 게임의 묘미다. 참가자는 첫 가방을 선택하고 그 가방에 들어 있는 돈은 그가 게임을 진행하는 동안 계속 지니게 된다. 단, 처음 선택한 가방은 계속 밀봉한 채로 둔다. 그런 후에 참가자는 게임 판에서 다른 가방을 선택하여 제거한다. 참가자가 선택한 각각의 가방은 개봉되고 그 안에 든 금액이 공개되는데, 모든 사람은 게임판에 남아 있는 가방(참가자가 선택한 가방을 포함한)들에 얼마짜리 상금이 남아 있는지 알고 있다. 참가자들은 제거된 가방에 낮은 상금들이 들어 있기를 바란다. 그래야 높은 금액의 상금을 획득할 행운이 더 커지니 말이다.

몇 개의 금액들이 공개되면 게임쇼는 참가자에게 일정 금액을 받고 게임을 그만둘 것을 제안한다. 제안하는 금액은 낮은 금액과 높은 금액이 몇 개 남아 있는지에 따라 가장 낮은 금액과 가장 높은 금액의 중간쯤에서 정해진다. 높은 금액이 더 많이 남을수록 참가자에게 게임을 그만두라고 제안하는 보상금은 더 높아진다. 만약 참가자가 그 제안을 받아들인다면 그는 '딜'이라고 말한다. 받아들이지 않겠다면, 즉 게임을 계속하겠다는 의도라면 그는 '노 딜'이라고 말한다. 나를 놀라게 하는 것(그 쇼를 제작하는 사람들도 똑같이 놀란다는 사실을 나는 그 프로그램 PD의 동생에게서 들었다)은 정말 많은 사람들이 잘못된 판단을 한다는 점이다. 참가자에게 일곱 개의 가방이 남아 있다고 치자. 그중 여섯 개에는 1만 달러 이하, 한 개에는 25만 달러의 돈이 담겨 있다. 참가자에게 5만 달러를 받고 그만두라고 말하면, 참가자들은 한결같이 게임을 계속하겠다는 뜻으로 '노 딜'을 외친다. 참가자들은 빈손으로 왔기에 자신에겐 부담할 리스크가 전혀 없다고 여긴다. 밑져야 본전이라고 생각하는 것이다. 그저 '딜'이라고 말하면 5만 달러라는 현금을 집에 가져갈 수 있음에도, 그들은 5만 달러라는 진짜 돈을 25만 달러짜리 도박에 걸었다가 고작 5달러를 받고 떠나는 것을 더 선호한다!

만약 참가자들이 자기 돈을 걸고 〈딜 오어 노 딜〉 게임을 한다면 아마도 '딜'을 더 많이 선택할 것이다. 그러나 사업가는 정반대로 '노 딜'이라고 외치며 사업이라는 도박에 자기 돈을 과감하게 건다. 판단 미숙 때문인지 혹은 도박 심리 때문인지는 몰라도 신참 사업가는 새로운 사업의 리스크와 보상 간의 균형을 올바로 평가하지 못한다.

아마 당신은 투자 수익률 계산법은 알지 못하더라도 〈거래합시다Let's Make a Deal〉란 프로그램(내가 가장 좋아하는 게임쇼 중 하나다)은 알고 있을 것이다. 〈거래합시다〉는 당신에게 무언가를 주고 그것을 취할 것인지 아니면 다른 것과 바꾸고 싶은지 결정하게 한다. 대체할 물건은 당신이 현재 가진 것보다 더 좋을 수도 있고 더 나쁠 수도 있다. 어떻게든 당신은 거래 여부를 결정해야 한다.

당신에게 1달러를 준 다음 두 개의 커튼을 가리키며 한 커튼 뒤에는 아무런 가치가 없는 물건이 있고 다른 커튼 뒤에는 1,000달러 가치의 물건이 있다고 말한다면(어느 쪽 커튼에 무엇이 있는지는 모른다), 당신은 거래할 것인가? 나도 그렇고 당신도 그렇고 우리는 대부분 거래하겠다고 말할 것이다. 커튼을 잘못 선택하여 1달러를 날릴 수도

당신은 사업가입니까

있지만 1,000달러의 행운을 위한 리스크치고는 그다지 크지 않기 때문이다. 이제 당신에게 990달러를 주고 똑같은 거래를 제안한다면, 어찌할 것인가? 부디 나는 당신이 거래하지 않겠다고 말하기를 바란다. 현재 가진 돈의 1%에 불과한 단돈 10달러를 위해 990달러의 리스크를 감수해야 하기 때문이다. 자기가 기꺼이 감수할 수 있는 리스크와 잠재적 보상 금액은 저마다 다르지만, 누구나 리스크는 염두에 두어야 한다. 이 사례에서 1%라는 보상은 선택을 잘못할 경우 모든 것을 잃을지도 모르는 리스크에 비하면 아무것도 아니다.

이제 당신이 거래하려는 금액이 새로운 사업에 자신이 직접 투자한 돈이라고 생각해보자. 두 개의 커튼 뒤에 있는 것들은 사업의 결과로 얻을 두 가지 극단적 가능성을 나타낸다. 실패할 때 얻는 것은 아무것도 없다. 물론 당신은 큰 상금이 숨어 있는 커튼을 선택할 수도 있다. 그렇다면 이런 거래는 매력적인가? 이 질문에 답하기 전에 당신은 현 직장에서의 급여, 여가시간, 기회비용, 그리고 모든 정성적 리스크와 보상을 고려해야 한다.

좀 더 구체적인 숫자로 게임을 해볼까? 현 직장에서 매년 5만 달러(복리후생을 포함하여)를 벌고 있는데, 자기 돈 6만 달러로 시작할 수 있는 조그마한 사업 아이템이 있다고 하자. 당신은 이런 거래를 해야 할지 판단해야 한다. 커튼 뒤에 있는 무언가를 얻기 위해 연봉 5만 달러와 여유자금 6만 달러를 판돈으로 내놓고 '거래합시다!'라고 말해야 할까? 다시 말해, 사업을 시작해도 되는 걸까? 당신이 이 게임에서 항상 충분한 정보를 확보할 수는 없겠지만, 어찌어찌하여 좀 더 상세한 분석을 통해 커튼 뒤에 있는 '상품' 중 하나가 매년 30만 달러 상당의 매출을 올리는 사업임을 알아냈다고 가정해보자. 당신은 거래할 것인가?

조언하건대, 몬티 홀$^{Monty\ Hall}$(게임쇼 〈거래합시다〉의 진행자 - 옮긴이)에게 추가 정보를 달라고 요구하기를 바란다. 이 게임의 상황을 좀 더 뜯어보자. 현 직장에서는 매년 5만 달러를 벌고 게다가 복리후생 프로그램의 혜택도 받고 있다. 아마도 당신은 연간 30만 달러 상당의 사업을 발견하고는 그 액수가 크다는 점에 흥미를 느낄지 모른다. 하지만 그 수치는 매출이지 이익이 아니라는 점, 다시 말해 당신이 최종적으로 집에 가져갈 수 있는 돈이 아니라는 점을 기억하라.

당신의 지갑에 얼마나 남을지 파악하려면 매출에서 제조원가를 빼야 한다. 그런 다음 판매비, 마케팅비, 관리비, 임대료, 직원 급여, 광고비, 전문가 비용, 보험료, 수도광열비, 배송료, 우송료, 전화와 팩스 요금, 웹사이트 비용, 사업 때문에 발생한 채무 이자 등도 제해야 한다. 당신이 어떤 제품을 만들 것인지 알기도 전에 말이다.

사업으로 버는 이익은 어떤 업종에 속해 있는지, 사업이 얼마나 성공적인지에 따라 다르다(일례로 일상용품 사업의 마진율은 고급 브랜드의 사업보다 평균적으로 낮고, 서비스 사업의 마진율은 때때로 제품 중심의 사업보다 높다). 당신이 이익을 놓고 경쟁자와 치열하게 경쟁하는 사업 분야에 속해 있다면, 매출액 대비 10%의 세전 이익을 기록하는 사업이라 해도 무척 행복해할 것이다(뒤에서 세전 이익을 당신의 세전 급여 5만 달러와 비교해서 살펴볼 것이다). 그런데 10%는 대다수의 사모펀드 전문 투자자가 사업이 건강하게 성숙한 상태인지를 판단할 때 최소 수준으로 설정한 마진율이다. 10%라는 마진율을 적용하면 30만

당신은 사업가입니까

달러 매출의 사업을 통해 당신이 집에 가져갈 수 있는 돈은 3만 달러임을 알 수 있다(이 수치들은 그저 예시라는 점을 염두에 두기 바란다. 대다수의 사업들은 첫해에 바로 30만 달러의 매출을 달성하지 못할뿐더러 10%의 마진율도 어렵없다). 하지만 3만 달러라는 수치는 다음 해의 사업 성장을 위해 재투자해야 한다는 것과 현금흐름의 타이밍을 감안하지 않은 것이다(재차 말하지만, 이것은 예시일 뿐이다). 또한 당신이 직장을 다니며 얻었던 특전과 복리후생 혜택을 사업할 때에도 똑같이 누리려면 당신의 주머니에 들어갔던 돈을 꺼내 써야 한다는 점 역시 고려하지 않은 것이다.

10%라는 값은 리트머스 테스트나 '제정신 체크^{sanity check}(명백한 실수가 없었는지 확인하기 위한 점검 – 옮긴이)'로 삼을 수 있는 임의의 수치지만, 사업의 리스크와 보상을 평가함에 있어 좋은 가이드라인을 제공한다. 사업을 시작할 때 완벽한 정보를 입수할 수는 없겠지만, 당신이 설정한 가정들이 과연 현실적인지 '제정신 체크'를 통해 반드시 판단해야 한다.

이런 과정을 통해 당신은 비금전적인 요소에 대한 평가(이 평가는 머리를 더 아프게 하는 데다 더 많은 시간을 필요로 한다)를 하기도 전에 당신이 벌 수 있는 이익(복리후생을 포함하여)이 40%나 줄어든다는 것을 깨닫게 된다. 게다가 이렇게 줄어드는 이익도 제품을 30만 달러어치나 판매해야 얻을 수 있는 것인데, 30만 달러라는 매출액은 첫해에 쉽게 달성할 수 있는 수준의 것이 결코 아니다. 분명 당신은 과거에 늘 그랬듯 사업이 잘 성장하여 자산 가치를 축적하면 세전 이익의 몇 배에 달하는 가격에 사업을 매각할 날이 오리라 말할 것이다. 물론 그럴 수도 있다. 그렇기 때문에 당신은 사업의 재무적 추정치를 현 직장에서 받는 급여뿐 아니라, 사업하지 않고 그 기간 동안 계속 직장을 다닌다면 추가로 받게 될 급여와도 비교 평가해야 한다. 기왕이면 추정 기간을 1년, 5년, 10년, 20년으로 놓고 자세히 살펴보라. 이때, 당신이 사업을 시작하며 최초 투자했던 초기 자금 6만 달러와 그 돈을 다른 곳에 투자하여 얻을 수 있었을 기회비용도 계산에 포함시키는 것을 잊지 마라. 또한 못 받게 되는 복리후생 혜택의 가치를 반영해야 하고, 사업에 재투자하기 위한 돈(당신의 주머니에서 꺼내와야 할 돈)도 감안하여 금전상의 트레이드-오프를 들여다봐야 한다.

다음 페이지의 표에서 보듯, 당신이 초기 급여로 5만 달러를 받고 매년 5%의 급여 인상이 10년간 이루어진다고 가정하면, 직장을 계속 다닐 경우 거의 62만 9,000달러(세전)를 벌 수 있다. 이만큼의 돈을 벌 수 있는 직장을 때려치우고 매년 18%의 성장을 가정해야 70만 6,000달러를 벌 수 있고 그마저도 엉뚱한 커튼을 열면 그보다 훨씬 적거나 심지어 '0달러'를 얻을지 모르는 사업기회를 선택할 것인가? 초기 자금 6만 달러를 계산에 넣는다면 그래도 거래를 할 것인가? 그 6만 달러를 사업에 투자하는 것 대신 1년에 5%의 평균수익률을 보장하는 곳에 투자할 수 있다고 해도 여전히 거래하고 싶은가? 10년이 지나면 복리로 3만 8,000달러의 이자를 받을 수 있는데도? 이 점을 계산에 포함하면 리스크가 전혀 없는, 즉 현 직장을 계속 다니는 시나리오에서 당신은 급여와 이자만으로 10년간 약 66만 7,000달러를 벌 수 있다.

초기 자금 6만 달러를 사업에 투자한다면 당신은 72만 6,000달러 이상의 리스크를 감수한다는 뜻이고, 사업 투자를 통해 기대하는 보상보다 더 큰 리스크를 감수한다는 의미다. 당신은 재무적 리스크와 보상만을 평가하고 거래를 체결하는 오류는 범하지 않겠지만, 많은 사람들은 거래를 감행한다. 사업 초기에 이런 간단한 셈조차 절대 하지 않기 때문이다.

	직장을 다닐 때 투자 리스크 없음			사업을 할 경우 6만 달러 투자 시 리스크	
연차	연봉 (매년 5% 인상 시)	6만 달러 투자 시 복리 이자 (이율 5%)		연차	이익 (매년 18% 인상 시)
1	$ 50,000	$ 3,000		1	$ 30,000
2	$ 52,500	$ 3,150		2	$ 35,400
3	$ 55,125	$ 3,308		3	$ 41,772
4	$ 57,881	$ 3,473		4	$ 49,291
5	$ 60,775	$ 3,647		5	$ 58,163
6	$ 63,814	$ 3,829		6	$ 68,633
7	$ 67,005	$ 4,020		7	$ 80,987
8	$ 70,355	$ 4,221		8	$ 95,564
9	$ 73,873	$ 4,432		9	$ 112,766
10	$ 77,566	$ 4,654		10	$ 133,064
	$ 628,895	$ 37,734			$705,639

* 급여(인상분 포함) 628,895달러 + 투자금 60,000달러 + 이자 37,734달러 = 총 726,629달러
* 10년간 사업이익이 매년 18% 성장할 때 얻는 총이익 = 총 705,639달러

당신은 이러한 평가가 당신이 처한 상황과 기회에 달려 있음을 알 수 있다. 현재 받고 있는 급여가 낮고 초기 투자금은 적은데 잠재적인 기회가 훨씬 크다면 거래를 하는 편이 좋다. 더군다나 중국에 사업을 매각할 수 있다면 이는 사업가 방정식의 '보상' 측면을 끌어 올린다.

방금 예로 든 추정 과정은 사업에 대한 즉석 사진과 같아서 사업의

모든 요소나 시나리오를 모두 고려할 수 없지만, 리스크와 보상의 트레이드-오프가 과연 의미 있는지를 평가하는 좋은 출발점이 될 수는 있다. 만일 산출되어 나온 수치가 적절하지 않다면 거래를 해서는 안 된다. 당신이 이익을 얻을 수 없다면, 소위 '사장'이 되어 누리는 자유는 전혀 가치가 없기 때문이다.

사업을 시작할 때의 리스크와 사업에 수반되는 모든 골칫거리를 감안할 때, 당신이 자신만의 사업을 운영함으로써 벌어들일 수 있는 잠재적 이익은 현 직장에서 받는 급여나 그와 비슷한 형태로 벌어들이는 소득보다 월등히 커야 한다. 나는 그 금액이 정확히 얼마나 더 많아야 한다고 말할 수는 없지만(이는 당신에게 달려 있다), 리스크를 감수할 때의 보상과 혜택은 반드시 당신이 충분하다고 판단할 정도여야 한다.

스스로 '제정신 체크'를 할 수 있는 또 다른 방법은 당신이 시간당 얼마나 벌고 있는지 파악하는 것이다. 30만 달러의 매출액으로 3만 달러의 세전 이익을 버는 사업의 예로 다시 돌아가자. 이 사업을 제대로 안착시키려면 많은 시간과 노력이 필요하다. 1년은 52주인데, 당신이 휴가로 2주의 시간을 쓴다고 부풀려 가정한다면(이것은 몽상이다!), 실제로 일하는 시간은 1년에 50주다. 사업가가 1주일에 7일간 일하는 것은 흔하지만, 평일에는 장시간 일하되 주말에는 약간의 자유시간을 가지기로 결심하여(이건 좋은 결심이다) 1주일에 5일만 일하기로 했다. 그리하여 당신이 일하는 시간은 1년에 250일이라고 하자.

주말에 쉴 시간을 가지려면, 문서 작업과 같은 잡일을 처리하면서 회사를 경영하는 데 아침 7시부터 저녁 7시까지 하루 12시간을 일해야 한다고 가정하자. 사실 12시간은 보수적으로 가정한 것이지만(대개 14시간 정도 일하곤 한다) 이는 어디까지나 예시를 위한 것이다. 따져보면 매일 12시간씩 250일간 일하니 1년이면 3,000시간을 일하는 셈이다.

그렇다면 사업을 통해 1년에 30만 달러의 매출로 3만 달러를 벌기 위해 당신은 3,000시간을 일해야 한다(이것은 사업 성장을 위한 재투자는 전혀 고려하지 않을 때임을 기억하라). 이는 모든 리스크, 골칫거리, 고된 업무를 감수하고 초기 투자금 6만 달러를 투자했음에도 1시간에 고작 10달러밖에 벌지 못한다는 뜻이다.

이 계산은 초기 투자금에 대한 기회비용은 전혀 감안하지 않은 것이다. 사업에 투자한 돈에는 이자가 붙지 않는다. 사업에 전념하느라 소비한 시간은 즐거운 일을 대신하여 쓴 것이다. 당신은 휴가, 자녀의 야구 경기, 가족 행사, 좋아하는 텔레비전 프로그램, 혹은 시간당 10달러를 벌 수 있었을 취미 생활을 포기해야 할지 모른다. 그래도 사업이 당신에게 가치 있게 보이는가? 힘들게 모은 돈 6만 달러를 사업에 투자하고, 불면의 밤을 보내며, 문서 작업과 직원 관리를 하느라 매일 12시간씩 꼬박 일하는 것이 시간당 10달러밖에 벌지 못하는 기회(게다가 이런 기회는 실제로 존재하는 게 아니라 당신이 달성해야 할 추정치일 뿐이다)와 맞바꿀 가치가 있다고 생각하는가? 다시 반복하지만, 내가 당신을 대신하여 답해줄 수는 없다. 이 질문에 당신은 틀림없이 '아니오'라고 대답할 테니까.

핵심 포인트는 당신이 사업의 성공으로 무엇을 얻을 수 있는지, 사업의 성공에 무엇이 요구되는지 평가해야 한다는 점이다. 당신은 자신이 어떤 내기에 참여하고 있는지, 그 내기의 트레이드-오프가 수용할 만한지 파악해야 할 필요가 있다. 대강의 수치를 기준점으로 사용하여 추정하고, 기타 모든 무형의 요소를 고려한 다음 사업이라는 도박에 돈을 걸어야 할지를 결정해야 한다.

포트폴리오 투자로서 당신의 사업

■   리스크와 보상 간의 균형을 평가할 때 감안해야 할 또 하나의 측면은 '다각화'를 계산에 넣는 것이다. 투자의 다각화가 중요하다는 얘기는 들어본 적이 있을 것이다. 모든 달걀을 한 바구니에 담지 말아야 한다고 말이다(매번 같은 격언을 반복해서 사용하는 점에 대해 사과한다. 하지만 이것은 정말로 최고의 격언이다). 이 말은 많은 주식 투자자들이 왜 개별 주식보다 뮤추얼 펀드에 투자하는지 설명해준다. 투자를 다각화한다면 설령 하나의 투자가 실패하더라도 그것 때문에 재무적으로 파산하는 일은 없다. 펀드 전체나 포트폴리오를 통해 투자의 균형을 얻기 때문이다. 좋지 않은 투자는 훌륭한 투자와 보통인 투자와 합쳐져 평준화됨으로써 투자자들에게 괜찮은 투자 수익률을 돌려준다.

> 모든 달걀을 한 바구니에 담지 마라. 만일 사업이 곤두박질친다면 당신이 가진 모든 달걀은 한 바구니에 담겨 있다가 깨지고 말 것이다.

사업도 투자다. 당신의 모든 돈을 사업에 쏟아부었다면 여러 종류의 투자에 다각화할 기회는 날아가버린다. 만일 사업이 곤두박질친다면 당신이 가진 모든 달걀은 한 바구니에 담겨 있다가 깨지고 말 것이다.

사업가가 사업에 상당한 자기 돈을 투자하고 경영에 헌신하는 모습을 보여주는 것은 매우 중요하다. 사업의 성공을 위해 최선을 다하고 있음을 확실히 보증하기 때문이다. 그러나 당신이 가진 모든 돈을 마지막 한 푼까지 몽땅 사업에 투자한다면 모든 달걀을 한 바구니에 담아놓는 것과 같다. 내가 이런 상황에 처했다면 나는 바구니를 15인치 두께의 프리미엄 패딩으로 방탄 처리하고 달걀에게 절대 문제가 생기지 않도록 보디가드를 배치할 것이다.

요약해보자. 앞에서 했던 추정 과정처럼 당신에게 주어질 리스크와 보상을 평가하는 것은 사업가의 길로 들어서기 전에 반드시 체크해야 할 가장 중요한 일 중 하나다. 대강의 수치를 들여다보면서 당신이 포기해야 하는 것과 얻을 수 있는 것을 정량적 관점과 정성적 관점에서 비교 평가하라. 그런 다음, 새로운 사업의 긍정적인 가능성과 부정적인 가능성을 나타내는 두 개의 커튼 앞에 서 있다고(좀 더 흥미를 더하려면 몬티 홀이 1962년도부터 입던 격자무늬 재킷을 갖춰 입고 당신과 함께 서 있다고) 생각하라. 사업을 시작하면서 리스크에 노출시키는 돈에는 초기 투자금뿐만 아니라 현재의 직장에서 받는 급여도 포함되어 있음을 명심하라. 직장 대신 사업을 택할 때의 트레이드-오프를 떠올려보라. 그리고 다시 당신 앞에 있는 두 개의 커튼을 바라보라. 당신은 거래를 하겠는가? 정말로 가치가 있을 때만 그렇게 하기 바란다.

리스크와 보상을 수치로 평가하기

이번 연습은 다음과 같이 세 부분으로 나뉘어 있다.

A. 재무적 관점에서 '거래 여부'를 판단하기

1. 사업을 시작할 때 포기해야 할 급여와 복리후생의 가치를 적어보라. 다음 10년간 매년 증가할 급여 인상분과 보너스도 반드시 포함시켜라. 현재 직업이 없다면 직업을 갖게 될 때 합리적으로 기대할 수 있는 급여 수준을 상정하라.

2. 다음으로, 새로운 사업을 시작하고 운영하기 위해 당신은 개인적으로 어느 정도의 돈을 투자해야 하는지 적어보라.

3. 그 돈을 투자할 수 있는 다른 투자 대상을 적어보라. 그 돈의 투자로 기대할 수 있는 합리적인 수준의 이익은 얼마인가? 참조할 만한 기준이 없다면 세 가지 정도의 시나리오 (예를 들어 10% 손실일 때/본전일 때/10% 이득일 때)로 이익률을 설정하라.

4. 당신이 투자한 돈의 일부나 전부를 잃을 때 무슨 일이 발생할지 적어보라.

5. 대출을 받아야 한다면 대출 금액은 얼마이고 내야 할 이자는 얼마인지 적어보라.

6. 대출로 인해 담보물로 내놓아야 할 것이 무엇인지 적어보라.

7. 그 담보물을 잃게 되면 무슨 일이 발생할지 적어보라.

8. 사업으로 향후 10년간 벌 수 있다고 생각되는 합리적인 금액을 적어보라. 3번 질문처럼 보통일 때/나쁠 때/좋을 때의 세 가지 시나리오로 사업에 대한 가정을 세운 다음 예상 소득을 적어보라.

1~8번 질문을 통해 나온 리스크와 보상의 트레이드-오프에 관한 수치를 토대로 '거래 여부'를 판단하라. 순전히 재무적인 이익률로만 판단할 경우, 급여와 복리후생 혜택, 투자 자금, 담보물을 당신이 추정하는 예상 소득과 맞바꿀 용의가 있는가?

먼저 1번 질문의 답(받을 수 있는 급여)과 3번 질문의 답(투자의 기회비용)을 합산하고, 그 값을 8번 질문의 답(사업의 예상 소득)에서 5번 질문을 답(이자액)을 뺀 결과와 비교하라. 리스크를 감수할 만큼 이익이 충분히 큰가? 담보물(6~7번 질문)을 감안한다면 어떠한가? 금전적인 메리트가 있다면 잠재적인 이익은 얼마인가? 당신이 연간 4만 9,000달러의 급여를 받는다면, 연간 5만 달러를 벌 수 있는 '가능성'과는 절대 거래하지 않을 것임을 기억하라. 수치를 다루는 것에 100% 자신이 없다면 누군가에게 도와달라고 말하라. 이것은 그만큼 중요한 일이다!

B. 시간당 소득을 평가하기

1. 당신이 사업의 재무적 목표를 달성하기 위해 현실적으로 1주일에 며칠, 그리고 하루에 몇 시간 일해야 하는지 적어보라. 그렇게 하여 1년에 몇 시간을 일해야 하는지를 파악하라.

   주의사항 : 비슷한 상황에 처한 다른 사업가와 인터뷰하여 솔직한 피드백을 얻은 다음, 마케팅과 문서 작업, 고객 지원, 기업 운영(서비스를 수행하거나 판매할 제품을 제조하는 일 등)에 대한 사업의 모든 측면을 고려해야 한다.

2. 당신이 좋을 때/나쁠 때/보통일 때의 세 가지 시나리오(A의 8번 질문과 같은 내용이다)에서 매년 사업을 통해 기대하는 소득이 얼마인지 적어보라. 그리고 각 기대 소득을 1번

질문에서 산출한 연간 근무시간으로 나누어 시간당 소득을 산출하라.

이렇게 나온 시간당 소득이 괜찮은 수준이라고 생각하는가? 그 값이 당신 자신의 시간당 가치를 잘 반영한다고 느끼는가? 그렇지 않다면, 사업을 통한 보상은 리스크를 감수할 만큼 충분한 잠재력이 없는 것이다.

C. 신중한 질문으로 투자 여부를 평가하기

1. 사업에 당신의 전 재산을 투자할 것인지 스스로에게 물어라.

2. 당신의 재무 상태로 봤을 때 투자 규모는 적절한가?

3. 다른 투자처에 비슷한 규모로 투자할 것인지 고려해보았는가?

4. 현재 다른 분야(사업이 아닌 분야)에 투자하고 있는가?

5. 앞으로 투자의 다각화를 유지할 것인가, 아니면 당신의 모든 돈을 사업에 묶어둘 생각인가?

6. 역할이 바뀌어서 당신의 친구나 가족이 사업을 시작한다고 가정할 때, 당신은 그들에게 사업 때문에 당신이 떠안아야 할 재무적 리스크를 감수하라고 권할 것인가?

만약 당신이 1번 질문이나 5번의 두 번째 질문에 '예'라고 대답했거나, 다른 항목의 질문에는 '아니오'라고 대답했다면, 당신은 지금 신중하게 재무적인 의사결정을 내리고 있는 것이 아니다. 그러니 창업을 재고하라. 상황이 바뀌어 당신의 사업가 방정식이 제대로 돌아가는 상황이 될 때까지.

26

직장을 그만둘 때
잃어버리는 것들

직업이란 단어를 떠올리면 그리 유쾌하지 않다. 우선 아침에 일어나 이른바 '일'을 하러 어딘가로 가야 한다. 일이란 말은 단어의 정의상 다소 불편할 수밖에 없다. 일을 재미, 파티, 휴식이란 의미로 연결시킬 수는 없으니까. 일 대신 매일 '재미있는 것'을 하러 간다면 당신은 훨씬 좋은 기분으로 하루를 시작할 텐데 말이다.

당신은 끌려가듯 '일하는' 장소인 회사로 향한다. 일하는 장소라는 이유만으로 회사는 이미 유쾌한 곳이 아니다. 회사라는 이미지를 떠올려보라. 당신보다 멍청한 상사의 지시가 끔찍하게 들리고, 동료들은 볼로냐 샌드위치 냄새를 풍기고 다니며, 사무실은 지난 10년 동안 페인트 칠조차 하지 않아 지저분한 모습이 그려지지 않는가?

당신은 회사 업무를 한동안 문제없이 수행하지만, 결국 당신의 신경을 날카롭게 건드리는 일들이 나타난다. 그럴 때마다 당신은 공상에 잠기기 시작한다. 은퇴하여 열대의 섬에서 편안하게 살고 싶지만 돈이 없기에 꿈으로 그친다. 다른 직장으로 옮기면 어떨까 생각하지만 그곳이라 해서 여기보다 상황이 나을 것 같지는 않다. 마침내 당신은 자신만의 사업을 시작하면 생활이 풍요로워지지 않을까 상상하기 시작한다. 사업을 시작하면 바보 같은 상사로부터 벗어날 수 있고, 음식 냄새를 풍기는 직원을 뽑지 않을 수 있으며, 세계에서 가장 멋지게 사무실을 장식할 수 있을 테니까!

훌륭한 사업 아이디어를 갖고 있든 그렇지 않든, 당신은 씹던 껌이 붙어 있지 않은 책상을 갖고 싶을 뿐이고, '번쩍번쩍'한 고급 화장실이 삶의 질을 획기적으로 높여줄 것이라는 생각에 집착하게 된다.

자기 사업을 한다는 말은 마치 천국의 소리처럼 들린다. 그러나 불행히 그 누구도 아직까지는 지구에 천국이 실재한다는 것을 증명하지 못했다.

창업하려는 사람들이 흔히 망각하는 것은 누군가의 직원일 때 누렸던 다양한 혜택들이다. 모든 복리후생 비용이 이제 당신의 주머니에서 나간다는 사실을 명심하라.

사업을 시작한다면 얼마나 멋질 것인가에 대한 온갖 공상 때문에 많은 사업가들이 사업가 방정식에서 망각하는 요소는 회사의 직원일 때 본인들이 누렸던 복리후생 혜택들이다. 복리후생 프로그램의 어떤 것은 사소해 보이고 어떤 것은 이상하게 보일지 모르지만, 당신이 만든 회사에서 그 프로그램을 유지하려면 당신의 책임뿐만 아니라 돈도 부담해야 한다. 그러면 복리후생 프로그램들이 사업 전과는 다르게 느껴질 것이다.

당신이 누리는 복리후생은 업종과 회사 사업의 유형에 따라 여러 가지로 다양하다. 그게 무엇이든 관계없이 당신이 과거에 직원으로서 누리던 복리후생은 이제는 사업가인 당신의 주머니에서 돈을 빼간다. 이것이 바로 당신이 사업을 시작할 때 직면하는 정성적인 리스크와 이슈들이다.

클립과 커피 같은 사소한 것들

■　　　　　　　내가 1990년대 중반에 몽고메리 증권 Montgomery Securities(샌프란시스코에 본사가 있던 투자은행)에서 일할 때 회사의 직원 수는 거의 1,000명에 달했고, 그런 까닭에 여러 특전도 많았다. 그중 일부 특전은 감사하게 여겨졌고, 일부는 솔직히 말해 당연한 것이라 생각됐다.

1990년대 후반 무렵, 우리 회사는 1년 동안 두 번이나 다른 회사에 인수되었다. 첫 인수자는 네이션스 뱅크 NationsBank 였고 그 다음은 뱅크 오브 아메리카 Bank of America 였다. 이로 인해 기업 재무 부서에 있던 내 동료들은 갑자기 공황에 빠졌고 그중 상당수는 그때가 자신의 사업을 시작할 절호의 시기라고 판단했다.

동료들 중 맨 처음으로 자신의 벤처 사업을 시작한 사람은 셰인(가명)이었다. 경영대학원을 수년 전에 졸업한 선임급 직원이었던 그는 MBA 학위를 취득한 후 회사에서 계속 일해왔는데, 인수 때문에 한바탕 혼란이 일어나자 당시 북부 캘리포니아 어디에나 있던 인터넷 비즈니스 열풍에 뛰어들겠다고 결심했다.

그가 사업을 시작한 지 몇 개월이 지났을 때 나는 그의 새 사무실을 찾아가서 그간의 경험을 물었다. 그는 내게 자신이 대기업에서 일하던 시절에 누렸던 모든 자원을 창업 당시에는 전혀 의식하지 못했다고 고백했다. 몽고메리에서 근무 시 그에게는 비서가 있었는데, 당시에는 비서가 자신을 위해서 그다지 많은 일을 하지 않는다고 생각했단다. 그러나 이제 그는 종일 전화통을 붙잡고 있어야 했고 정작 사업의 다른 측면은 신경 쓸 여력이 없다고 말했다. 또한 출장 갈 때마다 비행기를 직접 예약(자기 비용으로)해야 하고, 비즈니스 클래스 대신 이코노미석을 잡는다고 말했다(또한 과거에는 회사에서 숙박비를 지불한 고급 호텔에 묵었지만 이제는 가장 저렴한 호텔에서 숙박해야 했다).

그의 불만 중 가장 웃겼던 것은 그가 '무척 맛있었던 커피'를 그리워한다는 것이었다. 몽고메리에는 어느 층에 가든지 프리미엄 커피가 항상 준비되어 있었지만, 이제 커피값은 그의 주머니에서 나가야 했기 때문에 그는 스타벅스의 모닝 커피 대신 마트에서 덕용 포장된 값싼 커피를 사다 마시고 있었다. 더 나쁜 것은 자기가 직접 커피를 타야 한다는 점이라고 그는 투덜거렸다. 물론 커피 타는 일이 힘든 것은 아니었지만, 그가 직접 해야 할 일이 그것만은 아니었으니까.

본인이 직접 만들지 않아도 좋은 커피를 마실 수 있었던 아주 사소한 특전을 그리워하게 될 거라고 과거에 그 누가 상상할 수 있었을까? 그 사소한 특전(그리고 다른 이슈들)은 그에게 큰 영향을 미쳤다. 그가 18개월 만에 사업을 접고 대형 투자은행으로 복귀했기 때문이다.

다른 두 명의 동료인 킴과 조애너(둘 다 가명) 역시 자신들의 회사를 시작했다. 사업을 시작하는 과정 중에 킴과 조애너는 사무실 운영에 꽤 많은 비용이 든다는 걸 알고 충격을 받았다. 그들은 괜찮은 공간을 임대해야 할 뿐만 아니라 사무용 가구와 설비도 갖추어야 했다. 책상과 전화, 고급 프린터 등은 회사에 다닐 때 특전으로 누리던 것들이었다. 그들은 사무용품에 지속적으로 돈이 들어간다는 사실을 새롭게 깨달았다. 킴은 몽고메리의 사무용품 지원 프로그램을 아쉬워했는데, 몽고메리에 있을 때 그녀는 600페이지가 넘는 카탈로그를 보고 형광펜이나 스테이플러 같은 용품을 원하는 만큼 주문할 수 있었고, 주문한 물건은 다음 날 책상 위로 배송되었다.

하지만 이제 모든 사무용품 비용이 자신들의 주머니에서 직접 빠져나갔기에 킴과 조애너는 프린트한 서류와 노트를 묶기 위해 사용하는 종이 클립, 외부로 발송하는 소인 찍힌 편지봉투 같은 모든 사무용품을 하나하나 따져가며 사용하게 되었다. 사무용품 관리 업무가 자신들이 직접 책임지고 해야 하는 일이 되자 자잘한 물건들은 늘기만 하고 사라지지 않았다. 종이 클립 비용이 아닌 고객 확보 문제 때문이었겠지만, 킴과 조애너는 채 1년도 안 되어 회사 문을 닫았다.

사무실 공간

■ 　　　　　나라고 해서 별 수는 없었다(맞다. 나 역시 준비가 안 되어 있었던 터라 몇 가지 핵심사항을 간과했던 것이다). 와튼 스쿨에서 교육을 받았고 세계에서 가장 빨리 성장하는 사업에 대해 조언받았음에도, 나는 실제로 내가 직접 사업가가 되기 전까지는 그와 관련된 모든 문제를 제대로 이해하지 못했다. 다른 동료들이 회사를 떠나간 지 몇 개월 후에 나 역시 그 무리를 뒤따라 자문 회사를 개업했다.

내가 겪은 가장 큰 문제는 사무실 공간이었다. 우리의 첫 사무실은 공간이 넓지 않았다. 사무실 공간이 넓으면 그만큼 임대료가 비싸기 때문이었다. 사무실은 나와 남편(당시 남편은 내 파트너이자 공동 창업자였다), 그리고 한 명의 직원만으로도 꽉 찼다. 회의실이 없었기 때문에 우리는 고객들을 그들의 사무실에서 만나야 했다. 우리는 직원을 더 채용하기는커녕 대학생 인턴마저도 활용할 수 없었다. 우리(부부)와 직원 한 명의 월급을 벌려면 사업운영비를 최소화해야 했기에 추가적인 비용 지출은 꿈도 꾸기 어려웠다. 이 문제는 예전에 충분히 생각하지 않았던 이슈였다. 내가 인턴(인턴은 무급으로 일하는 직원이다)을 활용할 수 없는 이유가 그에게 내줄 공간이 없기 때문이라고, 그가 사용할 컴퓨터를 장만할 돈이 없기 때문이라고, 그가 앉아서 일할 책상과 의자를 살 돈이 없었기 때문이라고 과연 누가 생각이나 해봤겠는가(인턴을 교육시킬 시간이 없다는 것도 포함해서 말이다)?

당신이 지금 회사의 사무실에서 일하고 있다면 포스트잇, 형광펜, 프린터 잉크, 종이, 잘 작동하는 복사기, 비서, 따뜻한 커피, 종이 클립, 멋진 화장실, 여행사, 침 바를 필요가 없는 편지 봉투, 펜, 파일 캐비닛, 노트패드, 정수기를 무한정 사용할 수 있다는 것을 당연하게 여길 것이다. 그러나 그런 혜택들을 하찮게 생각하면 안 된다. 당신이 직접 구입해서 사용해야 할 때가 되면 절대 사소한 물건들이 아니니까.

일하는 곳이 사무실이 아니라면 당신이 누리는 특전은 이와 다르겠지만 그래도 그 특전들은 여전히 중요하다. 당신이 자동차 정비공, 미용사, 마사지사로 일하고 있다면 누군가가 당신의 시간 약속을 도와주고 있을 것이다. 이는 당신이 돈 벌 수 있는 시간을 더 갖게 됨을 뜻한다. 당신이 오일(당신이 정비공이든, 미용사든, 마사지사든)을 구매

당신은 사업가입니까

하는 비용은 당신의 주머니에서 나올 수밖에 없고, 영수증 발행용지나 머리 염색제, 혹은 클린 시트는 직접 조달해야 한다. 회사를 운영한다는 것은 당신이 설비와 여러 자원을 직접 공급해야 한다는 것을 의미하고, 그런 설비나 자원의 가치를 인식하는 것이 당신의 몫이라는 뜻이다.

아주 큰 문제: 세 개의 C

■   종이 클립이나 커피를 조달하는 것보다 훨씬 중요한 일은 기존 회사(사업하기 전에 다녔던 직장을 의미한다. 뒤에서도 같은 의미로 썼다 – 옮긴이)에서 당신에게 보장했던 세 개의 C, 즉 신용^{Credibility}, 영향력^{Clout}, 연락처^{Contacts}를 실현하는 것이다.

당신이 회사를 나와 더 나은 서비스를 더 좋은 가격에 제공한다고 해도, 혹은 똑같은 사람이 똑같은 일을 수행한다고 해도, 사정이 어떻든 당신의 새로운 명함은 기존 회사의 명함에 비해 가치가 떨어질 수밖에 없다. 여기에는 여러 이유가 있지만, 대부분의 고객들은 비록 당신이 기존 회사에서 자신들을 담당하던 책임자였다 하더라도 확고하게 자리 잡은 기존 회사를 더 선호하기 때문이다. 고객들은 당신이 다니던 회사가 대기업이라서 '큰 조직이 당신의 뒤를 떠받치고 있다'고 믿는다. 비록 당신이 기존 회사에서 일할 때 그 업무를 담당하던 유일한 사람이었다 해도 말이다. 아마도 그들은 유명한 서비스 제공업체나 비즈니스 파트너와 일할 때 얻을 수 있는 혜택을 좋아하는지도 모른다. 어쩌면 대기업이 제공하는 몇 가지 특전들(NBA 게임이나 골프 토너먼트에 초대받는다든지, 혹은 휴가 기간에 커다란 과일 바구니를 받는

다든지 등)을 즐기거나, 아니면 얼마나 많은 소규모 신생 사업들이 매년 실패하고 마는지를 너무나 잘 알고 있거나, '초보자'가 자신들에게 공급하거나 서비스하는 리스크를 원하지 않기 때문일 수도 있다.

내 남편은 우리가 함께 만들었던 자문 회사를 그만두고 대형 투자은행으로 돌아갔는데, 명함이 달라지자 힘도 달라진다는 점에 크게 놀랐다. 우리 회사의 이름으로 잠재 고객들에게 전화를 걸었을 때는 회신이 늦게 왔지만, 투자은행으로 옮기고 나서는 동일한 고객들이 남편에게 더 빨리 회신했던 것이다. 그 고객들은 더 많은 미팅을 잡았고 더 신속하게 계약서에 사인했다. 왜 그랬을까? 남편의 전문성은 투자은행으로 복귀했다고 해서 달라지지 않았다. 솔직히 남편은 달라진 것이 하나도 없었다. 하지만 남편의 뒤를 '대기업'이 받쳐주고 있다는 걸 인식했는지는 몰라도 고객들은 이전과는 분명히 다르게 행동했다.

> 명함이 바뀌면 믿었던 거래처도 등을 돌리는 세상이다. 고객은 당신이 아니라 당신 뒤의 회사를 믿는 것이다. 현실을 직시하라.

이유가 무엇이든 간에 현재 당신과 최고의 관계를 맺고 있는 소비자나 고객조차 당신이 새로운 회사를 차린다고 해서 따라올 가능성은 별로 없다. 또한 당신이 탁월한 수준으로 필요한 상품이나 서비스를 제공한다고 해도 오늘날 기업들이 직면하는 경쟁적인 시장 상황에서는 특히 돈을 내는(그리고 정기적으로 제때 돈을 내는) 신규고객이나 소비자를 찾는 것이 매우 어렵다. 잠재 소비자나 고객이 새롭고 작은 규모의 회사와 기꺼이 거래하려 한다면 그 이유는 대부분 그들의 상황이 매우 절박하기 때문이다. 어느 사업가는 이런 현상을 일컬어 "새로운 회사는 절박한 사람들에게 있어 최고의 친구다."라고 말하며

당신은 사업가입니까

그 특징을 언급한 적이 있다. 불행히도 그렇게 절박한 사람들은 당신이 원하는 고객이 아니다. 만약 그 고객들이 지불을 하지 않거나 지불을 연체한다면 그들을 찾아내야 하는 사람은 누구인지 떠올려보라 (그건 바로 당신이다). 당신에게 돈을 지불하는 소비자나 고객이 없다면 당신의 사업은 사업이 아니다.

소비자나 고객이 당신의 새로운 사업을 따라오게끔 계획하는 것은 당신에게 주어진 가장 큰 도전 과제다. 그런데 이 과제는 당신의 고용계약에 반하는 것일지도 모른다. 직장에 첫 출근하던 날 서명했던 문서를 기억하는가? 당신은 아마 절반도 읽지 않고 폴더에 보관하고 있겠지만, 그 문서를 확인해야 한다. 왜냐하면 그 안에는 특정 기간 동안(6개월, 2년, 5년 등) 고객을 빼내가지 못하게 하거나 겸업을 금지하는 조항이 있을지 모르기 때문이다. 만약 그런 조항이 적혀 있다면, 당신은 회사의 기존 고객에게 전화하거나 서비스를 제공할 수 없다. 어떤 경우에는 당신이 회사의 잠재 고객들에게 절대로 전화할 수 없게 하거나 당신이 가진 어떤 연락처도 사용하지 못하게 함으로써 당신이 경쟁사를 설립하지 못하게 제한을 두기도 한다. 이러면 당신은 법적으로 경쟁사를 설립할 수 없고, 설령 설립한다 해도 최고의 잠재 고객에게 접근하는 것은 절대 불가능해진다.

당신이 잃는 것은 오직 고객의 신용, 영향력, 연락처뿐이 아니다. 벤더와 공급업체도 마찬가지다. 기존 회사에서 당신은 벤더와 거래하던 핵심 인물이었을지 모르지만, 그때 당신은 기존 회사를 대표하는 담당자로서 일하는 것이었다. 벤더는 당신과의 관계만큼이나 회사와도 관계가 있다. 벤더는 기존 회사가 자신들에게 제때 대금을 결제할 수 있다는 것(수년간 계속 그렇게 해왔기 때문이다)을 알고 있고, 그래서 기존 회사와의 신용 한도가 크게 확대되는 것을 기쁘게 받아들인다. 벤더는 당신을 개인적으로 잘 알고 있지만 당신이 세운 새 회사의 재정 상태에 대해서는 아는 바가 없다. 이는 당신이 큰 신용 한도를 얻을 수 없어서 상품이나 물품을 받으면 대금을 곧바로 혹은 선불로 지불해야 한다는 것을 의미한다. 이 때문에 당신의 현금흐름은 압박을 받게 된다.

또한 기존 회사는 규모가 크기 때문에 각 벤더에게 아이템을 대량 주문할 수 있는 구매 역량의 강점을 활용해서 가격을 할인받을 수 있는 반면, 당신의 새 회사는 구매 역량이 모자라기 때문에 제값을 다 지불해야 한다. 규모가 작은 회사라는 것은 당신과 당신의 회사가 더는 최우선 대상이 아니라는 것을 의미한다. 당신을 담당하는 벤더의 영업사원은 당신의 전화를 서둘러 받지 않고, 당신이 위기를 빠져나오도록 돕지 않으며, 당신에게 잠깐의 애정 표현도 결코 하지 않는다. 자, 현실을 직시하자. 당신이 중요한 고객일수록 벤더와 공급업체들은 당신에게 더 알랑거리고 아첨한다. 당신의 회사가 작으니 그들은 당신에게 큰 혜택을 베풀고 있는 듯 거드름을 피우겠지만, 그 혜택은 당신이 기존 회사에서 그들과 거래할 때는 혜택이라고 말할 수도 없던 것들이었다.

잠깐, 당신에겐 기술지원팀이 없잖아!

■　　　　당신이 기존 회사에서 일할 때는 문제를 대신 해결해주는 직원들이 있었을 것이다(작은 회사의 경우에는 아웃소싱한다).

당신은 컴퓨터가 말을 안 들으면 기술지원팀에게 전화하고, 복사기가 고장 나면 복사기 서비스 직원을 부르며, 수상한 사람이 사무실 안으로 들어오려 하면 경비를 부른다.

자, 수수께끼를 내볼 테니 맞혀보라. 당신이 사업을 시작하여 무언가 문제가 생기면 누가 책임을 져야 한다고 생각하는가? 맞다. 바로 당신이다! 컴퓨터가 먹통이 되면 당신이 직접 문제를 해결해야 한다. 당신이 IT 전문가라면 별로 어려운 일이 아니겠지만, 그렇지 않다면 골치가 아파올 것이고 일할 시간을 뺏기고 만다. 당신에게는 기술적인 문제를 해결해줄 직원이 없다. 당신은 누구에게 전화해야 할지조차 모른다. 차에 컴퓨터를 싣고 가장 가까운 베스트 바이Best Buy 매장으로 달려가 직원에게 컴퓨터를 맡긴 다음, 제발 수리 시간이 오래 걸리지 않기만을 바란다. 컴퓨터를 수리해야 한다면 수리를 기다리는 동안 당신이 사용할 다른 컴퓨터가 사무실 어디에도 없거나, 있다고 해도 필요한 정보는 그 컴퓨터에 담겨 있지 않으니 일을 할 수가 없다. 컴퓨터를 찾아오기 전까지 당신은 업무 계획을 다시 짜야 하는데, 수리 기간은 하루 이틀 이상 걸릴 수도 있다. 이렇게 사업을 위해 써야 할 귀중한 시간을 빼앗겼으니 당신은 더 일해야 한다는 업무 부담과 스트레스를 받는다.

만약 당신이 사무실이나 매장 앞 업무 공간처럼 사업을 위한 물리적 공간을 갖고 있는데, 운이 좋다면 당신의 임대주는 저녁에 사무실을 청소해주는 직원을 고용하고 있을 것이다. 물론 임대주가 청소 용역 직원을 제공한다는 것은 당신이 임대료의 일부로 그 비용을 부담한다는 것을 의미한다. 만약 임대주가 그런 서비스를 제공하지 않거나 자신만의 공용 공간만을 청소한다면, 이제 누가 사무실을 청소해야 하는지 맞혀보라. 맞다. 바로 당신이다(또!). 당신은 청소 용역 서비스를 이용(당연히 돈이 든다)하거나, 직원들 중 한 명에게 청소를 맡길 수 있다. 직원이 당신 혼자뿐이라면 직접 시간을 내서 진공청소기와 먼지떨이를 들고 사무실을 청소할 수밖에 없다. 이것은 절대로 당신이 아메리칸 드림으로 꿈꾸던 그림이 아닐 것이다. 그렇지 않은가?

기존 회사에 근무할 때 당신이 쓸 수 있는 자원들은 아주 많았다. 그러나 사업을 시작하면 그 자원들을 모두 잃는다. 당신은 필요한 자원들을 직접 파악하고 관리해야 하며 고장이라도 나면 그게 무엇이든 직접 고쳐야 한다.

복리후생: 당신 주머니에서 나와야 하는 돈

■ 급여와 보너스를 받을 수 있다는 것 외에도 직장을 다니고 있는 사람들이 중요하게 고려해야 하는 것 중 한 가지는 직원들에게 주어지는 복리후생 프로그램이다. 회사별, 업종별, 포지션별로 다르긴 하지만 대부분의 회사들은 복리후생 프로그램을 운영하고 있다. 그래서 새로운 회사에 지원하는 사람들은 현금으로 받는 급여에 복리후생 프로그램을 합쳐서 해당 직무의 전체 가치를 평가하곤 한다.

사업을 시작하면 복리후생에 쓰이는 대부분의 돈은 당신의 주머니에서 직접 지출된다. 따라서 당신이 누리는 복리후생 혜택은 소득에 더해지는 것이 아니라 소득에서 차감되는 것이다.

이제 고려해야 할 몇 가지 복리후생 혜택에 대해 이야기하겠다.

건강보험

당신이 개인 사업자나 작은 업체의 소유주로서 건강보험에 가입하기 위해 애써본 적이 있다면 "빌어먹을!"이란 말이 저절로 나왔을 것이다. 혜택은 매우 적은데 신청 과정은 정말이지 고통스럽다. 많은 유명인들은 건강보험 가입이 흔히들 말하는 것만큼 어렵지는 않다고 주장하는데, 내 생각에 그들은 아마도 매우 깨끗한 건강 기록을 갖고 있을 것 같다. 내 개인적 경험(그리고 여러 소기업 소유주들의 경험)에 비춰볼 때, 당신에게 아주 사소한 '건강상의 이슈'만 있어도 보험 회사는 많은 보험료를 부담시키거나 보험의 적용 범위를 제한할 이유를 찾아낼 것이기 때문이다.

많은 기업들이 직원들에게 복리후생으로 건강보험 혜택을 제공한다. 대부분의 경우, 당신이 다니던 회사에서 제공받은 건강보험 상품의 혜택은 당신이 신규업체의 소유주로서 줄 수 있는 것보다 더 크다. 기존 회사는 훨씬 많은 직원을 보유하고 있어서 보험 상품을 구매하거나 협상할 때 가격을 많이 할인받을 수 있고 그에 따라 직원들은 상대적으로 적은 보험료를 낸다. 그래서 직원으로 일할 때 납부하는 건강보험료는 당신이 혼자 가입할 때 내는 보험료보다 더 낮다. 또한 건강보험은 당신의 배우자와 자녀에게도 적용된다. 대개의 경우에는 대기업이 가진 협상력 덕분에 가족보험의 혜택 역시 아주 탁월한 수준이다. 그리고 당신이 대기업에 다닐 때의 가장 좋은 점은 건강 기록에 대한 요구사항이 당신이 소기업 소유주로 가입할 때보다 덜 까다롭다는 것이다(즉, 그들은 아주 작은 건강상의 문제로 부적합 판정을 내리거나 보험료율을 올리지는 않는다).

휴가

유급휴가는 고용주가 직원에게 제공하는 훌륭한 혜택이다. 고용주는 별도의 비용 부담 없이 제공할 수 있는 혜택이고, 직원들은 자유시간을 누릴 수 있어서 좋으니 고용주와 직원 모두에게 환상적인 거래인 셈이다. 심지어 급여를 빨리 인상해주지 않는 회사에 잠시 고용되어 있는 경우라 해도 당신은 더 많은 휴가를 회사에 요구할 수 있다.

하지만 사업을 한다면 유급휴가 같은 것은 없다. 특히 사업 초기에는 더 그렇다. 개인 회사(혼자서 일하는 경우)라 해도 휴가를 가겠다는 생각은 터무니없게 여겨진다. 당신은 할 일이 너무 많아서 해변에서 1주일의 휴가조차 즐길 시간적 여유가 없다. 그럼에도 당신이 휴가 계획을 세운다면 그 휴가는 '무급'이다. 당신을 제외하면 사업을 운영할 사람이 아무도 없기 때문에 휴가 중에는 비용이 발생한다. 사업을 개시했으나 운영 단계까지 올라가지 못했다면 사실상 돈을 벌고 있는 것이 아니기 때문에 휴가 비용은 당신의 주머니에서 직접 충당해야 한다.

따라서 고용된 직원에게는 휴가가 혜택에 해당되지만, 사업가에게는 비용(동시에 몽상)일 뿐이다.

그 밖의 특별한 혜택들

많은 고용주들은 직원들에게 특수한 것부터 기본적인 것에 이르기까지 여러 혜택을 제공한다. 일부 회사들은 직원들에게 회사 내 탁아시설을 제공하는 것부터 시작하여 구두 닦기 서비스나 세탁물 서비스에 이르기까지 특별한 인센티브를 제공하기 위해 온갖 노력을 다한다. 또 어떤 회사는 좀 더 간소화된 혜택을 제공하는데, 매달 직원들에게 생일 케이크를 보내거나 매달 세 번째 금요일 오전에는 베이글을 제공하는 것이 그 예다. 또한 여름에는 바비큐 파티를 열거나 직원들에게 출장 마사지 서비스를 제공하는 등 직원들의 사기를 높이기 위해 다양한 혜택을 제공한다.

사업을 시작하면 당신은 이러한 혜택들을 시행하거나 그에 따른 비용을 지출할 수 없다. 직원들을 고용 중이라면 당신이 그들에게 제공하는 모든 혜택은 당신에게 있어 그저 비용일 뿐이다(내 예전 동료가 마트에서 덕용 포장된 값싼 커피를 마셨던 것을 기억하라). 또한 당신이 제공하는 혜택은 당신의 시간을 투자해야만 가능한 것들이다. 크리스마스 파티를 열 계획이라면 당신의 돈만 지출되는 것이 아니라 직접 파티를 계획하기 위한 시간도 소요된다. 당신이 제공했던 드라이클리닝 출장 서비스가 엉망이 되어버리면 어떻게 문제를 해결할 것인지도 직접 파악해야 한다. 사업의 리스크와 보상을 평가할 때 가장 기본적인 혜택의 가치를 계산에 넣어야 한다는 점을 명심하라.

다른 사람과 함께 일한다는 혜택

■   직장에 다니는 사람들은 공감하겠지만, 회사를 나가줬으면 좋겠다 싶은 동료들은 항상 주위에 있다. 당신은 목소리가 크고 참견하기 좋아하는 불쾌한 동료와 일해본 적이 있을 것이고, 게으르거나 구제불능의 멍청이 짓을 하는 사람과도 일한 적이 있을 것이다. 그런 동료들과 함께 일하는 것은 매우 짜증나고 피곤하지만, 그래도 여러 동료와 함께 일함으로써 얻을 수 있는 혜택은 아주 크다.

매트는 대형 컨설팅 회사에서 일하던 컨설턴트였다. 그는 쳇바퀴 도는 듯한 직장생활에 염증을 느껴 프리랜서 컨설턴트가 되겠다며 회사를 나왔지만, 2년 만에 또 다른 대형 컨설팅사로 돌아갔다. 그가 다시 돌아간 데는 여러 이유가 있었지만, 그중 한 가지는 내게 인상적이었다. 그는 이렇게 말했다.

"가장 큰 문제 중 하나는 전문가들과 떨어져 있어서 외롭다는 것이었어요. 제가 항상 동료들과 의견이 같았던 것은 아니었고 그들의 제안이 때로는 바보스럽기도 했지만, 그들은 제게 실제로 많은 것을 제공했죠. 예전에는 그걸 당연하게 여겼어요. 다른 사람과 함께 일하는 것은 제가 전문가로 성장하는 데 도움이 된다고 생각해요. 동료들은 문제 해결을 도와주고, 프로젝트에 대해 다른 관점을 제시했죠. 새로운 인맥을 쌓을 기회도 만들어주었고요. 저는 이미 많은 사람을 알고 있지만 동료들과 같이 있으면 훨씬 더 많은 사람을 만날 수 있죠. 동료들은 전문적인 의견과 자원, 그리고 여러 기회를 제게 주었는데, 제가 혼자 일할 때는 누릴 수 없는 것들이었어요. 동료가 있다는 것은 무엇을 해야 하고 무엇을 하지 말아야 하는지 함께 바라볼 수 있는 기회를 주죠. 저는 동료들이 고객과 함께 일하는 모습을 지켜보면서 가치 있는 교훈을 배울 수 있었습니다."

매트의 이야기에서 알 수 있듯이, 동료들과 함께 일한다는 것은 당신에게 지속적인 학습 기회가 되고 당신이 전문적으로 성장하는 데 도움을 준다. 게다가 다른 사람과의 상호 작용은 당신의 마인드를 항상 깨어 있게 하고 외로운 감정을 느끼지 않게 만들기 때문에 정신건강에도 확실히 이득이 된다.

책임 전가와 비난

■   근로자들이 직장에서 누리는 무형의 편익은 '동료'라는 안전망이다. 앞서 나는 동료가 있다는 것이 당신의 성장에 도움이 된다고 말했다. 또한 동료는 다른 측면으로도 당신에게 도움을 준다. 우리는 가능한 한 적게 일하기를 원하고 자신이 한 일에 대한 책임은 좋아하지 않는 사회에 살고 있다. 적게 일하고 적게 책임지는 것, 이것은 동료들과 회사에서 함께 일할 때는 쉽지만, 당신이 사업을 시작하면 거의 불가능해진다.

자, 누구나 좋아하는 게임을 하나 해보자. 내가 '책임 전가'Pass the Buck'라고 부르는 게임인데, 방식은 다음과 같다. 당신은 하고 싶지 않거나 책임지고 싶지 않은 일을 맡는다. 그 다음 그 일을 동료나 비서, 부하 직원 등 다른 누군가에게 떠넘긴다. 책임이 당신에게 남지만 않는다면 일을 떠넘겨도 전혀 문제될 것이 없다. 간단하다. 이게 전부다. 가령 당신이 회사의 월간 뉴스레터를 쓰고 싶지 않다고 해보자. '책임 전가' 게임에서 당신은 상사

> 적게 일하고 적게 책임지는 것, 이는 동료라는 안정망이 우리에게 주었던 무형의 편익이다. 이제 당신은 모든 책임이 당신에게로 향하는 세상에 발을 들이고 있는 것이다.

에게 프로젝트 때문에 눈코 뜰 새 없이 바쁘다고 둘러대며 동료인 지미가 대신 그 일을 자원해서 맡을 것이라고 말한다. 만약 당신이 회사의 외부 이벤트를 기획하는 일이 싫다면 당신은 곧바로 그 일을 비서에게 맡긴다. 혹은 성가신 고객이 시내에서 공항까지 차를 태워달라고 요청하는데 그 일을 하고 싶지 않다면, 당신은 그날 당신의 애완동물을 수의사에게 데려가야 한다는 핑계를 대며 그다지 바빠 보이지

않는 팀원인 수지에게 그 일을 떠넘긴다.

'책임 전가'는 실제로 많은 사람들이 자주 애용한다. 이 게임은 보통 소소한 일에 잘 먹히지만 때로는 아주 큰일에 효과를 발휘하는 경우도 있다. 조직이 클수록 사람들은 책임을 더 자주 전가하고, 책임은 더 자주 옮겨 다닌다! 당신이 책임 전가에 능하다면 상사는 전혀 눈치 채지 못하기 때문에 당신은 업무 평가나 보너스 산정 시 전혀 불이익을 받지 않을 것이고, 책임 전가에 미숙하다면 떠넘겼던 그 일은 다시 되돌아와 당신을 곤경에 빠뜨릴 것이다. 당신이 전혀 책임 전가를 하지 못한다면 어떻게 될까? 당신은 남들에게 책임을 전가하는 경우보다 남들로부터 책임을 전가받는 경우가 더 많을지 모른다. 하지만 그렇다 해도 회사 다닐 때는 동료가 여럿 있으니 최소한 한 번 이상은 다른 이들에게 하기 싫은 일을 떠넘길 수 있는 기회가 있다.

그러나 사업을 하게 되면 누군가에게 책임을 전가할 수 없고, 설사한다 하더라도 결국 궁극적인 책임은 당신에게 있다. 당신의 직원들 중 어느 누구도 떠넘겨진 그 일을 하고 싶어 하지 않는다면, 혹은 당신에게 직원이 한 명도 없다면 책임 전가는 거의 불가능하다. 하기 싫더라도 당신이 그 일을 맡아야 한다. 그 일이 마무리되지 않는다면 당신은 모든 사람들이 두 번째로 좋아하는 게임인 '비난 게임The Blame Game'을 즐길 수도 없다.

'비난 게임'은 속된 말로 '누군가를 버스 아래로 던져버리는 것'이라고 표현할 수 있다. 이 게임은 사람들이 직장에서 자주 즐겨하는 또 다른 것으로, 보통 책임 전가 후에 시작된다.

어떤 일이 제대로 마무리되지 않았거나 결과가 재앙으로 끝났을 때, 그것 때문에 비난받고 싶지 않다면 당신은 즉시 모든 책임을 다른 사람에게 모두 떠넘김으로써 위기에서 탈출하려 할 것이다. 당신은 그를 손가락으로 가리키며 '모두 그의 잘못'이라고 선언한다. 이것이 '비난 게임'의 방식이다. 당신이 쓰고 싶지 않았던 뉴스레터가 17일이나 지연되고 있는 데다 수없이 많은 오타가 발견되었다면 당신은 비난의 화살을 지미에게 돌리면 그만이다. 그 일은 지미의 프로젝트였고 당신은 다른 일로 바빴으니까. 회사의 외부 이벤트가 휴대폰 수신이 안 되는 최악의 장소에서 진행되고 제공된 점심식사 때문에 동료들 중 절반이 식중독에 걸렸다고 해도 전혀 걱정할 일이 아니다. 당신은 그 일을 맡은 비서를 버스 밑으로 던져버리면 그만이다. 그녀가 모든 행사 계획을 수립했으니 모두 그녀의 잘못인 것이다. 자신을 두 시간이나 늦게 픽업하는 바람에 화가 난 고객이 당신 회사와의 거래를 끊었다고 해도 역시 당신 잘못은 아니다. 수지가 그 일을 하기로 동의했었으니까. '비난 게임'은 이런 식으로 진행된다.

'책임 전가' 게임과 '비난 게임'에 능숙하다면 당신은 동료를 비난하면서 모든 책임을 피해갈 수 있다. 당신은 무슨 일이 잘못되든 간에 전혀 책임을 느끼지 않는다. 항상 동료들이 대신 비난받으며 완충 역할을 해주기 때문에 당신에겐 비난을 받을 이유가 없는 것이다.

그러나 사업을 한다면 당신은 비난 게임을 하고 싶어도 하지 못한다. 설령 누군가 잘못을 저질러 어떤 일이 제대로 마무리되지 않거나 잘못 처리된다 해도 그것은 당신의 문제다. 직원들을 비난할 수는 있지만 문제의 모든 영향은 당신에게 떨어진다. 당신은 당신의 사업이기에 궁극적인 부담을 견뎌내야 한다. 그렇게 하지 않으면 사업에 걸려 있는 당신의 돈과 명성이 모두 위태로워지기 때문이다. 어떤 일들이 정말 좋지 않게 흘러간다면, 당신은 소위 '퇴출'이라는 끔찍한 송별 선물을 손에 들고 집으로 돌아갈지도 모른다.

이 장에서 나는 약간 조롱하는 투로 이야기를 이어가고 있지만, 늘 그렇듯 농담 뒤에는 엄연한 현실이 있다. 당신이 책임을 회피하거나 다른 이들을 자주 비난하는 사람이라면, 혹은 자청하여 모든 책임을 맡기보다 다른 사람들과 책임을 나누어 갖는 것을 더 편안해하는 사람이라면 사업가로 가는 길은 매우 힘들고 불편해질 것이다. 사업을 한다면 스스로 모든 책임을 짊어질 매우 넓은 어깨를 가지고 있어야 한다. 당신은 자신에게 정직해야 한다. 모든 일에 대한 책임감과 일이 잘못될 때 발생할 모든 비난을 기꺼이 당신 혼자 견뎌내지 않으려 한다면, 당신은 지금 다니고 있는 직장을 절대로 그만두면 안 된다.

연못 관리도 당신 책임이다

■   공급업체의 물품부터 신용이나 복리후생에 이르기까지, 당신은 지금 다니고 있는 직장에서 눈에 잘 보이지 않는 유형 및 무형의 혜택을 수없이 많이 제공받고 있다. 직장을 그만두고 자신만의 사업을 시작하면 큰 연못의 작은 물고기 신세를 벗어나 작은 연못의 큰 물고기가 될 수 있다고 생각할지 모르겠다. 하지만 현실은 그렇지 않다. 당신은 지금보다 더 큰 연못에서 더 작은 물고기가 되고 만다. 게다가 연못 관리라는 책임도 추가로 떠맡아야 한다. 사업이라는 기회를 선택할 때면 직업을 그만둘 경우 잃게 되는 재무적 비용, 감정적 비용, 기회비용을 모두 계산에 넣어 확실히 평가하기 바란다.

정성적 리스크 규명하기

1. 다음 리스트를 작성하라.
   - 당신이 직장에서 누리는 모든 복리후생(현재 직장이 없다면 장차 적용받게 될 복리후생)을 적어보자. 그것이 작든 크든 당신이 생각할 수 있는 모든 복리후생을 포함시켜라.
   - 동료들과 함께 있을 때의 모든 장점

2. 위의 질문으로 다시 돌아가 당신이 직장을 그만두고 사업을 시작할 경우 당신이 포기해야 하거나 심각하게 조정해야 할 항목이 있다면 동그라미 표시를 하라.

동그라미로 표시된 항목들은 사업을 시작할 때 감수해야 할 정성적 리스크에 해당한다. 리스트에 있는 항목들을 사업가 방정식의 '리스크 및 이슈'에 포함시켜서 사업의 전반적인 리스크와 보상을 평가하라.

27

불한당 같은 직원들

    당신이 사업가가 될지 말지 고민할 때 직면하는 가장 큰 도전은 바로 직원이라는 난해한 수수께끼다. 앞서 논의했던 것처럼, 당신이 지금 어떤 상황인지 그리고 직장을 다닐 것이냐 사업을 할 것이냐를 결정하는 데는 직원들이 도움을 준다. 직원을 고용하지 않고 1인 기업으로 혼자 일한다면, 실제적인 자본을 창출하는 것이 아니라 그저 하나의 직업을 만드는 것이다(달리 말하면 '잡-비즈니스'다). 또한 이미 이 책에서 제시한 여러 이유에 따르면, 리스크와 보상 차원에서 볼 때 사업하는 것보다는 다른 이의 회사에서 직원으로 일하는 편이 훨씬 낫다.

    따라서 당신이 사업을 크게 벌일 생각이라면, 즉 가치 있는 일정 수준의 자본을 창출할 정도로 크게 성장시킬 생각이라면, 당신은 이

목적을 달성하기 위해 몇 명의 직원을 고용해야 한다. 사실, 함께 일하는 직원이 한 명도 없다면 당신은 머지않아 미쳐버릴지도 모른다. 당신도 사람이기에 때로는 독감에 걸릴 수도 있고 휴가를 갈 수도 있다. 당신이 설령 하루 24시간, 주 7일을 일한다고 하더라도, 혼자서 모든 것을 할 수는 없다. 직원 고용은 필수적이지만, 여러 측면에서 필요악이기도 하다.

직원 채용 시 유의할 점

■   첫 직원을 고용하면 모든 것이 바뀐다. 여기서 내가 말하려는 것은 당신이 소변을 볼 때 이제는 화장실 문을 열어둘 수 없다는 의미가 아니다. 한 명이라도 직원을 고용하기로 결심한 순간부터 당신이 처리해야 할 문서 작업과 법률적인 골칫거리는 수백 개가 늘어난다. 이런 일을 전에 겪어보지 않았다면 이제 당신이 어떤 일을 경험할지 알려주겠다(과거에 그런 경험을 했다면 아래 내용을 읽으면서 즐겁게 추억을 떠올려보기 바란다). 먼저 당신은 지원자를 찾기 위해 돈을 써서 직접 채용 광고를 내거나 채용업체의 도움을 받아야 한다. 그런 다음, 채용하고 싶은 후보자들을 지원자들 사이에서 골라낸 후에 인터뷰를 진행해야 한다. 인터뷰 시에 질문하지 말아야 할 것에 관한 가이드라인이 있다는 사실을 아는가? 당신이 가이드라인을 어기면 그것은 법을 위반하는 것이다. 만약 파란색으로 머리를 염색한 할머니가 나이가 너무 많아 당신의 스케이트 보딩 회사에서 일하기 어렵다고 판단한다면, 당신은 그 할머니를 채용할 수 없다는 다른 구실을 찾는 편이 낫다. 채용 과정에서의 차별은 엄격히 금지되어 있기

때문이다. 나이, 인종, 성별 등의 이유로 지원자를 차별하면 당신은 소송을 당할 수도 있다. 만약 당신이 기존 회사에서 일하고 있다면 인사 부서는 차별 금지에 관한 모든 규칙과 가이드라인을 잘 숙지하고 있겠지만, 당신은 이제 혼자 일하기 때문에 규칙과 가이드라인을 숙지하고 준수하는 것도 모두 당신의 임무다.

인터뷰를 진행하는 동안, 당신은 가능한 한 최소의 급여로 가장 우수한 자질을 갖춘 사람을 찾으려 애쓴다. 또 적당한 경험을 갖춘 지원자가 해당 포지션에 배정한 인건비 예산 범위에서 자신의 급여를 수용하기를 원한다. 사실 급여를 지급하는 것은 급여를 받는 것만큼 즐거운 일이 아니다. 낮은 급여를 받아들이는 사람은 대부분이 자질이 부족하다. 자질이 부족한데 높은 급여를 요구하면 협상은 깨져버린다. 원하는 자질을 갖춘 지원자는 자신의 가치에 상응하는 급여를 요구하는데, 그렇게 되면 당신의 주머니에서 더 많은 돈이 지출될 수밖에 없다.

따라서 당신은 우선순위를 정해야 한다. 예산과 그에 따른 이득이 중요한가, 아니면 더 자질 있는 직원을 채용하는 것이 중요한가? 만일 자신의 가치를 잘 알지 못하는(그래서 중간 수준의 급여를 수용하는) 훌륭한 사람을 채용하게 되더라도 너무 흥분하지는 마라. 차차 자신의 가치를 깨닫게 된 그 직원은 회사에 남는 조건으로 더 많은 돈을 요구할 테니까.

지원자가 어떤 사람인지 잘 모르겠다면 그 사람의 신원에 대해 몇 가지 조사를 해야 한다. 분명 당신은 성범죄자가 아이들을 상대하거나, 공금 횡령범이 현금등록기를 관리하거나, 살인범이 고객들을 상대하는 것(만일 그렇다면 고객들이 얼마나 엄청난 불만을 터뜨릴지 상상해 보라)은 원하지 않을 것이다. 돈과 시간이 많이 들어가긴 하지만 신원 조사는 꼭 할 것을 권장한다. 또한 많은 회사들은 지원자의 신용도 조회한다. 재정적으로 궁핍한 생활을 하는 사람들이 직장에서 동료의 물건을 훔치는 일과 같은 불미스러운 사례는 계속 늘어나고 있다. 절실하지만 궁핍하지는 않은 직원을 찾기 바란다.

물론 당신은 지원자의 전문성과 인성에 대한 '평판' 조회도 원한다. 평판 조회는 신원 조회보다 훨씬 긴 시간이 걸리지만, 당신이 직원에게 모든 것을 믿고 맡기고자 한다면 반드시 해야 한다. 또한 약물 테스트도 해보길 원할 것이다. 약물 테스트는 일회성일 수도 있고 정기적으로 실시할 수도 있다. 특히 채용하려는 직무의 성격상 직원이 약물을 사용할 경우 다른 사람에게 해를 끼칠 수 있다면 정기적인 약물 테스트가 필요하다(예를 들어 배송 트럭을 운전하는 직원이 약물로 인해 사고를 냈다면 최종 책임은 당신에게 있다).

만약 채용하려는 직무에 당신이 전에 알고 지내던 사람들(친구나 지인, 혹은 가족)이 관심을 나타낸다면 채용 후에 발생할 여러 가지 문제도 생각해야 한다. 개인적인 관계가 있던 사람들과 함께 일하는 것은 매우 어렵다. 그 사람을 잘 알고 있고 어느 정도 신뢰가 쌓여 있다는 장점은 있지만, 다른 측면에서 보면 이전까지 당신과 그 사람 간에 이루어진 관계와 소통의 방식이 '고용과 피고용'이라는 새로운 관계가 자리 잡는 데는 걸림돌로 작용할 수도 있다. 당신을 상사보다 동료로 바라보는 것에 익숙한 그에게는 당신을 상사로 인식하고 지시에 따르는 일이 그리 쉽지 않다. 또한 그가 당신보다 나이가 많거나 개인적인 멘토의 역할을 하는 등 사적 상황에서 당신보다 권위를 갖는 사람이라면 문제는 더 악화된다.

친구나 가족이 당신과 대부분의 시간에 재미있는 농담을 나누며 지내는 관계에 익숙하다면 또 다른 문제가 발생한다. 당신의 사업은 농담거리가 아니기 때문이다. 위험을 무릅쓰고 많은 시간과 많은 돈을 사업에 투자한 경우에는 더 그렇다!

좋은 사람이 항상 좋은 직원이 되는 것은 아니다. 나는 그동안 친구나 지인과 함께 일하는 사람들이 겪었던 악몽에 대해 수없이 많은 이야기를 들어왔다. 어떤 사람이 멋있고 재미있으며 당신과 특별한 관계에 있다고 해서 특정 직무에 적합한 자질을 갖고 있다는 뜻은 아니다. 나는 내 회사에서 일하는 것이 안성맞춤이라고 생각하여 친구 한 명을 채용한 적이 있었지만 그는 그 자리에 적합한 사람이 아니었다. 마치 새끼 고양이처럼 정신 사납게 온 사방을 뛰어다녀서 나는 그에게 무엇에 집중해야 하는지 계속 알려줘야 했다. 그는 사업이 아닌 인생에 대해 노닥거리고 싶어 했다. 하지만 그 사업은 내 삶을 투자한 것이었기에 결국 우리는 갈라섰다.

같은 직원이라 하더라도 사장이 돼서 보는 직원은 전혀 별개의 사람으로 보이기 마련이다. 이제 당신의 직원들은 당신에게 3D 영화보다 드라마틱한 악몽들을 선사할 것이다.

개인적으로 중요한 관계를 유지함과 동시에 사업까지 같이 하는 것은 쉽지 않다. 그래서 '사업은 사업이다.'라는 격언이 나왔을 것이다. 당신이 친구, 사촌, 배우자, 형제자매를 해고하고 나서 그들을 위한 깜짝 생일 파티나 가족 만찬에 참석하는 상황을 상상해보라. 그러니 당신이 결단을 내리기 전까지 충분히 오랫동안 이 문제를 검토해보라.

초기에 불편한 대화를 나누는 것(즉, 우정, 관계, 성생활 등을 해치고 싶지 않다고 말하는 것)이 채용 후에 일이 잘 안 돌아갈 때 발생하는 문제를 견디는 것보다 훨씬 쉽다.

채용 절차와 각종 문서 작업

■   자, 다시 채용 절차로 돌아가자. 채용 인터뷰가 진행되는 동안 당신은 직원을 위한 공간을 마련해야 한다. 유통 매장의 경우라면 공간을 만드는 일은 어려운 일이 아니지만, 사무실 환경이라면 훨씬 어렵다. 어느 경우든 공간을 만든 후에는 그 작업 공간에서 직원이 일하는 데 필요한 사무용품이나 물건들(즉 책상, 휴지통, 의자, 컴퓨터, 연필통, 서류 캐비닛, 유니폼, 청소용품, 운반용 카트, 화장용품 등)을 갖다놓아야 한다.

드디어 당신이 설정한 급여에 동의하는 후보자를 찾아냈다. 좋았어! 이때 그는 당신에게 복리후생 혜택에 대해 질문한다. 아뿔싸! 복리후생을 까맣게 잊고 있었다니! 복리후생 프로그램을 운영하지 않는 몇몇 회사도 있겠지만, 당신은 채용 시의 경쟁력을 위해 지원자들이 입사를 희망하는 기업이 어디인지 파악하여 그 회사에서 제공하는 복리후생 제도에 필적한 만한 혜택을 제시해야 한다. 이는 당신의 회사도 401(k) 프로그램(미국의 퇴직연금제도 – 옮긴이)을 갖추거나 확대해야 함을 의미한다. 당신은 크리스마스 파티를 복리후생 프로그램의 하나로 염두에 두고 있을지 모른다. 어떤 복리후생 프로그램이든지 그것의 운영을 위해서는 문서 작업에 많은 시간을 써야 하고 더 많은 돈을 지출해야 한다. 사실 세금과 복리후생에 따른 비용은 당신이 직원 급여로 지출하는 비용의 20~30%(당신의 재무 상태와 복리후생 프로그램에 따라 다르다)에 달한다. 직원에게 3만 달러의 연봉을 주기로 했다면, 거기에 복리후생과 세금을 더해 실제로는 연간 3만 9,000달러가 지출된다.

직원을 고용한 까닭에 해야 할 문서 작업은 계속 늘어난다. 개인적으로 나를 가장 괴롭히는 문서 작업은 바로 급여와 세금에 관련된 것들이다. 1인 기업이라면 매년 4월 개인 소득세 신고를 할 때 '스케줄 C^{Schedule C}'라는 양식지를 작성하면 그만이다. 하지만 직원을 고용하면 갑자기 문서 작업의 양이 늘어난다. 사소한 양식에서부터 분기별 급여 파일에 이르는 모든 종류의 문서를 작성하고 관리해야 하는 것이다. 직원들의 급여에서 일정 세금을(그리고 복리후생비를) 공제하는 일도 당신의 업무다. 이런 일들은 시간을 소모시킬 뿐만 아니라 지루하기까지 하다. 물론 서비스 대행사에게 맡길 수도 있지만 문제는 돈이 들어간다는 것이다. 또한 대행사에 맡긴다 해서 문서 작업이 제대로 되었는지 혹은 누락된 것이 없는지를 살펴봐야 하는 당신의 책임까지 사라지는 것은 아니다. 아웃소싱한다고 해서 책임까지 없어지지는 않는다. 모든 책임은 당신에게 있다. 해야 할 일을 잊어버렸을 경우 정부는 서비스 대행사가 아닌 사업의 책임자, 즉 대표자로 명기되어 있는 당신을 비난하기 때문이다(앞 장에서 언급했던 '비난 게임'이 미국 국세청에게는 먹히지 않는다!).

세금과 관련한 문서 작업 외에도 당신은 신규 입사자에게 보안 준수, 겸업 금지, 행동 규범, 미션 선언문 등의 여러 문서에 사인하게 해야 한다. 당신은 그러한 문서 양식을 직접 만들거나 누군가에게 만들

당신은 사업가입니까

라고 시켜야 한다. 채용된 직원들에게는 그 문서들을 읽고 동의하게 해야 하고, 그들이 동의한 내용을 준수하고 있는지도 계속 관리해야 한다.

회사의 규모와 업종에 따라 다르지만, 당신은 직원과 관련된 여러 종류의 행정 업무들도 수행해야 한다. 당신의 사업이 상당한 규제를 받는 산업에 속해 있다면 미 연방 직업안전보건국의 작업장 안전 가이드라인을 준수해야 하고, 인증받은 필수 교육을 실시해야 한다. 근로자에 대한 최저임금과 보상 규정, 시민권법, 아동근로법, 환경법, 장애인법, 노동법, 이민법, 테러방지 정책 및 그 관련법 등 온갖 종류의 법규를 당신은 반드시 준수해야 하는데, 그렇게 하려면 시간과 자원을 쓸 수밖에 없다. 어떤 규정들은 작은 회사에게 해당되지 않지만, 작은 회사라고 해서 봐주지 않는 규정들도 있다. 직원이 몇 명밖에 없다 해도 온갖 종류의 규칙, 규정, 가이드라인에 관한 문서 작업뿐 아니라 그에 수반되는 업무를 처리하려면 풀타임 직원을 적어도 한 명 이상 둬야 하는 것이 현실이다.

직장 내 교육 훈련, OJT

■   벌써 지쳤는가? 정신 차려라. 아직 신규 직원을 훈련시키는 일은 시작도 하지 않았으니까! 하지만 그 전에 할 일이 있다. 직원이 준수해야 할 업무 절차와 체계를 만드는 것이 먼저여야 하니 말이다. 각각의 업무 절차를 설계한 다음, 그 절차를 기본적이고 단순한 수준의 과업으로 쪼개서 누구라도 그 일을 수행할 수 있게 해야 한다. 이것이 앞서나가는 기업들의 성공 비결이다. 그 기업들은 행

운 따위는 절대 기대하지 않고 모든 것을 명확한 절차로 만든다.

일단 업무 절차라는 시스템을 구축하고 나면, 당신은 신규 직원을 훈련시키면서 교육의 진도를 계속 모니터링해야 한다. 모니터링을 하면서 업무 절차를 개선해야 하는 경우도 있다. 당신은 직원이 능숙하게 수행하는 일은 강화하고, 미숙한 부분은 개선시킬 수 있는 방법을 찾아야 한다. 당신은 여직원이 남자친구와 헤어졌을 때 기대어 울 수 있는 어깨가 되어야 하고, 직원이 병들면 그 자리를 대신할 수 있어야 한다. 그리고 나서 직원이 앞으로도 계속 일해주기를 바라는 마음으로 행운을 빌어야 한다. 그렇게 직원을 관리하지 않는다면, 당신은 이직한 직원의 빈자리를 채우기 위해 이 모든 채용 과정을 되풀이해야 한다.

자, 지금까지 당신은 안성맞춤인 직원을 찾아서 관련된 문서 작업을 처리하고, 법과 규정을 준수하고, 수반되는 여러 비용을 부담하고, 새로운 직원에 대한 교육 계획을 세워 훈련도 진행했다. 이 모든 잡무를 처리한 후에도 당신은 여전히 보통 수준에 불과한 직원을 데리고 있을 가능성이 크다. 결국 가장 중요한 것은 많은 직원들이 자기가 평균적인 업무를 수행하고 있다는 사실에 별로 개의치 않는다는 것이다(그리고 그들은 당신만큼 업무에 정성을 기울이려 하지 않는다. 그 업무는 자신들의 사업이 아니니까). 그들 입장에서 회사 업무란 그저 직업일 뿐이므로 언제든 마음만 먹으면 회사를 떠날 수 있다. 그들에겐 리스크가 거의 없기 때문이다.

직원들의 무관심은 더 큰 문제로 이어지는데, 그 이유는 직원이 당신의 회사를 대표하기 때문이다. 불한당 같은 직원들은 상상조차 할

당신은 사업가입니까

수 없는 다양한 방법으로 회사에 해를 끼친다.

몇 개월 전 어느 토요일 오후, 남편과 나는 유명한 커피 체인점의 드라이브 스루 라인에 차를 댔다. 종업원이 스피커를 통해서 이렇게 말했다. "오늘은 무엇을 드시겠어요?" 남편은 블랙커피를 주문했다. 스피커가 다시 켜졌을 때 우리는 킥킥거리는 웃음소리를 들었는데, 10대 종업원 몇 명이 일을 대충 하면서 잡담하는 것처럼 들렸다. 종업원이 대답했다. "죄송하지만 다시 한 번 말씀해주시겠어요?" 남편은 다시 블랙커피라고 말했다. 다시 킥킥거리는 웃음소리가 스피커를 통해 들렸고, 종업원이 세 번째로 물었다. "뭐라고 하셨죠?" 부아가 치민 남편은 그 종업원에게 블랙커피를 달라고 하면서 왜 자꾸 묻냐고 화를 냈다. 그는 사과하며 자동차를 창가로 이동해달라고 말했다.

고객 서비스가 기분 나쁘긴 했으나 거기까진 참을 만했다. 하지만 그다음에 일어난 일은 상상조차 할 수 없는 것이었다. 그 종업원은 거듭 사과하며 블랙 커피에 크림을 원하는지 물어본 뒤 "저 안에 있는 애들이 미친 모양이네."라고 중얼거리며 남편에게 커피를 건네주었다. 집에 도착하여 남편은 커피에 우유를 붓기 위해 뚜껑을 열었는데, 무언가 이상한 것이 커피 위에 떠 있는 것을 발견했다. 그게 무엇인지 들여다보다가 사진을 찍기도 했는데, 한 시간이 지나도록 사라지지 않는 것을 보고 우리는 그것이 분명히 침이라고 확신했다. 그렇다. 그 종업원은 침 뱉은 커피를 남편에게 건넸던 것이다. 우리가 그 문제를 어떻게 다루었는지 구체적으로 이야기하지는 않겠지만 당신이 상상하듯 이 사건은 그 커피숍과 우리의 관계에 심각한 영향을 끼쳤는데, 그곳은 우리(그리고 우리가 알고 있는 대부분의 사람들)가 자주 가던 단골 가게였다.

　여기서의 핵심 포인트는 커피에 침을 뱉었다는 것이 아니라, 그 불한당 같은 직원이 회사의 방침을 어기고 자기가 하고 싶은 대로 행동했다는 것이다. 그렇지만 우리가 책임을 묻거나 항의하는 대상은 직원 개인이 아닌 회사다. 나는 이 사례를 통해 당신이 직원을 고용할 때 어떤 문제들과 직면하는지 조금이나마 알았으면 좋겠다. 몇몇 직원들은 당신이 사업에 쏟는 열정은 나 몰라라 하며 바람직하지 못한 갖가지 방식으로 행동할지 모른다.

브랜드에 먹칠을 하다

■　　　　　　　그런데 '침 뱉은 커피 사건'은 나만 겪은 것이 아니다(역겹지만 사실이다). 2009년 4월, 도미노 피자^{Domino's Pizza}의 직원 두 명이 저녁에 주방에서 일하는 동안 이상한 동영상을 찍었다. 그 역겨운 동영상을 본 적이 있는가? 거기에는 한 직원이 자신의 코딱지를 파서 음식 위에 묻히고, 여러 가지 비위생적인 것들(나는 그게 무엇인지 말하고 싶지 않다. 궁금한 사람은 얼마든지 구글을 검색해보라)을 피자 여기저기에 뿌린 다음 손님에게 갖다 주는 장면이 나온다. 어떤 마음에서였는지는 몰라도 그들은 그 동영상을 과감히 유튜브에 올렸고, 예상대로 수백만 명의 네티즌들이 그것을 시청했다. 도미노 피자로서는 자신들의 브랜드가 노출되었다는 것이 무엇보다 가장 큰 손실이었다. 브랜드 노출로 인한 부정적인 영향을 돈으로 따지면 한 달간의 TV 광고료보다 컸으니 말이다.

　도미노 피자 USA의 사장인 패트릭 도일^{Patrick Doyle}은 자신이 직접 사과하는 동영상을 신속히 유튜브에 올려 그 사건이 노스캐롤라이나 주의 한 매장에서 일어난 예외적인 일이고 소비자들에게 깊이 감사드리고 있으며 앞으로 소비자의 신뢰를 다시 회복하기 위해서 최선을 다할 것이라고 말했다. 도일 사장은 도미노가 취한 조치(두 직원을 해고하고 고발했으며, 해당 매장의 바닥부터 천장까지 위생 처리를 했다는 것)를 설명한 다음 이렇게 덧붙였다. "그 매장의 점주는 이 사건이 끼친 피해 때문에 충격에서 헤어나지 못하고 있습니다. 또한 이 사건은 의심의 여지없이 우리 브랜드에 엄청난 피해를 입혔습니다. 우리 회사는 미국과 전 세계 60개국 이상에서 12만 5,000명의 사람들이 매장 점주로 일하고 있는데, 불과 두 명의 직원이 일으킨 행동이 우리 회사의 훌륭한 시스템 전체에 영향을 미쳤다는 사실이 저를 소름 끼치게 합니다."

이 이야기는 직원들을 고용함으로써 발생할 수 있는 문제 중 가장 강력한 사례에 해당한다. 두 명의 불한당 같은 직원들은 회사의 관리 시스템과 운영 절차가 아무리 엄격하다 해도 브랜드 가치에 막대한 피해를 입힐 수 있다. 사업을 시작할 때 감수할 리스크와 기대되는 보상을 평가할 때는 반드시 '직원 고용'의 득실을 감안하라. 그리고 앞서 제시한 두 가지 사례를 반드시 염두에 두길 바란다.

금고에서 돈을 빼가는 직원들

■   당신이 아직 스트레스를 견딜 수 있는 정도라면 직원들이 마치 생선을 맡은 고양이 같은 행동을 하지는 않는지 살펴야 한다는 말도 해줘야겠다. 현금등록기에서 돈을 꺼내가는 것, 현금

등록기로 제대로 처리하지 않고 고객의 돈을 받는 것, 거스름돈을 제대로 내주지 않는 것, 보관하고 있는 재고를 훔쳐가는 것 등 여러 업체에서 '물건이나 현금이 줄어드는' 현상들은 대부분 직원들 때문에 일어난다. 당신은 보안 카메라를 설치해야 하고 적절한 절차도 명확히 수립해야 하며, 무엇보다 직원들을 잘 지켜봐야 한다. 나는 회사 물건을 훔치는 직원들에 관해 온갖 종류의 이야기들을 들어왔다. 어떤 직원은 재고를 쓰레기통에 버린 다음 저녁에 다시 돌아와서 물건을 챙겼다가 나중에 이베이를 통해 판매했다. 구매를 담당하던 또 다른 직원이 업무와 무관한 상품이나 물품을 본인이 쓰기 위해 주문했던 사례도 있다.

몇몇 직원들은 지각하는 동료를 위해 출근기록을 대신 해주기도 하는데, 이는 자기가 일찍 퇴근해야 하는 경우에 해당 동료로부터 보답을 받기 위한 것이다(관리자들 사이에서는 이를 '교환 원칙'이라 부른다). 그리고 어떤 직원은 고객의 신용카드 번호를 훔치기도 했다. 어쨌든 이러한 일들은 일어나기 마련인데, 불행히도 당신이 생각하는 것보다 훨씬 더 자주 발생한다.

직원들이 훔치는 대상은 현금이나 재고에 국한되는 것이 아니라서, 회사의 비밀이나 고객 리스트, 계약 정보, 컴퓨터 코드 등 값나가는 유무형의 사업 자산들을 훔쳐가는 경우도 많다. 2006년에 세 명의 직원이 코카콜라의 영업 비밀(새로운 음료의 제조비법이 포함된)을 훔쳐 경쟁사인 펩시에 팔려고 했다가 구속되는 사건이 발생했다(그런데 그들을 고발한 회사가 바로 펩시다). 대기업에서도 이렇게 보안을 위반하는 사건이 수없이 발생하고 있다면, 당신이 운영하는 작은 업체는 도둑들에게 얼마나 손쉬운 대상일지 생각해보라.

책임이라는 부담감

■   직원을 고용할 때 발생하는 또 다른 부담감은 감
정적인 것인데, 당신이 직원에 대해 갖는 책임감이 바로 그것이다. 회
사에서 직원과 함께 일하는 기간이 길면 길수록 그와는 한 가족이라
는 느낌이 커지는데, 그 때문에 사업에 관한 의사결정을 내려야 할 때
점점 더 스트레스를 받게 된다.

최근 나는 한 투자은행가와 인터뷰를 했는데, 그는 내게 자신의 고
객 한 명이 사업운영상의 문제로 무척 힘겨워한다는 얘기를 들려주
었다. 그 고객이 사업을 시작한 지는 12년이 넘었는데, 약 7,500만 달
러 규모였던 매출은 최근 발생한 여러 문제 때문에 감소하기 시작했
으며 이익도 전혀 내지 못하고 있었다. 투자은행가는 그 고객이 직원
에 대한 의무감을 두고 자신에게 들려준 말을 다음과 같이 전달했다.

"우리는 경영진이 어떻게 경영하는지 잘 파악하도록 직원들과 모든 것을 공유하는 등
매우 투명하게 회사를 운영하고 있습니다. 그래서 재무적인 상황까지도 직원들에게 모
두 알리는데, 사업이 잘나가고 성장할 때는 문제가 없지만 사업이 어려워지면 아무래도
재무 정보를 공유하기가 껄끄러워지죠. 우리는 회사 역사상 처음으로 해고를 단행했는
데, 그건 정말이지 모두에게 힘든 경험이었어요. 제게는 직원들이 가족과 마찬가지라서
그들이 각자 자기 가족을 위해 계속 일하게 해줄 책임이 있죠. 지금 남아 있는 직원들은
이제 자기네들도 해고되는 것은 아닌지 매우 걱정하고 있답니다. 이제 저는 사업의 수
익성을 되찾아 직원들이 걱정하지 않아도 되는 상태를 만들기 위해 노력 중인데, 그만

큼 스트레스도 엄청납니다. 내가 실패하면 우리 모두에게 나쁜 영향을 끼치게 될 테니 말이죠."

직원들은 해고된 뒤에 다른 직장을 알아볼 수 있다 해도, 직원을 고용한다는 것은 직원들의 생계를 책임져야 한다는 감정적 측면에서 또 다른 스트레스와 부담을 안겨준다.

회사가 성장하고 더 많은 돈을 벌어들이려면 직원을 계속 고용해야겠지만, 직원들은 지시받은 일만 하고 지시받지 않은 일은 하지 않으려 한다는 사실을 분명히 인식해야 한다. 당신은 여전히 사업가가 되면 자유를 만끽할 수 있고 다른 사람의 '보스'가 될 수 있다고 보는가? 앞서 말한 현실이 당신이 마음속에 그렸던 그림인가? 나는 당신이 유치원생들을 가르칠 때 더 많은 자유와 권위를 가지게 될 것이라 생각한다.

당신은 사업가입니까

'나 홀로 브레인스토밍'
직원들은 사업에 얼마나 영향을 끼치는가?

직원이 한 명도 없거나 몇 명에 불과하다면, 당신의 사업은 진정한 사업이 아니라 '잡-비즈니스'일 가능성이 크다. 다음에 대해 생각해보라.

1. 직원을 고용함으로써 얻는 혜택, 문제, 리스크는 무엇인가?
2. 직원을 고용할 예정이라면 언제 할 생각인가?
3. 직원을 채용하기 전에 갖춰져야 할 것은 무엇인가?

당분간 직원을 채용할 필요가 없다는 결론에 이르렀다면 다음을 고려하라.

1. 직원을 고용하지 않으면 사업상 어떤 한계가 있을까?
2. 사업 대신 '잡-비즈니스'를 할 생각인가?
3. 사업과 비교하여 '잡-비즈니스'를 할 때 추가적으로 발생할 리스크과 보상은 무엇인가?
4. 향후 얻을 잠재적 이득을 감안할 때 '잡-비즈니스'의 리스크는 감수할 만한가?

직원 고용의 여부는 당신이 취할 사업의 형태에 영향을 미칠 것이다. 그러므로 직원 고용으로 추가 발생할 리스크, 이슈, 보상을 사업가 방정식에 반드시 반영하기 바란다.

곳간에 항상 돈이 부족하다

이제야 당신이 겁이 난다거나 사업을 운영할 때 재무적인 측면으로 골치 아픈 일들이 많이 발생할 거라 생각된다면, 아직 사업의 현실을 우호적으로 보고 있다는 뜻이다(즉, 그것 말고도 더 많은 골칫거리가 있다는 의미다). 사업이라는 게임에서 재무제표는 점수를 기록하기 위한 가장 핵심적인 도구다. 점수를 기록할 수 없다면 게임을 해서는 안 된다. 특히 프로 게임은 절대로 안 된다!

많은 사업가들은 재무회계에 능숙하지 않고, 특히 사업의 현금흐름을 어떻게 관리해야 하는지 잘 모른다. 매일 현금의 측면에서 사업 운영의 현 상황을 손익계산서보다 더 정확하게 보여주는 현금흐름은 사업이 얼마나 건강한지를 보여주는 지표로서, 사업체 소유주로서 당신이 집에 가져갈 돈이 있는지(또는 사업이 이익을 내더라도 가져갈 돈이 없는지)를 크게 좌우한다.

많은 사업가들이 사업계획을 수립할 때나 회계를 관리할 때 손익계산서에 초점을 맞추곤 한다. 하지만 손익계산서를 진짜로 잘 이해하는지는 모르겠다. 손익계산서는 일정 기간(한 달, 일 년, 혹은 기타) 사업을 통해 판매한 상품이나 서비스의 가치, 판매된 상품의 직접비(상품의 비용), 그 기간 내에 지출된 모든 판매 비용, 마케팅 비용, 관리비용 및 기타 비용들을 담고 있다. 많은 사업가들은 손익계산서상의 이익을 숫자 그대로 자신들이 그 기간에 번(혹은 벌어들일) 이익이라 생각하고, 그 숫자만 보며 그것이 사업의 건강을 나타내는 좋은 스냅사진이라고 여긴다. 하지만 그 이익은 사업의 현금흐름과 다르다. 이익은 중요한 자원을 구매할 때 써야 할 돈이 얼마인지, 언제 대금 결제를 받는지, 공급업체나 벤더에게는 언제 대금을 결제해줘야 하는지 등을 보여주지 않기 때문이다.

현금흐름은 사업운영으로 벌어들인 이익에 비현금성 감가상각비를 더한 값에서 운전자본의 증가분을 빼서 산출한다(운이 좋아 운전자본이 감소했다면 그 감소분을 더한다). 그리고 해당 기간의 투자 활동(가령 자산이나 공장, 설비 등을 구매)의 증가분도 뺀다. 이 정보들만 확보하면 해당 기간에 얼마나 많은 돈이 사업에 필요한지 파악할 수 있다(해당 기간에 자본을 늘렸다면 그 돈은 재무 활동상의 현금으로 정리될 것이다).

이쯤 되면 당신의 머리는 아마 돌기 시작했을 것이다. 잠깐 기다려라, 재미있는 것이 더 있다.

꼭 알아둘 재무 용어

현금흐름

사업을 통해 현금이 얼마나 들어오고 나가는지(또 언제 들어올 예정인지)를 보여준다.

손익계산서

일정 기간(예를 들어 주간/월간/분기/연간)의 비용과 매출액을 기록함으로써 당신이 벌어들이는 이익(이것은 '장부'상의 소득이라서 현금의 실제 변화와는 다르다)을 계산한다. 손익계산서는 해당 기간의 판매 실적과 판매된 상품의 원가, 운영 경비(관리 비용 등), 자산의 감가상각비, 대출금의 이자, 투자 소득을 포함하는데, 경우에 따라 법인세가 포함되기도 한다.

현금흐름표

일정 기간 사업을 통해 들어온 새로운 현금 항목 및 같은 기간에 지출된 현금 항목을 나타내며, 궁극적으로 전체 현금이 증가하고 있는지 혹은 감소하고 있는지를 보여준다. 현금흐름표는 손익계산서보다 정확하게 현금의 실제 변화에 초점을 맞춘다. 일반적으로는 운영 활동상의 현금흐름, 투자 활동상의 현금흐름, 재무 활동상의 현금흐름 등으로 구분된다. 이익을 내고 있는 사업이라 해도 현금흐름이 좋지 않을 경우에는 실패하기도 한다.

운전자본

유동자산에서 유동부채를 뺀 것을 말한다.

운전자본에 '운전'이란 말이 붙은 이유

■   운전자본은 대차대조표와 관련이 있다. 운전자본에 대한 매우 피상적이고 기본적인 설명은 '사업의 유동자산에서 유동부채를 뺀 것'이다. 외상매출금(판매 후 받을 돈), 재고, 선급 비용

당신은 사업가입니까

등 단기간에 유동화할 수 있다고 여겨지는 자산들을 더하고, 그 값에서 외상매입금(지불해야 할 빚)처럼 단기간에 지불해야 하는 부채를 뺀 결과가 운전자본이다.

당신에게 쉽지 않은 내용이라서 아마 따분할지도 모르겠다. 분명 운전자본을 이해하고 관리하려면 많은 작업이 필요한데, 좀 더 설명해보겠다. 판매할 상품을 생산하려면 현금을 지출해야 한다. 상품을 생산하려면 제조 설비를 사야 한다. 또한 한 곳 이상의 벤더나 공급업체가 있어야 물품(완제품이나 원부재료)을 공급받을 수 있다. 당신은 사업가로서 최고의 결제 조건으로 계약을 해야(벤더와 공급업체에게 대금을 지불하는 기간을 가능한 한 길게 한다는 뜻) 현금흐름을 좀 더 잘 관리할 수 있다. 만약 물품 수령 시점부터 30일, 60일 혹은 90일 후에 결제해도 된다면 환상적인 계약이라고 말할 수 있다. 만약 벤더들이 결제 기간을 연장시켜 주기로 합의했다면, 상품이 팔리기 전에 미리 물품 대금을 당신의 주머니에서 꺼내서 그들에게 지불할 필요가 없다. 하지만 사업을 시작하는 마당에 이렇게 유리한 결제 조건을 얻기란 매우 힘든 일이다. 아직 당신에겐 영향력이나 신용이 거의 없기 때문이다(직장을 그만둘 때 그것들을 남겨두고 나왔으니까).

벤더들은 새로 사업을 시작한 당신이 물품 대금을 제때 지불할지 불안하기 때문에 당신에게 대금의 일부나 전부를 먼저 달라고 요구하는 것이 일반적이다. 당신이 그들의 요구를 따른다면 현금이 실제로 지출되지만, 손익계산서상에는 나타나지 않는다. 당신은 벤더에게 현금이 묶이는 동안 유통업체를 통해 상품을 판매하면 될 거라고 생각할지 모른다. 하지만 최종 소비자에게 상품을 직접 판매하려면 벤더로부터 물품을 받을 때까지 기다려야 한다. 벤더가 보낸 물품이 도착해야 소비자에게 상품으로 판매할 수 있고, 그제야 '판매'로 장부에 기록할 수 있다(여기서 잠깐! 이 예시는 상품을 주문한 소비자가 있다고 가정했다는 점에 주의하라. 소비자가 없다면 벤더로부터 물품을 받아도 상품이 판매될 때까지 상당 기간을 기다려야 한다). 하지만 상품을 생산하고 물품을 공급받기 위해 지출한 현금은 판매가 이루어지기 전까지 상당 기간 회수되지 않을 수도 있다.

또한 고객과 계약하는 결제 조건에 따라 판매 후에 곧바로 대금을 받을 수 있는지의 여부가 좌우된다. 고객의 영향력(고객이 월마트 등과 같은 큰 조직이면 영향력이 크다), 당신의 사업규모, 당신에게 있어 매출 발생이 얼마나 절박한지에 따라 고객이 당신과 체결하는 결제 기일은 30일, 60일 혹은 90일이 될 수 있다. 어떤 고객은 당신에게 대금을 지불하지 않으려고 요리조리 피할지 모른다(이럴 경우, 도망간 그들을 찾아내 대금을 받기까지는 상당한 시간이 소요된다. 그나마 받을 수 있다면 말이다). 당신은 고객이 결제일이 되기 전까지 파산하지 않기(크라이슬러, 샤퍼 이미지, 서킷 시티를 떠올려보라)를 바라야 한다. 고객이 파산하면 당신은 채권자가 되지만 그들이 당신에게 진 채무를 일부나마 갚는 데까지는 오랜 시간이 걸리기 때문이다.

현금의 입출금을 좌우하는 이와 같은 시차(구매 시점, 매출 시점, 결제 시점 등의 차이 – 옮긴이)는 재화가 오고 가는 제조업이나 유통업에서만 문제가 되는 것이 아니다. 당신의 사업이 컨설팅처럼 서비스를 판매하는 것이라면 고객은 30일 혹은 그 이상이 지나도 대금을 지불하려 하지 않을지 모른다. 하지만 당신이 회계법인이나 법무법인과

당신은 사업가입니까

같은 서비스업체에게 일을 맡긴다면 그들은 당신의 사업이 작다는 이유로 수수료를 선불로 요구할 수도 있다.

새롭게 성장하는 사업이다 보니 당신은 점점 더 많은 돈을 사업운영에 써야 한다. 서비스업체는 당신에게 즉시 돈을 달라고 요구하지만, 고객들은 최대한 대금 지불을 늦추려 하기 때문이다. 아래의 표를 보면 사업을 시작할 때 당신이 어디에 위치해 있는지 알 수 있다(표에서 '✖'로 표시된 부분이 바로 당신의 위치다). 고객이 돈을 지불하기까지는 오랜 시간이 걸리지만 벤더나 공급업체, 서비스업체들은 당신에게 즉각적인 지불을 요구한다(미리 달라고 하는 경우도 있다). 당신의 사업체가 월마트나 맥도날드처럼 점차 크게 성장하면 당신은 '✚' 표시 쪽으로 이동하며 영향력이 커지기 때문에 거래업체와의 결제 조건을

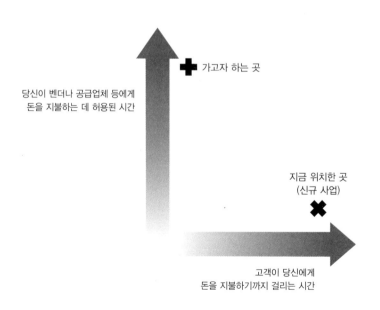

가고자 하는 곳

당신이 벤더나 공급업체 등에게
돈을 지불하는 데 허용된 시간

지금 위치한 곳
(신규 사업)

고객이 당신에게
돈을 지불하기까지 걸리는 시간

통제할 수 있다. 그렇게 되면 당신은 아주 유리한 결제 조건을 얻는다.

당신이 신경 써야 하는 것은 운전자본만이 아니다. 사업을 하려면 설비, 가구, 공장 등의 자산을 대규모로 확보해야 하는데, 이것 또한 당신의 현금흐름에 영향을 미친다.

사업을 시작하는 시점에만 현금흐름을 걱정해야 하는 것도 아니다. 사업이 성장할수록 수요를 충족시키기 위해서는 점점 더 많은 물품을 구매해야 하고, 서비스 수행이나 사업운영을 위해 더 많은 설비도 갖추어야 한다. 사업이 계속 성장하면 재고, 외상매출금, 선급 비용 등의 유동자산이 증가하는데, 그 증가된 금액은 당신이 같은 기간에 지불을 연기할 수 있는 비용들(예를 들어 외상매입금)보다 커진다. 이는 사업 성장을 위해 또 다시 재무적인 투자를 해야 함을 의미한다. 사무실, 공장, 설비 등과 같은 자산의 증설을 위해 돈을 써야만 하는 것이다. 그렇게 되면 이런 비용만큼 당신이 집으로 가져갈 수 있는 돈은 줄어들거나(사업 성장을 재무적으로 지원하기 위해 비용을 지출해야 하니까), 대금 지불을 위해 은행 대출 같은 자금 조달 방안을 찾을 수밖에 없다. 사업가인 당신은 회사로부터 돈을 지급받는 가장 마지막 순위의 사람이 된다(모든 비용을 다 제하고 나서야 남은 돈을 가져갈 수 있다는 뜻 – 옮긴이). 사업의 성장을 지원하려면 더 많은 현금이 필요하다. 이 현금은 어디에서 나와야 할까? 어떤 방법을 쓰든 간에 당신 주머니에서 나와야 한다는 것은 틀림없는 사실이다.

현금흐름을 그림으로 이해하자

■　　　　　현금흐름이 신규 사업에서 어떻게 움직이는지 그림으로 이해하는 것이 좋겠다. 당신이 위젯이라는 상품을 판매하는 사업을 시작했는데, 해외에 있는 제조업체에 생산 외주를 줄 계획이라고 가정하자. 당신은 위젯을 제조할 수 있는 벤더를 찾았지만, 그들은 위젯을 선적하기 전에 대금의 50%를 지급하고 나머지 50%는 선적 후에 달라고 요구한다. 위젯 생산에는 60일이 걸리고, 당신의 창고까지 도착하려면 선박으로 30일이 소요된다(이 정도면 어느 정도 합리적인 기간이다). 일단 위젯이 사업장에 도착하면 당신은 이 상품을 유통업체인 '위젯 월드'에 납품한다. 위젯 월드는 크고 중요한 고객이라 그런지 당신에게 대금 결제를 '물건 납품 후 30일 조건'으로 해달라고 요구한다. 당신은 이 주문을 수주하고 싶기에 기꺼이 그에 합의한다. 위젯 월드가 당신에게 대금을 지급하길 기다리는 동안, 당신은 다음 오더를 받기 위해 벤더에게 위젯의 추가 생산을 요청한다. 당신의 사업은 50%나 성장할 예정이라 전보다 더 많은 위젯을 주문해야 한다.

참 멋진 사업이 아닐 수 없다. 사업이 성장하니까 말이다. 하지만 성장은 현금흐름 관리를 어렵게 만드는 요인이 된다. 상품을 팔기도 전에 벤더에게 물품 대금을 지급해야 하고, 수요가 증가하면 더 많은 물품 대금을 지출할 수밖에 없기 때문이다. 이는 고객으로부터 새로운 주문을 받을 때마다 점점 더 많은 물품에 대한 돈을 미리 지불하게 됨을 의미한다.

다음 페이지에 있는 시간표는 위젯 사업 시에 무슨 일이 발생하는지 보여준다.

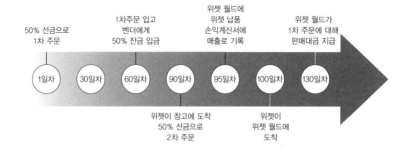

위젯 월드에
위젯 납품
손익계산서에
매출로 기록

50% 선금으로   1차주문 입고   위젯 월드가
1차 주문   벤더에게   1차 주문에 대해
                          50% 잔금 입금   판매대금 지급

1일차   30일차   60일차   90일차   95일차   100일차   130일차

위젯이 창고에 도착   위젯이
50% 선금으로   위젯 월드에
2차 주문   도착

벤더로부터 받은 위젯에 대해 검사, 수리, 포장 등 몇 가지 절차를 거치고 고객에게 납품하는 데까지 며칠이 걸린다면, 위 그림처럼 95일차가 되어야 매출로 기록할 수 있다. 당신은 1일차에 처음 주문했던 모든 생산 대금을 벤더에게 지불했고, 2차 생산 주문의 절반에 대해서도 대금을 지급해야 한다. 게다가 사업이 성장함에 따라 2차 주문의 수량도 증가할 수밖에 없다. 하지만 첫 판매(공식적으로 위젯 월드에 위젯을 납품한 시점) 후 130일차가 될 때까지는 위젯 월드로부터 한 푼의 판매 대금도 지급받지 못한다. 이는 현금흐름의 전형적인 모습인데, 손익계산서에는 이런 상황이 기록되지 않는다. 이런 현금 입출금의 시차 때문에 재무 관리는 점점 어려워지기 시작한다.

자, 이제 위젯 월드에게 처음으로 납품했던 2만 달러어치의 위젯이 날개 돋친 듯 팔렸다고 가정하자. 당신이 이 납품으로 40%의 양호한 이익률을 기록했다면, 위젯의 제조원가(벤더에게 지급할 생산 대금 - 옮긴이)는 60%인 1만 2,000달러다. 따라서 당신은 1일차 때 그 절반인 6,000달러를 생산 대금 명목으로 벤더에게 지불하고, 나머지 6,000달러는 벤더가 당신에게 위젯을 납품한 시점인 60일차 때 지불해야 한

당신은 사업가입니까

다. 그런데 90일차 때 벤더에게 2차로 생산 주문을 넣는데, 그 수량이 3만 달러어치에 달한다고 가정하자(즉, 제조원가는 1만 8,000달러). 그러면 9,000달러를 그 시점에서 벤더에게 선불로 지불해야 한다. 정리해보자. 당신은 1차 생산 주문이 완료되고 2차 생산 주문을 넣는 과정에서 총 2만 1,000달러를 벤더에게 지불해야 하지만, 130일차가 되기 전까지는 위젯 월드로부터 1차 생산 주문 전량의 판매액인 2만 달러 중 한 푼도 받지 못한다.

이뿐만이 아니다. 당신은 사업운영을 위해 임대료, 직원 급여, 시설 사용료, 보험금, 우편료 등 여러 비용을 지속적으로 지출해야 한다. 그래서 당신이 위젯 월드로부터 판매 대금을 지급받아도 그 돈은 2차 주문에 대한 판매 대금을 받기 전에 사라지고 만다. 즉, 장부상으로는 이익을 내고 있지만, 곳간에는 쓸 돈이 한 푼도 없는 공백 상태가 되는 것이다. 3차로 생산 주문을 넣어야 자금의 공백을 메울 수 있을 것 같다고 당신은 생각하기 쉽다. 하지만 과연 그럴까? 공백을 메울 요량으로 3차 주문 수량을 늘린다면 자금 공백은 메워지기는커녕 더 커진다. 무엇으로 그 공백을 채울 수 있을까? 결국 당신의 주머니에서 돈을 꺼내거나 대출을 받아야 한다.

이처럼 사업이 잘나가더라도 현금흐름 관리 차원에서는 문제가 생길 수 있다. 사업을 통한 '현금 이익'이 사업의 성장을 감당할 만큼 충분히 크지 않다면, 그리고 여러 방법을 통해 충분한 자금을 조달하지 못한다면 당신은 사업을 성장시킬 수 없다. 사업의 성장이 오히려 당신이 집에 가져갈 수 있는 소득을 줄일 뿐만 아니라 회사의 부채를 엄청나게 증가시킬 수도 있음에 유의해야 한다. 대출을 얻었는데 사업에 문제가 생긴다면 당신은 큰 곤경에 빠지거니와 은행과 계약한 내용도 위반하게 된다. 그런 상황에서 은행은 당신에게 사업에 대한 압박을 가하면서 과도한 수수료를 부담시키고 심지어는 자산 압류와 같은 극단적인 조치를 취하기도 한다.

보통 현금의 입출금 시차가 큰 '자산 집중적' 사업일수록 현금흐름의 문제를 민감하게 관리해야 한다. 하지만 어떤 유형의 사업이든 비용 지출과 대금 수령 사이에는 시차가 존재하기 마련이다. 컨설팅과 같은 서비스업을 예로 들면, 프로젝트를 수행하는 중(즉, 고객으로부터 아직 수수료를 받지 못하는 상태)에도 임대료, 마케팅 비용, 전화요금, 급여 등의 비용이 나가야 하기 때문이다.

결제 시점은 왜 중요한가?

■ 플레밍 비즈니스 서비스^{Flemming Business Service}의 사장인 수제트 플레밍^{Suzette Flemming}은 결제 시점의 문제를 매우 잘 알고 있다. 그녀의 회사는 회계와 부기, 급여와 세금 관련 서비스를 15년 이상 제공해왔는데, 몇 년 전 터진 서브프라임 모기지 사태 때문에 그녀의 회사 역시 현금흐름의 문제를 피할 수 없었다. 회계사이기도 한 수제트는 사업에 필요한 현금흐름을 개선하려면 어떤 방법을 써야 하는지 잘 알고 있었다. 그것은 바로 모든 서비스에 대해 선불을 요구하는 것이었다.

하지만 그녀는 이렇게 말한다. "경기가 나빠지기 시작하면서 고객사들이 현금흐름의 문제를 겪게 되자, 저는 선불로 대금을 지급받는 정책을 일부 유예하고 30일이나 60일 정도를 기다렸다가 고객사를 방문해서 대금 지급을 요청하기로 했어요. 하지만 그렇게 하자 직원들의 급여를 제때 지급하기가 힘들었고 여러 비용을 기한 내에 지출하기도 어려워졌죠."

또한 그녀는 대금 지급을 '꽥' 소리를 지르며 강하게 요구하면 고객을 잃을 수 있다는 것, 그리고 반대로 '조용한' 말로 요청하면 돈을 못 받을 수도 있다는 불안감과 스트레스를 견뎌야 했다. 결국 고객사 중 두 곳은 파산을 선언했고, 이로 인해 서비스를 해주고도 아무것도 얻지 못하게 됨으로써 그녀는 자신의 능력에 오점을 남기고 말았다.

지금까지의 설명이 너무나 복잡하고 어렵게 들리는가? 현금흐름 관리란 원래 그런 것이다. 현금흐름 관리는 사업운영 시 가장 까다로운 업무라서, 세계에서 가장 크고 가장 성공한 기업들조차 사업의 다른 측면은 잘 운영하면서도 이 부분을 관리하지 못해 발이 꼬여 넘어지는 경우가 있다.

당신이 재무에 대해 잘 알지 못한다면, 그것을 이해할 수 있을 때까지 충분한 시간을 쏟아라. 현금흐름과 재무 관리는 사업 시 가장 큰 장애물로 작용하기 때문이다. 자신의 회사를 책임지고 경영할 계획이라면 재무를 공부하겠다는 계획을 반드시 세워야 한다.

현금흐름과 재무 관리 측면에서 볼 때 사업의 잠재적인 이득이 클수록 리스크도 추가된다. 사업을 성장시켜 더 많은 돈을 벌기 위해서는 더 많은 돈을 포기해야 하고, 그렇게 투자한 돈으로 이익을 얻기까지도 아주 오랜 시간이 걸리기 때문이다. 앞서 언급했듯 당신이 직장에 다니고 있다면 회사에 고용되기 전에 대금을 선불로 지불하는 경우가 없다. 작업복 구입, 서류 가방 장만, 교통비 등에 돈을 지출하는 경우가 아니라면, 회사에 입사할 때는 큰 비용을 미리 부담하지 않아도 된다. 연봉 인상(이는 당신 자체가 성장한다는 것을 의미한다)이 되더라도 사업이 성장할 때와는 달리 더 많은 돈을 투자할 필요가 없다.

사업을 성공시키려면 재무회계와 현금흐름 관리를 잘 이해해야 할 필요가 있다. 만약 이런 분야들을 이해하고 싶은 생각이 없다면, 사업가로서 당신이 적절한지 스스로 검토하기 바란다.

현금흐름이 리스크와
보상에 미치는 영향을 평가하기

1. 먼저 당신이 수립한 재무모델에 현금흐름표가 포함돼 있는지 확인하라. 없다면 현금흐름표 작성을 도와줄 사람을 찾아라(그 사람은 당신이 표를 작성할 수 있게 돕는 것이지 전체를 다 만들어주는 것이 아니다. 현금흐름이 사업에 미치는 영향을 이해해야 하는 사람은 당신 자신이기 때문이다). 이런 조언이 당혹스럽겠지만, 사업운영에 얼마나 많은 돈이 필요한지 이해하려면 현금흐름표 작성은 필수적이다.

2. 현금흐름표가 작성되면 몇 가지 가정하에 '민감성 분석'을 실시하라. 민감성 분석이란 가정을 변경하면서 현금흐름이 어떻게 바뀌는지 살펴보는 분석을 말한다. 당신이 참조할 만한 몇 가지 가정은 다음과 같다.

   • 당신에게 돈을 지급해야 하는 사람 중 10%가 1개월 정도 대금 지급을 미루고 있다고 가정하라. 이것은 당신의 사업운영 능력에 어떤 영향을 미치게 되는가?
   • 당신은 제날짜에 비용을 지불할 수 있는가? 당신의 소득을 가져갈 수 있는가? 혹은 이런 상황에서 사업을 성장시킬 수 있는가?
   • 고객 중 20%나 30%가 1개월 정도 대금 지급을 지연한다면 어떻게 될까?
   • 대금을 지급받을 때까지 60일이나 90일이 추가로 걸린다면 어떻게 될까?
   • 당신 고객 중 일부(10%~20%)가 끝까지 돈을 지불하지 않는다면 어떻게 될까?

당신의 재무 상황을 100% 정확하게 예측하는 것은 불가능할 뿐만 아니라, 대부분의 사업가들은 대체로 낙관적인 경향을 띠므로 이러한 민감성 분석은 매우 신중히 해봐야 한다. 사업의 재무적 보상 측면과 사업에 장기간 돈이 묶이는 리스크 측면에서 위의 여러 가지 상황이 현실로 나타난다면 당신의 사업 기회는 어떻게 달라질까? 당신의 통찰력을 좀 더 날카롭게 가다듬은 다음, 사업가 방정식의 리스크 측면을 다시 검토하라.

29

아무리 친구가 많아도
당신은 혼자다

사업 시작의 여부는 어디까지나 당신 자신에게
달려 있다. 당신이 사업가가 되겠다면 군이 말리지 않겠다(사업가가
될 생각이 없다면, 앞으로도 쭉 그 생각을 하지 않기 바란다). 하지만 당신
의 지인들, 당신을 지지하고 응원하는 사람들, 당신의 성공을 도우려
는 사람들을 생각하여 사업가가 되기로 했다면, 당신은 길을 잘못 든
것일지도 모른다. 왜 그런지 살펴보자.

많은 친구와 많은 약속

■　　　　사업가가 되기로 결심하면 당신은 여러 사람들
에게 온갖 약속을 남발할 것이다. 새로운 사업은 흥미롭게 들리고(이
론적으로 신규 사업은 항상 그렇다. 특히 일을 시작하기 전에 말이다), 사람

들은 모두 열정적인 일에 참여하기를 원한다. 또한 복권 당첨 같은 행운을 좋아하는 성향 때문인지 사람들은 당신이 히트 칠 확률이 수백만 분의 1인 경우에도 당신의 사업과 유대를 맺으며 약간의 이익을 얻을 수 있기를 바란다.

혹시 라스베이거스에 있는 카지노에서 누군가 룰렛 회전판에 현금을 잔뜩 쌓아두고 한 무리의 친구들에게 둘러싸여 있는 광경을 본 적이 있는가? 그가 돈을 걸면 친구들은 "블랙을 잡아. 레드는 아니야. 숫자는 17이야!"라고 맞장구를 친다. 잃을 것이 하나도 없고 뭐 하나 손해 볼 것도 없는 그들은 짜릿한 도박에 참여하는 즐거움을 만끽하며 흥을 돋운다. 게다가 돈 많은 친구가 큰돈을 따면 그 덕에 저녁으로 스테이크를 배불리 먹을 수도 있으니까!

사업을 시작하는 당신은 룰렛 회전판에 앉아 있는 사람과 같다. 당신은 리스크를 감수하지만 당신을 아는 사람들은 별 의미 없는 맞장구를 친다. 그들에겐 아무런 위험이 없기 때문이다. 사람들은 당신이 새 사업을 시작하면 도와줄 것이라고 말한다. 그들은 부탁받지도 않았는데 이러쿵저러쿵하며 당신의 일에 참견하곤 하지만 대부분은 도움이 안 되는 말일 뿐이다. 그들은 당신에게 고객을 끌어다주고, 원가가 낮은 벤더를 소개하기도 한다. 또한 당신 사업의 단골이 되겠다고 말하며 자기 친구들을 모두 당신의 매장으로 보내겠다고 호언장담한다. 수없이 많은 사람들로부터 수없이 훌륭한 제안을 듣다 보면 당신은 주변 사람들이 당신과 한 팀으로 똘똘 뭉쳐 사업을 성공시켜 줄지 모른다는 생각에 무척 고무될 것이다.

당신은 '세계적인 수준'의 자문위원회를 구성하여 열렬한 정신적지지를 받고 수없이 많은 친구들을 곁에 둘지 모르지만, 내가 말하고 싶은 것은 사업의 성공 여부는 100% 당신에게 달려 있다는 점이다. 그게 현실의 '민낯'이다. 당신은 가라앉을지 헤엄칠지 스스로 결정해야 한다. 대부분의 사람들은 당신을 돕겠다던 자신의 제안을 5분도 지나지 않아 잊어버린다(때로는 무의식적으로, 때로는 의도적으로 말이다). 설령 자신의 제안을 잊지 않은 사람들이라 해도 대부분은 약속을 지키려 하지 않는다.

사장으로 산다는 것은 무척이나 외로운 길이다. 당신이 그 짐을 진정으로 홀로 짊어질 수 있는 사람인지 스스로에게 물어보라.

당신은 혼자서 고된 노력을 해야 한다. 당신만이 사업의 리스크를 감수하는 유일한 사람이기 때문이다. 사업가가 되는 것, 그리고 사업을 시작하거나 기존 업체를 인수하는 것은 진지한 헌신을 필요로 한다. 그리고 그러한 헌신은 법적으로, 재무적으로, 정서적으로 그리고 그 어떤 경우에도 당신에게 달려 있다. 당신의 돈을 사업에 투자하고, 어떤 빚이건 당신이 개인적으로 보증을 서며(그래서 잠재적으로 당신의 집과 같은 중요한 자산을 잃을 수 있는 리스크를 감수하고), 당신이 서명한 모든 대출 문서마다 당신의 이름이 기록된다. 당신의 친구가 몇 명이든 상관없이 그들이 당신과 함께 대출 문서나 기타 법적인 문서에 공동으로 서명하는 경우가 아니라면, 당신은 앞으로도 계속 홀로 서 있을 것이다.

서명란에는 당신의 이름이 적힌다

■　　　　　법률 문서(이 문서는 아마 법인 설립 인가증이거나 그 이전에 로펌에게 법인 설립 초안을 의뢰할 때 작성했던 수임 계약서일 것

당신은 사업가입니까

이다)에 처음 서명한 이후부터 당신은 사업에 관련된 모든 것을 책임지게 된다. 계약서에 서명할 때 당신은 계약 내용을 충분히 이해하고 있어야 한다. 왜냐하면 당신이 법적 책임을 져야 하기 때문이다. 당신의 변호사가 그 계약서를 검토한 뒤 문제가 없다고 말했을지라도 당신 자신의 판단이 필요하다. 가장 최악의 일은, 변호사의 말과 달리 그 계약에 문제가 발생했을 때 당신이 그 상황에서 빠져나오려면 그에게 더 많은 수임료를 지불해야 한다는 것이다. 또한 당신이 겪을 수 있는 가장 최악의 경우에는 상당한 돈을 잃거나 빚을 지면서 사업을 잃고 재무적으로 안정적인 삶도 잃어버릴 수 있다.

많은 사업가들이 서비스 제공, 매장 임대, 세무 감사, 벤더 계약 등을 진행할 때마다 계약서의 내용을 꼼꼼히 읽지 않고 철저히 이해하지 못한 채 계약을 체결하곤 한다. 계약 내용을 잘 이해하지 못해서 사업과 재정 안전성을 상실하고 수천 달러에서 수십만 달러의 재산과 집을 날릴지도 모르는 위험을 도대체 왜 무릅쓰는 것일까? 이는 집을 걸고 도박하는 것과 다를 바 없다. 당신은 집을 걸고 룰렛의 블랙에 베팅하겠는가? 부디 그러지 않기를! 이는 양식 있는 결정이긴커녕 그저 도박일 뿐이다. 사업을 할 때는 이와 똑같은 오류를 범하지 말아야 한다. 계약서 서명란에는 바로 당신 이름이 기입됐다는 것을, 그리고 거기에 당신의 돈이 걸려 있다는 것을 명심하라.

우두머리니까 다 알아야 한다

■ 사업체 소유주로서 당신이 갖는 책임과 리스크는 결코 사라지지 않는다. 엔론^{Enron}의 CEO였던 케네스 레이^{Kenneth Lay}

가 회사의 대규모 부정에 대해 자신은 몰랐다고 주장했을 때 사람들이 얼마나 그를 비웃었는지 기억하는가? 사람들이 그렇게 반응한 이유는 케네스가 회사의 책임자이므로 회사에 무슨 일이 일어나고 있는지를 모두 알아야 한다고 생각했기 때문이다. 케네스 레이는 회사를 설립한 사업가가 아닌 살인청부업자에 가까웠지만, 그래도 그는 CEO였고 회사와 관련된 모든 일에 책임을 져야 했다. 당신이 당신 회사의 CEO라면, 사업상 발생하는 모든 일을 알고 있어야 한다. 당신은 당신의 돈과 미래가 걸려 있는 사업을 책임져야 하기 때문이다.

사업의 여러 요소 중에서 당신이 책임을 면제받을 수 있는 것은 없다. 회계사를 고용하여 회계장부 작성에 관한 도움은 받을 수 있겠지만, 궁극적으로 숫자에 대한 모든 책임은 당신에게 있다. 회계사가 얼마나 장부를 잘 작성하느냐의 여부는 그들에게 제공된 정보의 질에 달려 있다. 앞에서 나는 '쓰레기가 들어가면 쓰레기가 나온다.'라는 문제를 언급했는데, 실제로 많은 회사의 회계장부가 그런 문제를 안고 있었다. 대부분의 회사가 회계사를 고용하여 퀵북스^{QuickBooks}와 같은 회계 프로그램에 숫자를 입력하고 관리하지만, 회사의 CEO가 사업상의 여러 수치와 재무를 잘 이해하지 못하면 재무제표는 완전히 엉망이 된다.

나는 공인회계사가 작성한 재무제표에 엉뚱한 내용이 기재되어 있는 것을 많이 봤다. 이익이 나는 것처럼 보이지만 따져보면 전혀 없는 사업도 많이 봤다. 왜냐하면 회계사가 회사가 제공한 정보를 사용하여 재무제표를 작성할 때, 그는 그 정보가 '쓰레기'인지 아닌지를 제대로 평가하지 않기 때문이다.

나는 유명하고 능력 있는 변호사로부터 어떤 대기업을 소개받은 적이 있다(맞다. 당신이 눈치챘는지 모르겠지만, 나는 변호사들로부터 소개를 자주 받는다). 이 회사는 선물용 상품을 판매했는데, 경쟁업체 몇 군데가 이 회사를 인수하려고 했다. 재무제표를 토대로 그 기업의 오너, 경쟁업체들, 변호사들은 모두 이 사업체가 수백만 달러의 가치가 있다고 판단했다. 실적이 좋지 않은 회사보다는 실적이 좋은 회사와 일하는 것이 항상 즐겁기 마련이라서(솔직히 말하자면 그 편이 일하기에 훨씬 쉬워서) 나는 신바람 나게 일했다. 당신도 짐작하듯이 나는 대개 인수업체보다 피인수업체에 고용되는 경우가 더 많은데, 이는 대부분의 피인수업체들이 사업을 꾸려가는 동안 이익을 내지 못하기 때문이다.

아주 긴 이야기라서 하이라이트만 짧게 말하겠다. 나는 그 회사의 재무제표를 훑어보다가 몇 가지 이상한 점을 발견했다. 그 회사는 주로 상품권을 판매했는데, 상품권을 판매할 때마다 '부채'로 기록하지 않고 '매출'로 기록했다. 이는 아주 중대한 문제(즉, 치명적 오류)였다. 상품권 거래는 매출을 발생시키지 않기 때문이다(상품권을 팔면 고객에게서 현금을 받지만, 상품권 소유자에게 나중에 물건을 제공해야 하기 때문에 부채로 기록하는 것이 맞다). 상품권 거래는 실제로 상품이 판매된 것이 아니다. 상품권 자체는 종이에 불과하므로 원가가 있을 수 없다. 그렇기에 소유자가 상품권을 사용하는 시점에 상품권이 매출을 발생시킨 것으로 장부에 표기하는 것이 옳은 것이다.

회계에 익숙하지 않은 당신을 위해 다른 방법으로 설명하겠다. 1일 차에 회사가 상품권을 100달러에 판매한다고 가정하자. 이는 향후 상품권 소유자에게 100달러 상당의 물건을 지급해야 하는 채무가 1일 차에 발생하는 것과 같다.

6개월이 지난 뒤 소유자가 상품권을 사용하기로 했다고 치자. 그는 가격이 100달러인 상품을 골랐는데, 그 상품의 원가가 60달러라면 회사는 상품 판매가 이루어진 시점에 40달러의 이익을 얻는다. 그가 가격이 100달러이고 원가가 70달러인 상품을 선택하면 회사는 30달러의 이익을 얻는다. 무엇을 말하려는지 알겠는가? 회사의 이익은 전적으로 상품권 소유자가 100달러짜리 상품권으로 어떤 상품을 구매하느냐에 달려 있다.

이 사례에서 그 회사는 상품권을 판매하는 날에 100달러를 매출로 잡는 오류를 범했다. 상품권을 구입하자마자 바로 사용하는 사람은 거의 없기 때문에 상품권 판매 시점에서는 매출원가를 산출할 수 없다. 따라서 회사는 장부에 100달러의 이익이 발생한 것으로 기록했다! 정말 끝내주는 사업이지 않은가? 100달러 매출에, 100달러 이익이라니!

그 회사의 CEO는 이런 관행이 옳지 않다는 것을 깨닫지 못한 채 판매 관련 정보를 30년 이상 경력의 능숙한 공인회계사에게 제공했다. 회계사는 그 정보가 당연히 양질의 정보라고 간주하고 재무제표를 작성했다. 그러니 재무제표에는 상당한 매출을 올리는데도 매출원가는 거의 없는 것으로 나타날 수밖에 없었고, 모든 상품권은 손익계산서에 100%의 이익률로 표시됐다. 이 수치들을 다른 아이템(상품권 이외의 판매 아이템)의 것과 합치니 회사의 수익성이 엄청나다는 착각이 일어난 것이다. 하지만 상품권 실적을 제거하고 제대로 재무제표를 작성하자 그 회사는 실질적으로 적자를 기록 중이었다. 회사는 상품의 원가를 충당할 만큼의 가격을 책정하지 않았는데, 그 이유는 앞서 설명한 회계상의 오류 때문이었다. 그 회사의 사업은 변호사와 공인회계사를 비롯한 모든 사람이 수백만 달러의 가치가 있다고 동의했지만, 근본적으로 따져보니 아무런 가치가 없었다.

질문을 던져보겠다. 이것이 누구의 문제였다고 생각하는가? 회계사? 아니다. 그는 단지 숫자를 정리했을 뿐이다. 이것은 사업가, 즉 CEO의 문제였다. 그의 이름이 모든 계약서에 적혀 있었고 서명란에 기재돼 있었기 때문이다(또한 아직 상품으로 교환되지 않은 수백만 달러의 채무를 짊어진 사람도 바로 그 사업가다). 우리가 이런 오류를 발견한 뒤 몇 년이 지나도록 그 사업가는 여전히 문제의 후유증에서 벗어나지 못했다.

어쩌면 당신은 '사업가의 책임'을 혼자 짊어지지 않는 방법은 파트너를 찾는 것이라고 생각할지 모른다. 가이 가와사키^{Guy Kawakaki}는 『당신의 기업을 시작하라^{The Art of the Start}』에서 사업을 함께 시작할 '소울 메이트'를 찾으라고 조언하는데, 나는 일반적으로 다른 산업보다 기술 분야에서 파트너를 찾는 것이 더 쉽다고 생각한다(물론 만만한 일은 아니지만). 이론적으로 봤을 때 파트너를 찾는다는 아이디어는 매우 훌륭하지만, 현실적으로 실행하기는 무척 어렵다. 파트너와 함께 '위원회'를 구성하여 회사를 경영하는 것은 추천할 만한 방법이 아니다. 하나의 일에 대해 두 사람이 매번 공동 책임을 지는 것은 불가능하니까.

사업을 위해 당신과 동등한 권한을 갖는 파트너를 얻는 것은 결혼과 비슷하다. 잘 알고 신뢰하는 사람이 파트너가 되면 기존의 관계가 변화무쌍한 이슈로 인해 틀어지기 십상이다. 특히 사업이 어려움에 봉착하면 파트너와 당신의 개인적 관계가 오래가지 못하는 게 당연하다. 또한 당신이 잘 알지 못하는 사람을 파트너로 들인다면 문제가 있을지 모르는 사람에게 당신의 투자 자금과 생계를 맡기는 것과 같다. 그 사람 때문에 사업이 곤경에 처해도 여전히 책임은 당신이 져야 한다. 다른 누군가에게 사업과 재무적 안전성을 해칠 수 있는 '능력'을 주고 싶은가? 당신의 이름이 계약서에 기입돼 있다면 설령 다른 사람(즉, 파트너)의 이름이 함께 명기돼 있다 해도 당신은 사업과 결과로 나타나는 모든 것들에 대해 여전히 100%의 책임을 져야 한다. 이 점이 중요하다.

정리하면, 당신의 이름이 서명란에 존재하는 한 사업과 관련된 모든 것은 당신에게 영향을 미친다. 그렇기 때문에 당신은 모든 일을 잘 알고 있어야 한다. 직원이 직장에서 무언가를 훔친다면 그것은 당신의 것을 훔치는 것과 다를 바 없다. 주의를 기울이지 않은 탓에 자금 횡령이 일어난다면, 손실은 오로지 당신의 몫이다. 잘못된 법률 서비스를 받았다고 해도 그 비용은 지불해야 한다. 재차 말하지만, 서명란에 당신의 이름이 존재하는 한 당신의 책임이 얼마나 막중한지 잊지 말기 바란다.

당신의 사업을 돕겠다고 말해놓고 아무런 소식이 없는 사람이 있는가? 당신이 성공을 거두면 그는 느닷없이 나타나 당신의 절친이 되려 하고, 당신의 상품이나 서비스를 무료나 싼 값으로 얻고 싶어 한다. 그리고 당신에게 자신과 함께 VIP석에서 농구 경기를 관전하자고 말한다. 물론 돈은 당신이 내고 말이다. 누군가의 성공에는 항상

당신은 사업가입니까

거머리가 붙기 마련이다.

사업이 어려워지면 당신을 돕겠다고 나섰던 사람들이 보석금을 마련해 당신을 곤경이라는 감옥에서 빼내줄 거라 기대하지 마시라. 좋은 시절 다음에는 힘든 시절이 오기 마련인데, 성공은 그들과 함께 만끽할 수 있지만 힘든 시절은 당신 혼자 헤쳐 나가야 한다. 과거에 여러 사람들에게 인기가 있었지만 사업에 실패한 사람이 있다면, 그에게 근황을 물어보라. 그는 틀림없이 너무 외롭다고 말할 것이다.

키맨 리스크

■ 사업의 리스크 중 몇몇은 당신이 사업가로서 회사 책임자의 위치에 있다는 사실과 직접적인 관련이 있다. 이런 리스크를 대기업들은 종종 '키맨Key Man 리스크'라고 부른다. 핵심인물이자 회사의 책임자인 당신에게 사고가 발생하거나 발생할 수 있다는 인식만으로도 사업은 심각한 곤경에 빠질지 모른다. 왜냐하면 당신은 사업의 성공에 그만큼 중요하기 때문이다.

대부분의 사람들은 최악의 시나리오를 떠올리는 것을 별로 좋아하지 않는데, 자신에게 개인적으로 안 좋은 일이 생기는 것에 대해서는 특히 그렇다. 당신이 심각한 우울증 환자가 아니라면 자신의 죽음이나 그 외 발생할 수 있는 나쁜 일을 생각하는 데 많은 시간을 허비하지 않을 것이다. 그래서인지 대부분의 사업계획들은 긍정적인 내용에 대한 많은 논의를 담고 있지만, 계획된 사항이 전혀 다른 방향으로 진행되는 불의의 사태를 위한 사전 대책은 다루지 않는다.

당신이 직장을 다니다가 사고를 당하거나 병이 나면 상당 기간 일하지 못한다. 회사에 돌아갈 자리가 없어지면 비슷한 직장이나 전혀 다른 직업을 알아볼 수 있다. 당신이 잃는 유일한 것은 급여뿐이다. 상당히 큰 병원비를 몇 차례 냈다면, 직장으로 돌아가 안정적으로 급여를 받으며 조금이라도 병원비를 벌충할 수 있다는 생각에 오히려 즐거운 마음이 들 수도 있다.

그러나 사업을 할 때는 게임의 양상도 완전히 달라진다. 직원으로 일하다가 몸이 아파서 고객 프로젝트를 마무리할 수 없거나 고용주가 지시한 업무를 수행하는 것이 불가능해지면 당연히 당신의 기분은 좋을 리 없다. 하지만 그로 인한 부담이 당신에게 떨어지지는 않는다. 다른 사람을 구해 고객 프로젝트를 마무리시키거나 마감일을 늦춰 사업을 지속시키는 것은 모두 고용주의 책임이다. 그러나 당신이 사업가라면, 당신이 암 투병 중이든 혼수상태 중이든 상관없이 사업은 온전히 당신(그리고 당신 가족)의 책임으로 남는다. 당신이 병원에서 튜브를 꽂은 채로 꼼짝할 수 없는 상황이라서 고객 프로젝트를 끝마칠 수 없다면 누가 당신을 대신해 그 프로젝트를 수행할까? 이 문제는 직원이 하나도 없을 경우에 더 심각해진다(이것이 '잡-비즈니스'를 하면 안 되는 이유이기도 하다).

자, 당신의 '플랜 B'는 무엇인가? 당신에게 사고가 발생하면 누가 매일 사무실의 문을 열까? 누가 새로운 소비자를 찾아다닐까? 누가 임대료와 급여를 낼까? 당신이 없는 동안 누가 사업을 계속 유지하고 좌초되지 않도록 책임을 질까? 당신이 많은 책임을 가질수록 리스크는 더 커진다(특히 사업 개시 후 첫 2년간은 사업의 거의 모든 것이 당신 책임이다). 당신 없이 사업이 운영될 수 있는지 자문해보라. 대답이

'없다'라면, 위험에 처하는 것은 무엇인가?

병이나 사고에서 회복된다 해도 당신이 사업을 하던 중이라면 따박따박 급여가 들어오는 직장으로 돌아가지 못할 것이다. 그렇다. 당신은 적자에 허덕이는 사업을 바로잡으러 돌아가야만 한다(당신의 공백이 길더라도 사업체는 여전히 존재한다고 가정하자). 당신은 당신의 자금이 사업운영에 묶여 있기 때문에 병원비 지불에 어려움을 겪는다. 질병에서 완전히 회복하기 위해서는 힘을 키움과 동시에 사업의 스트레스도 견뎌야 한다. 즐거운 이야기로 들리는가? 절대 그렇지 않을 것이다. 사업의 리스크와 보상을 최상의 경우와 최악의 경우로 나눠 평가할 때, 당신이 키맨 리스크와 직면할 준비가 되어 있는지 오랫동안 충분히 생각해보라.

당신이 키맨이기 때문에 당신에 대한 다른 사람들의 인식이 조금이라도 달라지면 그 영향은 사업이 받는다. 누군가 범죄나 비윤리적인 행위를 이유로 당신을 고발하면, 설령 진실이 아니라 해도 그것은 당신의 사업에 부정적인 영향을 미친다.

만일 이보다 좋지 않은 시나리오가 발생하면 어떻게 될까? 만약 당신이 뜻밖의 사고로 사망한다면 당신의 가족과 사랑하는 사람은 당신 대신 사업을 운영할 수 있을까? 그들이 사업체를 매각하면 당신의 투자를 회수할 수 있을까? 주택이 담보로 잡히거나 모든 동산이 압류되는 등 그들이 재무적인 위험에 빠지는 것은 아닐까? 당신은 그들에게 무엇이 위험한지를 검토해야 한다.

마사 스튜어트

■   한 사람이 사업의 성공과 사업가치에 얼마나 중요한지 가장 잘 보여주는 사례는 바로 마사 스튜어트^{Martha Stewart}다. 그녀가 경영하는 회사인 마사 스튜어트 리빙 옴니미디어^{Martha Stewart Living} ^{Omnimedia}(이후 리빙 옴니미디어라고 함 – 옮긴이)는 상장기업이다. 내가 다니던 뱅크 오브 아메리카 시큐리티는 그 회사의 기업 공개^{IPO}에 참여했던 투자은행들 중 하나였다. 나는 상장 작업의 안전한 진행을 돕는 팀에 소속돼 있었다. IPO에 참여했던 모든 투자은행들은 그녀가 사업의 핵심이라는 점을 깨달았다. 그녀의 회사는 대기업이었지만 그녀의 이름이 곧 회사의 이름이자 브랜드의 핵심이었다. 리빙 옴니미디어가 IPO에 관련된 문서(S-1 유가증권 계출서라고 부른다)를 제출할 때, 투자은행들은 그런 문제를 사업의 '리스크 요소'에 포함시켰다. 다음의 내용은 리빙 옴니미디어의 IPO 관련 문서 중 잠재적인 투자자들에게 그런 리스크를 경고하기 위해 작성된 글에서 발췌한 것이다.

마사 스튜어트나 핵심인재를 잃으면 매출과 영업성과와 전망에 실질적으로 악영향이 발생할 것이다. 우리 회사는 창업자이자 이사회 의장이고 CEO인 마사 스튜어트에게 매우 깊이 의존하고 있다.

지금까지 마사 스튜어트의 재능과 노력, 개성, 리더십은 회사 성공의 핵심이었고 앞으로도 계속 그럴 것이다. 마사 스튜어트가 일하는 시간을 줄이거나 아예 일하지 못한다면, 그리고 그런 업무 감소나 공백에 대해 시장과 산업이 부정적으로 인식하면 우리의 사업은 곤경에 처할 것이다. 그녀 외의 주요 경영진들이 존재하고 그들이 우리의 사업에 대해 실질적인 경험을 가지고 성과에 공헌하고 있음에도, 마사 스튜어트는 우리 회

당신은 사업가입니까

사의 선임 경영자이자 가장 창의적인 사람이고 우리의 브랜드를 상징하는 화신으로 항상 남아 있을 것이다.

실제로 이 리스크는 몇 년 후에 현실로 나타났다. 2002년 초에 그녀가 증권사기 혐의(내부 정보를 불법적으로 이용해서 비관련 주식을 처분했다는)로 기소되었다는 뉴스가 터지기 직전 리빙 옴니미디어의 주가는 주당 20달러였다. 그러나 마사가 조만간 감옥에 수감될 수 있다는 소식이 전해지자 회사 주가는 거의 6달러까지 떨어졌고, 그녀가 유죄를 선고받아 감옥에서 복역하고 나온 뒤에도 몇 년간 주가는 회복되지 않았다.

리빙 옴니미디어는 마사 스튜어트의 뜻밖의 수감으로 인해 사업가치가 상당히 하락하는 심각한 부작용을 경험했다. 사실상 이 회사는 예전 상태를 회복하지 못하고 오랫동안 부침浮沈을 겪었는데, 2010년 당시 리빙 옴니미디어의 주식은 불과 3달러에 거래되었다. 마사 스튜어트는 자신의 스캔들로 인한 손실이 "10억 달러 이상일 것"이라고 추측했다.[14] 대기업인 데다가 재능 있는 사람들이 회사 운영에 참여하고 있었는데도 마사 스튜어트라는 한 사람과 관련된 리스크는 사업 전체에 막대한 영향을 미쳤던 것이다. 이런 식으로 사업이 부정적인 영향을 받는다면 당신의 사업에는 어떤 일이 일어날지 상상해보라.

최악의 시나리오가 발생한다면?

■   최악의 시나리오가 당신이 아닌 사업에서 발생한다면 어떠할까? 당신은 최악의 시나리오를 재무적으로 잘 견뎌낼

수 있겠는가? 흔들리지 않는 마음으로 최악의 시나리오를 이겨낼 수 있겠는가? 아무도 당신의 매장을 찾지 않고, 당신의 상품을 원하지 않으며, 당신의 서비스를 바라지 않는다면 어떻겠는가? 직원이 당신에게서 돈과 재고를 훔쳐 달아난다면 그 피해를 원상복구할 수 있는가? 해외에서 조달하는 상품을 해적에게 빼앗겨서(농담이 아니다. 이런 사고는 실제로 일어난다) 고객에게 서비스를 할 수 없으면 어떻게 하겠는가? 고객이 당신을 고소하거나 사업을 못하도록 방해한다면? 당신이 판매한 상품 때문에 한 명 이상의 고객이 부상을 당해 대량 리콜을 할 수밖에 없다면? 이런 문제들은 모두 실제로 일어날 수 있는 이슈라서 사업의 리스크로 충분히 고려해야 한다(좋다. 해적에게 물건을 강탈당하는 것이 터무니없다고 생각된다면 운송 중에 상품을 잃어버리거나 세관에 묶여 일정이 지연되는 경우를 떠올려보라. 그런 일은 자주 일어나니까).

당신에게 겁을 주거나 말도 안 되는 가정을 제시하려는 것이 아니다. 이런 문제들은 사업가들이 직면하는 매우 실제적인 이슈인데도 사업가 방정식에서는 절대로 고려되지 않는다. 어쨌든 좋은 경우든 나쁜 경우든 당신은 당신에게 닥칠 모든 시나리오를 반드시 검토해야 한다. 기대했던 것보다 일이 더 잘 진행될 때 패닉에 빠지는 사람은 없지만, 위기가 닥쳤을 때 패닉에 빠지는 사람은 많다. 사업 추진을 위해 잠재적 리스크와 보상을 평가할 시에는 반드시 최악의 시나리오를 포함한 모든 리스크를 빠짐없이 검토해야 한다.

당신이 직장에 다닐 때 그냥저냥 대충 일하는 스타일이었다면, 사업가가 되었을 때는 앞서 언급한 모든 리스크를 직면해야 한다는 사실 때문에 리스크와 보상의 방정식을 제대로 산출하지 못할 것이다. 당신이 제2의 구글을 일구어낼 능력을 진짜 현실적으로 가지고 있다면, 그에 뒤따르는 리스크는 감수할 만한 가치가 있다. 그러나 지금도 제2의 구글을 꿈꾸는 수백만 명의 개인 사업자와 소기업들이 사업을 겨우 지탱해가고 있다는 사실을 직시하라.

4부

THE ENTREPRENEUR EQUATION

4부에서는 최종적인 '제정신 체크'를 위해 모든 검증 절차를 종합적으로 살펴볼 것이다. 30장에서는 사업가 방정식 전체를 살펴볼 예정인데, 당신이 처한 특별한 상황과 기회를 고려할 때 모든 리스크, 이슈, 보상이 서로 균형을 이루는지, 트레이드−오프를 고려할 때 감수할 만한 가치를 만들어내는지 들여다보려 한다. 31장에서는 사업가의 현실을 다시 한 번 일깨우면서 당신과 작별 인사를 할 것이고, 마지막 장인 32장에서는 언제나 이 책 전체의 내용을 즉시 참조할 수 있도록 일종의 '커닝 페이퍼'를 제시할 것이다.

30

사업가 방정식을
최종 평가하라

지금도 여전히 새로운 사업기회를 검토하고 있
다면, 당신은 검증 절차의 마지막 단계로 자신이 처한 상황, 기회, 전
체적인 리스크와 보상을 최종 평가해야 한다.

(1) 사업의 동기: 사업가의 현실이 당신이 추구하는 보상을 가져다
줄 것인가?

(2) 사업의 타이밍: 당신은 사업가가 될 최상의 포지션에 있는가?
아니면 좀 더 기다리면서 보상을 늘리고 리스크를 줄일 것인가?

(3) 성격적 특성: 사업가의 길이 당신의 강점과 잘 맞는가?

(4) 사업의 기회: 사업모델에 따르는 보상이 충분한가?

이런 질문을 통해 당신의 사업가 방정식에 나타나는 정량적, 정성적 리스크 및 보상을 종합적으로 평가하고, 최종적으로 사업가가 될 것인지를 결정하기 바란다.

사업가 방정식을 종합적으로 평가하기

이제 당신만의 사업가 방정식을 구축하기 위해 앞에서 작성한 모든 연습의 결과물들을 모을 시간이다. 자, 당신의 사업가 방정식은 무엇인가? 간단히 말해, 사업가 방정식이란 당신만의 특별한 사업기회에 내재된 리스크와 보상의 트레이드-오프 관계를 당신의 개인적 목표, 기회, 상황을 토대로 살펴보는 것이다. 사업가 방정식이 당신에게 유의미해지려면 잠재적인 보상이 잠재적인 리스크보다 전체적으로 훨씬 커야 한다.

이제 당신은 사업가의 현실과 현재의 경쟁환경뿐 아니라 사업의 시작이나 운영에 무엇이 필요한지 좀 더 명확히 이해하고 있기 때문에 리스크와 보상을 함께 묶어 평가할 수 있다. 이러한 리스크와 보상은 현재 당신이 처한 개인적 상황과 당신이 추구하는 목적을 충분히 반영해야 하는데, 당신이 관심을 두는 사업기회도 마찬가지다.

종이 한 장을 상하 두 부분으로 나눈 다음, 위에는 '현재 나의 리스크'라고 쓰고, 아래에는 '기회로부터 얻는 보상'이라고 써라. 다음은 사업가 방정식에서 평가되는 영역들이다.

'현재 나의 리스크'

- 타이밍 리스크(현재의 재무 상태, 경험, 내게 주어진 책임들)
- 성격적 특성과 관련된 리스크
- 내가 관심을 두는 사업기회와 관련된 리스크
- 자금 리스크(내가 투자한 자금, 대출금, 급여 상실분)
- 투자의 기회비용으로 인한 리스크
- 기타 재무적인 리스크와 정성적 리스크

'기회로부터 얻는 보상'

- 내 동기를 만족시키는 정성적이고 정량적인 보상
- 내가 관심을 두는 사업기회의 정성적이고 정량적인 보상
- 사업체 소유에 따르는 기타 정성적이고 정량적인 보상

앞에서 했던 여러 연습과 브레인스토밍의 결과물을 보며 아래의 질문들을 다시 던져보라. 질문의 답을 가지고 조금 전에 종이에 기입한 '현재 나의 리스크' 및 '기회로부터 얻는 보상'을 검토하라.

1. 사업의 동기
'성공하자'란 목표에 강하게 끌리는가?

2. 사업의 타이밍
다음의 관점에서 볼 때, 지금이 새로운 사업기회에 충분히 몰입할 수 있는 시점인가?

- 개인적인 재무 상태
- 지금까지의 경험
- 현재 당신에게 부과된 책임들
- 네트워크(인맥)
- 당신은 향후 몇 개월 혹은 몇 년 동안 더 좋은 성공 기회를 창출하기 위해 무언가를 할수 있는가? 예를 들어 사업의 프로토타입에 대한 테스트를 작은 규모로 해본다거나 업종과 사업에 대한 지식과 스킬, 경험을 좀 더 보완할 수 있는 여지가 있는가?

3. 성격적 특성
- 당신은 사업가로서 적절한 성격적 특성을 갖고 있는가?
- 리스크를 감수하는 '산타' 역할은 다른 사람에게 있는 회사에서 직원으로 일하며 창의력과 사업가적 마인드를 발휘하는 것이 더 행복한가?

4. 사업의 기회

- 당신에게 주어진 사업기회는 죠비인가, 잡−비즈니스인가, 아니면 진짜 사업인가?
- 그 사업기회는 어떻게 새로운 리스크나 보상의 한계를 만들어내는가?
- 그 사업기회는 최근의 치열한 사업환경에서 효과적으로 경쟁하는 데 충분한 우위를 갖추고 있는가?
- 그 사업기회는 재무적 수익률을 충분히 충족시킬 정도로 매력적인가?
- 그 사업기회를 통해 돈을 벌 수 없다 해도 당신의 열정을 바치는 일이니 여전히 흥미롭고 즐거운가?

5. 리스크와 보상

- 새로운 사업을 통해서는 어떤 리스크와 보상이 발생하는가?

6. 기타 이슈들

- 당신이 리스크와 보상의 방정식에서 고려해야 하는 또 다른 이슈는 무엇인가?

이제 당신 앞에 놓인 것은 사업기회의 모든 리스크와 모든 잠재적인 보상이 포함된 '사업가 방정식'이다. 자, 100만 달러짜리 질문을 해보겠다. 당신의 사업가 방정식에 포함된 사업기회는 당신이 부담하는 개인적, 재무적, 정성적 리스크를 충분히 정당화할 만큼의 보상을 창출하는가? 잠재적 보상이 당신이 부담하는 리스크나 당신이 견뎌내야 하는 이슈들을 크게 능가하는가? 각 장의 연습에서 당신이 어떻게 답했든 상관없이, 잠재적 보상이 리스크나 이슈를 능가하지 못한다면 당신은 절대로 새로운 사업을 추진해선 안 된다.

사업가 방정식으로 다시 돌아가 좀 더 평가를 진행하라. 리스크를 최소화할 수 있거나 충분히 사전 준비를 할 수 있는 여지가 있는가? 보상을 확대해서 좀 더 매력적인 트레이드-오프를 만들 수 있는가? 리스크를 줄이고 보상을 늘린다면, 더욱 추구할 만한 가치가 있는 사업기회가 되도록 사업가 방정식의 균형을 잡을 수 있다.

사업가 방정식의 요소들은 독특한 당신과 당신의 환경에 적용되는 것이라서 여러 번 바뀔 수 있음을 기억하라. 사업가 방정식을 지속적으로 평가해봐야 하는 이유는 당신의 사업가 방정식이 언제든 당신의 목적, 기회, 개인적인 상황 등이 변할 때마다 함께 바뀌기 때문이다. 나의 목표는 당신이 올바른 질문을 던지도록 돕고, 당신이 겪게 될 현실을 조금이나마 깨닫게 함으로써 당신이 새로운 사업을 추구할 때 정보에 입각하여 의사결정을 내리게 하고, 리스크와 보상을 언제든지 올바르게 평가하도록 조언하는 것이었다. 개인적인 기질, 경험, 재무 상태, 책임감, 특정 사업기회로 이루어진 당신의 현재 상황은 '사업의 잠재적 보상을 위해서는 어느 정도의 리스크가 적절할까?'란 질문의 답에 영향을 미칠 것이다.

31

성공 스토리에
현혹되지 마라

사람들은 살면서 매우 많은 정보를 접하지만 기억력에 한계가 있다. 어쩌면 이것이 역사적으로 봤을 때 왜 동일한 실수가 여러 시대에 걸쳐 되풀이되는지를 설명하는 이유가 될 수도 있겠다. 고통이 잠시 왔다 사라지면, 우리는 그 고통을 망각하기 쉽다.

이 책의 내용이 당신에게 의미 있다고 생각됐던 순간, 그리고 당신이 사업 시작 시 감안해야 할 모든 고된 '일', 트레이드-오프, 리스크, 이슈를 알게 된 순간 뒤통수를 한 대 맞는 듯한 충격을 받았을 것이다. 하지만 〈오프라 윈프리 쇼〉를 보던 당신은 사업 성공 스토리에 다시금 빠져들기 시작했다. 아이 여섯을 둔 어느 싱글맘이 쇼에 나와서 "돈도 경험도 없었지만 지하실에서 수제 인형을 만들어 팔다가 급기야 수백만 달러의 매출을 달성했다."라고 말하는 것을 보고 만 것이다.

'어라?' 당신은 생각한다. '저 사람이 할 수 있다면 나도……'

내가 재차 강조하고 싶은 두 가지 충고가 있다. 첫째, 당신도 물론 가능하다는 것이다. 그러나 '가능하다'와 '가능성이 있다'는 다른 말이다. 복권에 당첨되어 100만 달러 이상의 돈을 집으로 가져가는 사람이 간혹 있다. 복권의 당첨 확률은 매우 희박하므로 당신이 가진 모든 돈을 복권에 투자하는 것은 결코 '가능성 있는' 투자 전략이 아니다. 하지만 그렇게 큰돈에 당첨되는 것은 '가능한' 일이라서 수천만 명 중 한 명은 운 좋게도 그 돈을 받아갈 것이다.

둘째, 당신은 성공 스토리의 전체 이야기를 모른다는 것이다. 나는 최근 들어 자신의 사업체를 2,000만 달러에 매각한 남자를 알고 있다. 2,000만 달러라는 액수에 놀라지는 마라. 그 사람과 파트너들이 3,500만 달러나 투자했던 사업을 2,000만 달러에 판 것이니까. 2,000만 달러에 매각했다는 얘기만 들으면 전체적으로 1,500만 달러를 손해 봤다는 사실은 알 수 없다. 이야기의 나머지 부분을 몰랐기 때문에 당신은 2,000만 달러라는 돈이 매우 인상 깊게 느껴졌을 것이다. 어떤 사업의 수익성이 높다거나 매출액이 일정 수준이라거나 혹은 얼마의 가격에 매각됐다는 말만으로는 그 사업의 성공 여부를 판단할 수 없다. 그러므로 당신은 있는 그대로의 세부 사항을 파악해야 한다.

숨겨진 이야기가 있음을 명심하라

■　　　　　많은 사람들은 빌 게이츠가 사업을 어떻게 시작했는지 그 실상을 잘 알지 못한다. 당신도 예외는 아닐 것 같다. 오프라가 인터뷰했던 그 여성은 무일푼의 싱글맘이었지만, 돈 많은 삼촌

이 그녀의 사업을 도와줬을지도 모른다. 많은 자금을 모으긴 했지만 채권자들과 투자 파트너들에게 진 빚을 갚느라 그녀 자신에게 남은 것은 별로 없었을 수도 있고, 경험과 인맥이 풍부한 친구나 멘토가 그녀의 부족한 역량을 채워줬을지도 모른다. 아니면 수천만 명 중 오직 한 명만이 복권에 당첨되는 행운이 그녀에게 떨어졌는지도.

마음이 갈피를 잡지 못하고 성공 스토리에 혹하는 것 같다면, 당신의 사업가 방정식을 들고 〈거래합시다〉에 나오는 커튼 앞에 다시 서라. 잠재적 보상에 대해 어느 정도의 리스크를 기꺼이 감수할 것인가? 분명 당신은 그동안 저축한 수십만 달러의 돈을 파워볼 복권 구매로 날려버리지는 않을 것이다.

어떤 일이 '일어날 수 있다'는 것은 '일어날 것 같다'는 뜻이 아니다. 당신은 슈퍼모델과 결혼할 수 있고 섬나라의 지배자가 될 수도 있지만, 그런 일에 자신의 모든 저축액과 급여를 걸고 싶지는 않을 것이다. 다음에 〈오프라 윈프리 쇼〉나 〈포브스Forbes〉지誌 혹은 야후 뉴스Yahoo! News에서 누군가 무일푼에서 부자로 성공했다는 이야기를 보면 이 점을 꼭 명심하라. 더불어 '악마는 디테일에 숨어 있다'란 말 또한 기억하라. 그들은 당신에게 전체 이야기를 말해주지 않을 가능성이 크니 그런 소수의 성공을 일반화하지 마라. 그들의 사업이 얼마나 성공했는지, 혹은 사업의 소유주가 얼마나 많은 금전적 보상을 받았는지를 함부로 추측하지 마라. 크라이슬러Chrysler는 매출이 수십억 달러인 업체였다. 수십억 달러의 회사라는 말만 들으면 그 회사가 성공했다는 생각이 든다. 하지만 2009년에 크라이슬러는 파산했다. 한 가지 데이터만으로 나머지 데이터를 알 수 있는 것은 아니다.

32

언제나 들춰보는
'커닝 페이퍼'

이 책에서 제시한 여러 검증 절차와 '제정신 체크'를 사용하면 당신이 지금 사업을 시작해야 하는지 판단하는 데 도움을 받을 수 있다. 천성이 게을러서 이 책 전체를 읽지 않는다면 당신은 첫 검증 절차부터 크게 실패할 것이다. 그러니 인내심을 가지고 즐거운 마음으로 책을 읽고 사업 시작에 필요한 일을 수행해야 한다. 이미 말했듯이, 준비하는 데 실패하면 이미 실패를 준비하고 있는 것과 다름없다. 이 책을 읽는 것은 결코 어려운 일이 아니다. 특히 당신이 앞으로 사업체 소유주로서 직면하게 되는 일들과 비교하면 정말 식은 죽 먹기다. 당장 전체적인 검증 절차를 진행하는 것이 힘들다면, 바로 그것이 지금 다니는 직장을 계속 다녀야 하는 당연한 이유임을 받아들여라(사업을 시작하지 말라는 신의 뜻이다!).

당신은 사업가입니까

이 책을 다 읽은 당신은 사업가라는 자리가 왜 그렇게 도전적이고 생각 외로 추구할 만한 가치가 없는지를 신속하게 떠올릴 수 있도록 (또한 다음번에 또 '빅 아이디어'가 생기면 제정신 체크를 해볼 수 있도록) 가벼운 가이드를 원할지도 모르겠다. 자신에게 '내가 사업가가 될 수 있을까?'라는 질문보다는 '내 개인적인 환경과 목표, 기회를 감안할 때 나는 사업가가 되어야 할까?'라는 질문을 던져야 한다는 점을 기억하라. 당신의 사업가 방정식을 지속적으로 갱신하라. 사업가 방정식은 당신의 개인적 상황과 사업기회가 변할 때마다 함께 바뀌기 때문이다.

아래의 표는 각 장의 핵심 내용을 간추린 것인데, 특히 사업가가 자신에게 적합한지(지금 혹은 향후에)를 평가할 때 유념해야 할 현실적인 상황, 리스크, 보상 등에 관한 내용들이다.

1장	아메리칸 드림과 우리의 사업환경이 지난 80년간 실질적으로 크게 변했지만, 많은 사업가들은 과거의 관점으로 사업에 접근하고 있다.
2장	모든 직업을 얻기까지는 많은 리스크(그리고 잠재적 보상) 및 그에 따른 검증 절차가 있다. 그러나 사업가라는 자리에 관한 검증 절차는 아직까지 없다. 이 책은 당신이 포부를 지닌 사업가가 되기에 적합한지를 검증할 수 있는 절차를 제공한다.
3장	많은 전문가들은 사업을 성공시키는 방법에 대해 지난 수십 년간 온갖 조언을 해왔다. 그러나 가정이 틀렸다. 어쩌면 당신은 사업을 경영할 적임자가 지금 또는 영원히 아닐지도 모른다(당신의 성격이나 우선순위에 달렸지만). 게다가 사업가를 둘러싼 게임의 룰도 크게 변했다. 거액을 벌 수 있는 직업은 많아졌고 시장에서 경쟁은 더 심해졌다. 따라서 사업체 운영이라는 일의 매력도 20년 전에 비해 크게 낮아졌고 잠재적 보상 역시 줄어들었다.

4장	사업가가 된다는 것은 상품을 잘 팔거나 서비스를 잘하는 것, 전문적인 기술을 갖고 있는 것과는 전혀 상관없다. 사업가가 된다는 것은 사업운영을 잘해야 한다는 것, 한 가지 일에 집중하기보다는 수없이 많은 일들(가령 마케팅, 회계, 직원관리)을 수행해야 함을 의미한다. 또한 당신이 하는 일이 직업인지 사업인지도 올바로 알아야 한다. 고용한 직원이 하나도 없고 사업이 실질적으로 당신과 동의어라면, 당신은 그저 일하는 즐거움을 느끼기 위해 필요 이상의 리스크를 감수하는 직업을 가지고 있는 셈이다. 하지만 이는 그다지 권장할 만한 것이 아니다.
5장	많은 사람들이 사업에 환상을 가지고 있지만, 사업을 하면 통제권도 자유도 없어진다. 우선 당신은 고객의 통제를 받는다(고객이 없다면 사업도 없다). 게다가 여러 그룹의 사람들, 즉 직원이나 투자자, 임대주 등도 각자의 어젠다를 가지고 당신을 통제한다. 너무나 당연한 소리지만, 사업을 할 때에 비해 직장을 다닐 때는 실제로 당신을 통제하는 사람이 별로 없다.
6장	당신은 자존심을 세우려는 잘못된 이유로 사업을 하고 싶은 것일지 모른다. 사업을 하다 보면 직장에 다닐 때나 집을 구하러 다닐 때보다 잠재 고객으로부터 더 자주 거절당할 수도 있다. 칵테일 파티에서 떠벌릴 그럴 듯한 이야깃거리를 위해 사업을 시작한다는 것은 말도 안 되는 이유다.
7장	아이디어 자체는 사업이 아니다. 좋은 아이디어가 실패하고, 나쁜 아이디어가 성공하기도 한다. 요점은 실행 가능한 사업모델을 추진해야 한다는 것이다. 모두가 사업 아이디어를 찾으려 애쓰지만 실행에 옮기지 않는다면 그 아이디어는 불행히도 아무 쓸모가 없다.
8장	취미는 자유시간에 하기 때문에 즐거운 것이다. 취미를 사업으로 하게 되면, 취미는 일이 된다. 어떤 취미를 잘 알고 있다는 것이 그것과 관련된 사업을 잘 운영할 수 있다는 것을 의미하지는 않는다. 당신이 어떤 사업에 풀타임으로 참여하지 않거나 그 사업을 통해 시간당 최소한의 임금을 벌지 못한다면 그것은 사업이 아니라 '죠비'다. 죠비는 사업으로 위장한 취미에 불과하다.
9장	사업을 하면 사람들과 더 많이 접촉하게 된다. 만약 당신이 외톨이라면 사업은 당신의 문제를 해결하는 좋은 방법이 될 수 없다.
10장	사업을 하겠다는 당신의 의사결정에 영향을 받는 사람들에 대해 당신은 어떤 책임이 있는가? 만약 자녀의 대학 학비를 사업운영에 사용하기로 결정하면 자녀들이 행복해할까? 당신은 두 가지 일을 동시에 최우선순위에 둘 수 없다는 것을 명심하라.

당신은 사업가입니까

11장	사업을 성공시키려면 업종과 사업 모두에 대한 경험을 쌓아야 한다. 업종이나 사업 스킬을 배울 시간을 투자하지 않는다면, 당신이 저축한 돈은 왜 사업에 투자하는 건가?
12장	당신은 창업할 시간을 따로 낼 수 없을지 모른다. 회사에 소속되어 일하는 중에 사업을 시작하면 그 회사가 당신의 사업체를 가져갈 수도 있고, 만약 퇴근 이후에 밥 먹고, 잠자고, 샤워하는 시간을 아껴서 사업을 하려 한다면, 사업을 론칭하기까지 40년이 걸릴 수도 있다.
13장	사업에서는 '누구를 알고 있느냐'가 '무엇을 알고 있느냐'보다 더 중요할 때가 있다. 좋은 연락처나 자원을 갖고 있지 않다면, 사업을 성공시키기가 무척 힘들 것이다.
14장	충분한 돈이 없거나 금전적인 책임을 감당하지 못하거나 혹은 당신이 돈에 인색한 자린고비라면, 사업운영은 극도로 도전적인 일이 될 것이다.
15장	사업운영이란 회전목마가 아닌 롤러코스터와 같다. 모든 것을 걸고 사업을 하는 것이기에 상승과 하락을 겪을 때마다 그 충격은 더욱 증폭되어 느껴질 것이다.
16장	일이 즐거울 때도 종종 있지만 시간이 갈수록 흥미는 많이 사라질 것이다. 사업을 10년 이상 운영하고 있는 당신의 모습을 상상해보라. 사업이 더 이상 반짝반짝 빛나지 않고 새롭지 않을 때에도 여전히 즐거움을 누릴 수 있겠는가?
17장	조바심과 사업은 마치 굶주린 호랑이와 상처 입은 토끼와 비슷하다. 호랑이는 토끼를 잡아먹을 것이다.
18장	성공하려면 당신의 핵심역량에 집중하라. 당신의 핵심역량이 전략적 비전 또는 동시에 여러 가지 역할을 수행하는 능력과 관련이 없다면 그런 역할을 맡지 마라.
19장	희망, 소망, 꿈이 사업을 성공시키지는 않는다. 사업 성공의 '비밀'은 고되면서 집중된 노력뿐이다.
20장	자금 조달은 어려운 일이지만 필수적이고 계속되어야 한다. 사업에 더 많은 돈이 필요할수록 돈을 구하기는 더 어려울 것이다. 사람들은 얼마나 많은 돈이 필요할지, 돈을 구하는 데 얼마나 시간이 걸릴지를 항상 1.5~2배 정도 과소평가하는 경향이 있으니 유의하라.

21장	지금은 과거 어느 때보다 가장 경쟁적인 환경이다. 사람들이 필요로 하는 것보다 더 많은 상품과 서비스들이 규모가 고정적인 시장을 각각 세분하여 목표로 삼고 있다. 수년 전에 비해 지금은 잠재 고객의 관심을 가장 먼저 사로잡을 수 있는 사업기회가 훨씬 줄어들었다.
22장	사업을 하기에 당신은 너무 똑똑할지 모른다. 어떤 일을 매우 잘한다고 해서 다른 사람들이 당신만큼 잘할 수 있도록 가르칠 수 있다는 의미는 아니다. 당신은 혼자서 모든 일을 잘할 수 없다. 하루는 24시간에 불과하기 때문이다. 사업이 온전히 당신에게만 의존하고 있다면 당신은 사업이 아니라 그저 또 하나의 직업(잡-비즈니스)을 가지고 있는 것과 같다.
23장	기존의 사업체를 인수하는 것은 사업가가 되기 위한 지름길이 아니다. 기업 인수는 다른 사람의 문제를 인수하는 것과 같다. 기업 인수에 관해 당신이 가진 정보는 늘 불완전할 수밖에 없다. 이익을 추구하는 인간의 특성상 다음 해에 사업이 잘될 거라고 생각되면 사업을 매각하지 않는다. 따라서 당신이 어떤 업체를 마음에 두고 있든 간에 그 업체의 좋았던 시절은 이미 지나갔고 급박한 문제만이 남았다고 추정하는 것이 좋다.
24장	당신이 좋은 집안에 태어났다고 해서 자동적으로 사업가의 유전자를 타고 나는 것은 아니다. 당신의 가족이 오랫동안 가족기업을 운영해왔다는 것이 당신이 그 사업을 잘 운영할 수 있다는 것을 뜻하지도 않는다.
25장	사업의 리스크를 감수할 만한 충분한 보상이 있는가? 1,000달러를 벌기 위해서 990불을 걸 것인가? 그 충분한 보상이 없다면 절대로 그래서는 안 된다. 당신은 사업의 기회를 〈거래합시다〉와 같은 방식으로 평가해야 한다. 당신의 돈이 걸려 있기 때문이다.
26장	잘 다니던 직장을 그만두면, 예전에는 한 번도 생각해 본 적이 없는 것들을 포기할 수밖에 없다. 종이 클립, 신선하고 맛 좋은 커피, 휴가 같은 복리후생 혜택부터 신용, 영향력, 연락처와 같은 것들까지, 당신이 누군가의 밑에서 일할 때 누리는 혜택을 결코 간과하지 마라.
27장	직원들은 사업의 성장을 위해 필요하다. 그러나 그들은 온갖 종류의 새로운 문제를 일으킬 것이다.
28장	사업의 재무적인 건강을 잘 관리하기 위해 당신은 손익계산서뿐만 아니라 운전자본과 투자 니즈, 현금흐름도 잘 알아야 한다. 현금흐름은 매우 복잡하기 때문에 대기업이나 탄탄한 기업조차 간혹 실수하는 요소다. 사업이라는 '게임'을 하고 싶다면, 점수를 기록하는 방법부터 잘 알아야 한다.

당신은 사업가입니까

29장	당신의 사업은 '당신이 혼자 하는 쇼'다. 누군가가 당신을 도울 것이라고 생각하지 마라. 무엇보다 중요한 것은 서명란에 당신의 이름이 적혀 있다는 것이다. 최악의 시나리오가 발생한다면 어떤 일이 일어날까? 당신이 사업운영을 알고 있는 유일한 사람인데 돼지 독감에 걸린다면, 혹은 버스에 치이거나 사망한다면 무슨 일이 일어날 것 같은가? 사업체를 소유함으로써 떠안게 될 리스크는 무엇인가?
30장	창업의 리스크와 보상 사이의 트레이드-오프는 당신과 당신이 처한 환경에 따라 다르다. 그러나 사업기회로부터 얻을 수 있는 잠재적 보상은 당신이 감수하는 리스크 및 견뎌내야 하는 이슈보다 훨씬 커야 한다. 그렇지 않다면, 그런 사업기회를 군이 쫓아다닐 필요는 없다.
31장	무일푼이었다가 부자로 성공한 사람들에 관한 이야기는 항상 등장한다. 그 사람들이 수천만 명 중 한 명의 확률로 복권에 당첨된 사람처럼 정말 운이 좋았거나, 당신이 그 사람들에 관해 모든 이야기를 알지 못하는 것일 수도 있다. 수백만 달러의 매출을 올리는 사업이라는 것이 항상 수익성이 좋다는 것을 의미하지는 않는다. 수십억 달러의 매출을 기록하면서도 파산하는 경우는 매우 많기 때문이다.

이것이 전부다. 나는 당신이 사업가가 된다는 것이 예전 세대에 비해 오늘날 왜 그렇게 어렵고 도전적인 것인지, 그리고 창업이나 인수, 프랜차이징을 통해 사업체를 운영해도 잠재적 보상이 충분하지 않은 이유를 잘 이해했기를 바란다. 계속 직장을 다니기로 결심했다면, 나는 당신이 강한 동기를 가지고 자신의 핵심역량에 집중하여 군이 사업가가 되지 않고서도 사업가 마인드로 일하는 방법을 찾을 것이라 확신한다. 당신은 어쩌면 '죠비'의 방식을 채택하여 사업 콘셉트를 테스트하면서 그 일에 당신이 평생 저축한 돈을 모두 쏟아부어도 되는지 타당성을 조사할 수도 있다. 만약 사업을 시작하기로 결심한다면 당신은 여러 역할을 동시에 수행할 준비가 돼 있어야 한다. 또한 자신

이 투자하는 돈과 시간, 노력에 비해 사업의 긍정적인 측면이 훨씬 크다는 점을 명확하게 평가했다고 확신할 수 있어야 한다.

당신이 어떤 길을 선택하든지 나는 우리가 다시 만날 것이라고 믿는다. 나는 당신에게 "당신 이에 시금치가 끼어 있다."라고 말해주는 사람이다. 그래야 당신이 시금치를 없애고 즐겁게 미소 지으며 인생의 나머지를 즐길 수 있을 테니까.

자, 이제 루시가 공식적으로 가게 문을 닫을 시간이다.

당신은 사업가입니까

2013년 봄부터 나는 월요일 오후에 '유 대표, 차나 한잔 합시다'란 제목으로 티타임을 가지고 있다. 당초에는 회사에서 부딪치는 경영상의 여러 애로사항을 차나 한잔 마시면서 조언해주겠다는 가벼운 취지로 시작했다. 블로그와 페이스북에 공지를 띄운 지 1~2시간 만에 6개월치 일정이 모두 예약되는 바람에 적잖이 놀랐지만, 그보다 놀랐던 점은 지금까지 20여 회를 진행하는 동안 조직의 문제를 상담해온 사람은 고작 한두 명에 지나지 않았다는 것이다. 나머지는 모두 자신의 문제, 그중에서도 자신의 경력 문제와 앞으로 어떤 일을 해야 하는지에 대한 '먹고사니즘'의 문제가 대부분이었다.

내게는 누군가의 경력과 직업을 상담해줄 깜냥이 없는데 그들의 눈에는 내가 안정적인 기반을 형성한 전문가로 비치는 모양이었다.

잘 다니던 컨설팅 회사를 나와서 독립 컨설팅사를 세운 뒤 12년 넘게 그럭저럭 꾸려가며 이따금 책도 출간하는 나를 자신의 롤모델이라고 말하는 분도 있었다. 십중팔구 그들은 이렇게 물었다.

"선생님처럼 사업을 하고 싶은데 괜찮을까요?"

나는 롤모델은 가당치 않다고 손사래를 치며 이렇게 대답한다.

"아뇨, 절대 괜찮지 않습니다."

실망과 의문이 뒤섞인 눈빛으로 이유를 묻는 그들에게 나는 나의 '얼렁뚱땅 창업기'를 들려준다. 사람들은 내가 특별한 계기와 거창한 계획을 가지고 창업한 것처럼 여기지만, 고백하자면 내게 있어서의 창업은 위기에 몰려서 선택한 차선책에 불과했다.

마지막으로 다녔던 컨설팅 회사에서 나는 거의 '잘리듯이' 회사를 그만뒀다. 문제는 대표와의 의견 충돌이었다. 회사를 그만두는 가장 큰 이유가 사람과의 갈등이라고 했던가? 때마침 개인적으로 알던 사람들과 의기투합하여 벤처 사업을 계획 중이었던 나는 미련 없이 사표를 던졌다. 그러나 시장이 무르익지 않았는지 아니면 마케팅이 시원치 않았는지 3개월도 못 가 사업을 접어야 했다. 지금 돌아보면 내 잘못이 컸다. 여전히 '직원 마인드'에 갇혀 있었던 나는 앉아서 떨어지는 일만 맡겠다는 자세로 사업에 임했고, 벤처 사업을 하면 빠른 시간에 큰돈을 벌 수 있으리란 망상에 빠져 있었다. '내가 이제 보스'라는 허세에 잔뜩 바람이 들어 있기도 했다. 이 책의 저자 캐럴 로스가 지적한 '사업하지 말아야 할 인간'의 전형이 바로 나였던 것이다.

갑자기 백수가 된 나는 몇 개월간 도서관과 집을 오가며 하루하루를 힘겹게 보냈다. 양복 입고 산으로 출근한다는 정리해고자의 모습이 바로 나였다. '앞으로 어떻게 살아야 하나?'라는 깊은 시름으로 살이 쪽쪽 빠지는 느낌이었다. 말은 점점 없어지고 툭하면 아내에게 화를 냈다. 아마 그때가 사회생활 중 가장 힘들었던 때가 아니었나 싶다.

'배운 게 도둑질'이라고 몇몇 컨설팅 회사에 지원서를 냈지만 아무런 응답이 없었다. 지인들이 옮겨간 컨설팅 회사에 부탁해보기도 했지만 차일피일 미루거나 핑계만 대기 일쑤였다. 컨설팅 시장이 축소되면서 인력 수요가 급감한 때이긴 했지만 아무도 내게 관심을 주지 않는다는 사실에 섭섭함을 넘어 배신감까지 느껴졌다. 그러던 어느날, 예전에 같이 일하던 분이 컨설팅 프로젝트에 프리랜서로 참여해보지 않겠냐며 제안을 해왔다. 이렇게 얼렁뚱땅 내 컨설팅 사업은 시작됐고 운이 좋아 지금까지 먹고살고 있다. 이제 이름도 제법 알려져 고객이 늘고 경제적으로 어려움은 없다.

그러나 나는 지금 절대로 사업을 하는 것이 아니고, 캐럴 로스의 정의대로라면 '잡-비즈니스'에 불과하다. 내가 손을 떼면 일이 전혀 돌아가지 않기 때문이다. 나를 대신해 보고서를 써줄 사람도 없고 나 대신 강의해줄 사람도 없다. 내가 회사고 회사가 곧 나다. 단언컨대 나는 절대 사업가가 아니다. 그러니 내게 "사업하면 괜찮을까요?"라고 묻는 분은 상대를 잘못 택한 것이다. 하지만 이제 나는 이 책의 번역자라는 알량한 자격으로 저자의 말을 대신 전한다.

"사업에 실패하는 사람들이 많은 이유는 애초에 사업을 하면 안 되는 사람이 사업을 시작하기 때문이다."

내게도 이 말은 칼처럼 가슴에 꽂힌다. 무언가로부터 탈출하기 위해서, 좋은 아이디어를 실현하고 싶어서, 돈을 많이 벌기 위해서, 멋진 사무실에 앉은 사장 노릇을 하고 싶어서, 자유시간을 많이 가지기 위해서 사업을 시작하려 했던 과거의 나를 떠올리게 하기 때문이다. 그때 내가 이 책을 읽었더라면 나는 분명 현명한 선택을 할 수 있었으리라. 손님이 적은 일요일 아침에 카페에 앉아 '회사 때려치우고 사업이나 할까?'란 공상에 젖은 이들에게 이 책은 현실을 똑바로 보라고 엄명한다.

저자의 조언이 워낙 간단명쾌하고 직설적인 탓에 오히려 사업을 강행하겠다는 오기를 불러일으키진 않을까 염려된다. 그러나 절대로 저자의 조언을 흘려듣지 마라. 의사나 법률가들이 수년 동안 고된 수련 과정을 거치듯 '예비 사업가' 역시 그렇게 해야 한다. 사업가가 우리 사회에 미치는 영향을 생각한다면 말이다. 자신이 사업가로 적합한 사람인지, 사업이 내게 맞는지, 끊임없고 묻고 신중하게 답하는 자기 성찰의 관문을 통과한 자만이 사업가 자격증을 취득할 수 있다.

저자는 사업의 의지를 꺾기 위함이 아니라 사업가의 성공을 진정으로 기원하기 위해 이 책을 썼다. 예비 사업가든, 이미 회사를 운영 중인 사업가든 책상 한쪽에 두고 수시로 들여다봐야 할 책이다. 번역자에게는 번역료보다도 저자의 생각을 먼저 접한다는 것이 더 큰 이득이다. 이 책을 번역하기 전에 '이런이런 사업이나 해볼까?'라고 생각했던 내게 이 책은 시의 적절하게 브레이크를 걸어주었다. 저자에게 감사를 전한다.

2014년 1월
유정식

당신은 사업가입니까

1   Kauffman Index of Entrepreneurial Activity: http://sites.kauffman.org/kauffmanindex/.

2   Michael E. Gerber, *The E-Myth Revisited*(New York: HarperColllins, 1995), 75.

3   William H. Young and Nancy K. Young, *The 1930s*, (Santa Barbara, CA: Greenwood, 2008) 18.

4   '파이어드-업FIRED-UP®'은 내가 특허를 가지고 있는 5단계의 검증 프로세스로서 사업가를 꿈꾸는 사람들이 창업에 필요한 것들을 갖추었는지(아니면 현재의 생업을 계속 유지해야 하는지)를 평가한다. 파이어드FIRED는 재무Finance, 영감Inspiration, 책임감Responsibilities, 경험Experience, 헌신Dedication의 앞글자를 딴 것이다. 이 평가법은 창업을 하려는 사람의 동기와 타이밍의 적절성(각자의 삶에서 진행되는 다른 일에 대한)에 초점을 맞춘다. 하지만 이 평가법은 각자가 선택한 사업 아이템의 가치는 언급하지 않는다.

5   Barry Moltz, *Bounce!*(Hoboken, NJ: Wiley, 2008), 142.

6   Daniel H. Pink, *Free Agent Nation*(New York: Business Plus, 2002), 213.

7   이런 쓸데없는 아이디어를 쏟아내고 만들어내는 데 일조했던 내 친구 데이브에게 뜨거운 박수를 보내주기 바란다.

8   Kent German, "Top 10 Dot-Com Flops", CNET, http://www.cnet.com/1990-11136_1-6278387-1.html.

9   Claire Saliba, "With Webvan Gone, Where Will Online Shoppers Turn?", *ECommerce Times*, July 10, 2001, http://www.ecommercetimes.com/story/11884.html.

10   http://www.entrepreneur.com/startingabusiness/successstories/article180692.html.

11   David Sweet, "How Upstart UFC Crushed Its Competition", MSNBC, Nov. 5, 2008, http://www.msnbc.msn.com/id/27562254/.

12   CNBC, *As Seen on TV* documentary.

13   Norm Brodsky and Bo Burlingame, *The Knack*(New York: Portfolio Hardcover, 2008), 75.

14   Martha Stewart, interview by Cynthia MaFadden, *Nightline*, ABC, November 19, 2009.

유정식 옮긴이

경영 컨설턴트이자 인퓨처컨설팅 대표다. 포항공과대 산업경영공학과를 졸업하고 연세대에서 경영학 석사학위를 받았다. 기아자동차에서 사회생활을 시작했으며 LG CNS를 거쳐 글로벌 컨설팅회사인 아더앤더슨과 왓슨와이어트에서 전략과 인사 전문 컨설턴트로 경력을 쌓았다. 현재 인사 및 전략 전문 컨설팅회사인 인퓨처컨설팅과 모바일 솔루션 기업인 ㈜인퓨처넷을 설립해 대표를 맡고 있다. 지은 책으로 《착각하는 CEO》《당신들은 늘 착각 속에 산다》《경영, 과학에게 길을 묻다》《전략가의 시나리오》등이 있고, 옮긴 책으로 《당신은 사업가입니까》《하버드 창업가 바이블》《디맨드》등이 있다.

당신은 사업가입니까

1판 1쇄 발행 2014년 1월 15일
1판 17쇄 발행 2024년 2월 15일

지은이 캐럴 로스
옮긴이 유정식

발행인 양원석
편집장 차선화
영업마케팅 윤우성, 박소정, 이현주, 정다은, 백승원
펴낸 곳 ㈜알에이치코리아
주소 서울특별시 금천구 가산디지털2로 53, 20층 (가산동, 한라시그마밸리)
편집문의 02-6443-8862 **도서문의** 02-6443-8800
홈페이지 http://rhk.co.kr
등록 2004년 1월 15일 제2-3726호

ISBN 978-89-255-5195-1 (13320)